U0950795

《国学经典藏书》丛书编委会

顾　问

许嘉璐

主　编

陈　虎

编委会成员

陆天华　李先耕　骈宇骞　曹书杰　郝润华　潘守皎

刘冬颖　许　琰　李勤合　金久红　宋　娟　郑红翠

房　伟　孙永娟　赵玉敏　高　方　周晶晶　何　洋

李振峰　李如冰　王红娟　王兴芬　黄　益　李忠良

陈树千　王守青　邱　锋　何　昆　米晓燕　赵　薇

原　昊　杨　栋　李　宝　付振华　王东峰　余　康

刘晓萱　邵颖涛　张　安　陈　虎　杨　刚　卜音安子

国学经典藏书

贞观政要

李　宝　译注

吉林大学出版社
长　春

图书在版编目（CIP）数据

贞观政要 / 李宝译注 . — 长春 : 吉林大学出版社 , 2021.8

（国学经典藏书）

ISBN 978-7-5692-8718-9

Ⅰ . ①贞… Ⅱ . ①李… Ⅲ . ①典章制度 – 中国 – 唐代 ②《贞观政要》 – 译文③《贞观政要》 – 注释 Ⅳ . ① D691.5

中国版本图书馆 CIP 数据核字（2021）第 175416 号

国学经典藏书：贞观政要

GUOXUE JINGDIAN CANGSHU: ZHENGUAN ZHENGYAO

作　　者： 李　宝 译注

策划编辑： 魏丹丹

责任编辑： 蔡玉奎

责任校对： 付晶淼

装帧设计： 蒋宏工作室

开　　本： 880mm × 1230mm　1/32

字　　数： 186 千字

印　　张： 9

版　　次： 2021 年 8 月第 1 版

印　　次： 2023 年 7 月第 2 次印刷

出版发行： 吉林大学出版社

地　　址： 长春市人民大街 4059 号（130021）

0431-89580028/29/21

http://www.jlup.com.cn

E-mail:jdcbs@jlu.edu.cn

印　　刷： 河北松源印刷有限公司

ISBN 978-7-5692-8718-9　　**定价：** 40.00 元

编者的话

经典是人类知识体系的根基,是人类的精神家园,是我们走向未来的起点。莎士比亚说过:“生活里没有书籍,就好像没有阳光;智慧里没有书籍,就好像鸟儿没有翅膀。”21 世纪中国国民的阅读生活中最迫切的事情是什么?我们的回答是阅读经典!

中国有数千年一脉相传、光辉灿烂的文化,并长期处于世界文化发展的前列,尤其是在近代以前,曾长期引领亚洲乃至世界文化的发展方向。长期超稳定的社会发展形态和以小农生产为基础的、悠闲的宗法农业社会,塑造了中华民族注重实际、过分地偏重经验、重视历史的文化心理特征。从殷商时代的“古训是式”(《诗经·大雅·烝民》),到孔子的“述而不作,信而好古”(《论语·述而》),可以清楚地看出这种文化心理不断强化的轨迹。于是,历史就被赋予了神圣的光环,它既是人们获得知识的源泉,也是人们价值标准的出处。它不再是僵死的、过去的东西,而是生动活泼、富有生命力,并对现世仍有巨大指导作用的事实。因而就形成了这样一种固定的文化思维方式,也就是“以铜为鉴,可正衣冠;以古为鉴,可知兴替;以人为鉴,可明得失”(《新唐书·魏徵传》)。中国的文化人世代相承,均从历史中寻求真理,寻求“修身、齐家、治国、平天下”的崇高理想模式。

这种对于历史所怀有的深沉强烈的认同感,正是历史典籍赖以发展、繁荣的文化心理基础。历史上最初给历史典籍的研究和整理工作涂上政治、道德和伦理色彩的是春秋时期的孔子。当时的孔子因感“周室微而礼乐废、《诗》《书》缺”,于是乃删订了《诗》《书》《礼》《乐》《易》《春秋》等“六经”(见《史记·孔子世家》),寄托了自己在政治上“复礼”和道德上“归仁”的最高理想。孔子以后,历史典籍的编撰无不遵循着这一最高原则。所以《隋书·经籍志》总序中就说:“夫经籍也者,机神之妙旨,圣哲之能事。所以经天地,纬阴阳,正纲纪,弘道德,显仁足以利物,藏用足以独善……其王者之所以树风声,流显号,美教化,移风俗,何莫由乎斯道?……其教有适,其用无穷,实仁义之陶钧,诚道德之橐籥也。……夫仁义礼智,所以治国也;方技数术,所以治身也。诸子为经籍之鼓吹,文章乃政化之黼黻,皆为治国之具也。”(《隋书·经籍志一》)由此可见,历史典籍的编撰整理工作,已不仅仅是文化技术问题,更重要的是它还负有“正纲纪,弘道德”的政治和道德使命。于是,在两千多年的历史发展过程中,先人们为我们留下了汗牛充栋的文化典籍。这些宝贵的精神财富,不仅是我们中华民族的骄傲,也是全人类的骄傲,并已成为世界文化宝藏的重要组成部分。

中国的先哲们一向对古代典籍充满崇敬之情,他们认为,先王之道、历史经验、人伦道德以及治国安邦之术、读书治学之法等等,都蕴藏于典籍之中。文献典籍是先王之道、历史经验、人伦道德等赖以传递后世的重要手段。离开书籍,后人将无法从前朝吸取历史经验,无法传承先王之道。在日新月异的当代,如何对待这份优秀的文化遗产?毛泽东同志早就指出:“中国的长期封建社会中,创造了灿烂的古代文化。清理古代文化的发展过程，剔除其封建性的糟粕，吸取其民主性的精华，是发展民族新文化、提高民族自信心的必要条件。……中国现时的新文化也是从古代的旧文化发展而来，因此，我们必须尊重自己的历史，决不能割断历史。但是，这种尊重是给历史以一定的科学地位，是尊重历史的辩证法的发展，而不是颂古非今。”（毛泽东《新民主主义论》）古代典籍，不仅对中华民族的形成与发展历史地发挥了巨大的凝聚力作用，而且在当今中华民族伟大复兴中，依然会发挥无可替代的重要作用。

在科学技术迅猛发展的当代社会，人们的生活、观念正在发生着巨大而深刻的变革，面对蓬勃发展的现代科技和汹涌而至的各种思潮，人们依然能深切地感受到中国传统文化无所不在的巨大力量。人们渴望了解这种无形的力量源泉，于是绚丽多姿的中华典籍就成了人们首要的选择。它能够使我们在精神上成为坚强、忠诚和有理智的人，成为能够真正爱人类、尊重人类劳动、衷心地欣赏人类的伟大劳动所产生的美好果实的人。所以，在今天，我们要阅读经典；当数字化、网络化带来的“信息爆炸”占领人们的头脑、占用人们的时间时，我们要阅读经典；当中华民族迈向和平崛起和民族复兴的伟大征程时，我们更要阅读经典。因此，读经典，这个我们习以为常的平凡过程，实际上就成了人的心灵和上下古今一切民族的伟大智慧相结合的过程。但由于时代的变迁，这些经典对现代人来说已是谜一样的存在。为继承这份优秀的文化遗产，帮助人们更好地利用这些经典，在全国学术界诸多专家学者的支持下，我们策划了这套“国学经典藏书”丛书。

丛书以弘扬传统、推陈出新、汇聚英华为宗旨，以具有中等以上文化程度的广大读者为对象，从我国古代经、史、子、集四部典籍中精选50种，以全注全译或节选的形式结集出版。在书目的选择上，重点选取我国古代哲学、历史、地理、文学、科技、教育、生活等领域历经岁月洗礼、汇聚人类最重要的精神创造和知识积累的不朽之作。既注重选取历史上脍炙人口、深入人心的经典名著，又注重其适应现代社会的人文价值趋向。丛书不仅精校原文，而且从前言、题解，到注释、译文，均在吸收历代学者研究成果的基础上精心编撰。在注重学术性标准的基础上，尽量做到通俗易懂。我们相信，本丛书的出版，对提高人们的古代典籍认知水平，阅读和利用中华传统经典，传播中华优秀文化，提高人们的民族自信心和文化自豪感，进而为中华民族伟大复兴做贡献，均将起到应有的作用。高尔基说："书籍是人类进步的阶梯。""要热爱读书，它会使你的生活轻松，它会友爱地帮助你了解纷繁复杂的思想、感情和事件；它会教导你尊重别人和你自己；它以热爱世界、热爱人类的情感，来鼓舞智慧和心灵。""当书本给我讲到闻所未闻、见所未见的人物、感情、思想和态度时，似乎是每一本书都在我面前打开一扇窗户，并让我看到一个不可思议的新世界。""每一本书是一级小阶梯，我每爬一级，就……更接近美好生活的观念，更热爱这书"(《高尔基论青年》，中国青年出版社1956年版)。流传千年的文化经典，让我们受益匪浅，使我们懂得更多。正如德国著名作家歌德所说："读一本好书，就是和一位品德高尚的人谈话。"的确，读一本好书，就像是结交了一位良师益友。我们真诚希望，这套经典丛书能够真正进入您的生活，成为人人应读、必读和常读的名著。

陈　虎

庚子岁孟秋

前　言

《贞观政要》是唐代史学家吴兢撰写的一部政论性史书，此书以君臣对答的方式，分类编撰贞观年间唐太宗和身边大臣魏徵、王珪、房玄龄、杜如晦、虞世南、褚遂良、温彦博、刘洎、马周、戴胄、孔颖达、岑文本、姚思廉等四十余人关于施政问题的对话以及一些大臣的谏议和劝谏奏疏等，此外也记述了一些当时实行的政治、经济上的重大措施。全书共10卷40篇，各卷篇数不等，但都围绕一个中心，具体篇目如下：卷一记为君之道，含《君道》《政体》2篇；卷二记任贤纳谏，含《任贤》《求谏》《纳谏》3篇；卷三记历史鉴戒，含《君臣鉴戒》《论择官》《论封建》3篇；卷四记教诫太子诸王，含《论太子诸王定分》《论尊师傅》《教诫太子诸王》《规谏太子》4篇；卷五记道德准则，含《论仁义》《论忠义》《论孝友》《论公平》《论诚信》5篇；卷六记政教之道，含《论俭约》《论谦让》《论仁恻》《慎所好》《慎言语》《杜谗佞》《论悔过》《论奢纵》《论贪鄙》9篇；卷七记教化之本，含《崇儒学》《论文史》《论礼乐》3篇；卷八记重农贡献，含《论务农》《论刑法》《论赦令》《论贡献》《辨兴亡》5篇；卷九记征伐安边，含《议征伐》《议安边》2篇；卷十记行幸畋猎、慎始敬终，含《论行幸》《论畋猎》《论灾祥》《论慎终》4篇。

一、作者简介

吴兢，汴州浚仪（今河南开封）人。关于其生卒年，由于《旧唐书》《新唐书》记载上出现的一点差异，导致我们无法确知。据《旧唐书》卷102《吴兢传》：“（吴兢）天宝八年，卒于家，时年八十余”，而《新唐书》卷132《吴兢传》又记为“天宝初，入为恒王傅……卒，年八十”。综合两《唐书》，如果“天宝八年，卒于家”的记载无误，我们可以确知吴兢卒于749年。但是，到底是“时年八十余”，还是“年八十”，对我们上推吴兢的生年带来了不确定性。如果是“年八十”，据此上推80整年，则为669年，即高宗总章二年；但是古人惯用虚岁，“年八十”实为79岁，上推79年则为670年，即高宗咸亨元年。如果是“八十余”，实际年龄至少为80周岁，则生年当不晚于669年。所以谢保成先生认为，吴兢的生年只能是个概数，即生于669年前后，高宗总章、咸亨之际。

吴兢父亲吴处敬，玄宗开元年间曾任凤州刺史。《新唐书》称吴兢“少厉志，贯知经史，方直寡谐比”，魏元忠、朱敬则“深器重之”，荐其有史才。武则天长安三年（703），吴兢以直史馆身份奉命与朱敬则、徐坚、刘知几等共同修撰国史，数月后迁右拾遗内供奉。中宗神龙元年（705），转迁右补阙，二年（706），与刘知几等预修《则天实录》，中宗景龙四年（710）累迁起居郎。玄宗先天二年（713），吴兢母丧，去官守制。八月，恩敕起复水部郎中，兢上表辞让。玄宗开元三年（715），吴兢服丧三年期满，起复官职，以长垣县男守谏议大夫监修国史。七年（719），以谏议大夫监修国史行著作郎昭文馆学士。十一年(723),以父丧解史职。十三年(725),起复为太子左庶子。十七年(729),上《贞观政要》10卷,“坐书事不当”,出为荆州刺史。二十九年(741),累迁台、洪、饶、蕲等州刺史,加银青光禄大夫,封长垣县子,迁相州长史。天宝元年(742),改官名,为邺郡太守。七年(748),回京入为恒王傅。八年(749),卒于家。

吴兢居史馆任职三十余年,忠于职守,兢兢业业,参与了朝廷一系列史书的编撰工作,以叙事简要、直书不讳、不受情商、不惧干预见称,时人号为“良史”。家富藏书,编有《吴氏西斋书目》1卷以记之。其撰述著作见诸记载者包括《乐府古题要解》1卷、《齐史》10卷、《梁史》10卷、《陈史》5卷、《周书》10卷、《隋史》20卷、《唐春秋》30卷、《唐书备阙录》10卷、《太宗勋史》1卷、《贞观政要》10卷、《中宗实录》20卷、《睿宗实录》5卷、《兵家正史》9卷、《五藏论影像》1卷、《唐名臣奏》10卷、《开元名臣录》3卷、《开元升平源》1卷,参与编撰《唐书》130卷、《高宗后修实录》30卷、《则天皇后实录》20卷等。尽管吴兢撰述宏富,著作等身,但十分可惜的是,大部都已亡佚,仅《贞观政要》流传至今。

二、成书过程

《贞观政要》(以下论述过程中简称《政要》)的成书也是一个比较复杂的问题,尤其是关于其成书年代,千百年来众说纷纭。对这个问题,谢保成先生有极其详尽的考述,浅陋如我者无从置喙,谨据谢先生的考证简要概述之。

第一，中宗时进书说。宋代陈振孙《直斋书录解题》卷5引陈骙《馆阁书目》说《政要》系中宗"神龙中所进"，这是目前所见关于《政要》成书中宗之时的唯一记载，但紧接着陈振孙自己就对"神龙中所进"提出质疑，认为"当考"。随后，王应麟《玉海》卷49引用北宋李淑《邯郸书目》中的考证，以源乾曜、张嘉贞二人并相的时间为据，反驳了此说，由于证据确凿，自此之后，此说应者寥寥。20世纪50年代，日本学者原田种成在系统研究了日本现存《政要》各种古写本之后，在成书时间上形成"两次进书说"，即"初进本"和"再进本"，这两个系列并行存在，且分别流传到日本。原田种成据日本流传的《政要》江家本《上贞观政要表》最后"景龙三年正月日卫尉少卿兼修国史崇文馆学士臣吴兢等上表"26字，推断此本即从中宗景龙三年(709)所上的初进本传抄而来，这种观点得到了中国学者黄永年、牛致功等人的认可。谢保成先生通过严密的考证，认为江家本《上贞观政要表》末所署26字为传抄者套用书序前的题衔所为，所以不足为据。并且，谢先生对"两次进书说"也提出了质疑，所列证据十分翔实，基本可以成为定论。

第二，开元八、九年进书说。上述王应麟《玉海》引北宋李淑《邯郸书目》，在考证出《政要》序言中"侍中安阳公"为源乾曜、"中书令河东公"为张嘉贞的同时，认为"二公并相之时"在开元八年(720)五月至开元九年(721)九月之间，据此推断《政要》其书"上于开元八年、九年"。谢保成先生认为，"开元八年、九年"当是吴兢受命正式编录《政要》之时，认为其书成于此时，是只注意到二人拜相的时间，却没有考虑到张嘉贞封河东侯的时间是开元十三年(725)、源乾曜封安阳郡公的时间是开元十七年(729)秋。如果是开元八、九年间成书,不可能在书《序》中提前写上二人的封爵,显然成书时间不在开元八、九年间。

第三,开元、天宝之际进书说。关于张嘉贞、源乾曜二人的封爵时间,是瞿林东先生在《论吴兢》一文中最先注意到的,据此瞿先生便推断《政要》成书“当在开元十七年之后”,其书的“定稿和进呈”在开元、天宝之际。瞿先生在此文中,又以《上贞观政要表》中的相关表述为切入点,通过深入的分析,提供了相应的佐证。对此,谢保成先生认为推断“未免疏忽、武断”,运用瞿先生使用的材料,结合史料进行了全新的解读,以此来验证瞿先生推断的疏忽。

第四,开元十七年进书说。在许道勋、赵克尧二人合著的《唐玄宗传》中,第七章第四节专有《吴兢献〈贞观政要〉》一小节。在该节之中,作者提出吴兢“在中宗神龙年间,由于‘依贞观故事’的历史任务已经提出,所以吴兢就开始搜集太宗的史料,加以研究……大约至开元八、九年,即中书令张嘉贞和侍中源乾曜执政时,《贞观政要》基本上编成了”。至“开元十七年,每事切谏的吴兢,不为玄宗所容,‘出为荆州司马’……那部早已编成而未及上献的《贞观政要》也随身带去了”。谢保成先生认为,通过系统比较玄宗前期、中期变化得出的论断,要比上述种种推测更具说服力。遗憾的是,书中没有进一步确定吴兢奉进《贞观政要》的具体时间,只认为在开元十七年吴兢被贬后“不久”。

1993年,谢保成先生撰成《试解〈贞观政要〉成书之“谜”》

一文,通盘考察了武则天退位后八年间吴兢的政治经历和修史经历,认为"依贞观故事"成为开元初的历史趋势。大约自开元五年(717)始,吴兢开始着手编录《政要》,并初具规模,故书前题"卫尉少卿兼修国史"。开元八年、九年源乾曜、张嘉贞二公并相时,吴兢受命"备加甄录",于是正式上马撰录。张说入相兼修国史后,吴兢与其在志趣、人品等方面都不相容,父丧期间吴兢虽然编成全书,却不愿通过解除自己史职的张说上奏。开元十七年(729)秋,命其撰录的两位"良相"一个去世,一个罢职,而玄宗正热衷于年年千秋节、岁岁万寿殇,恰逢监修国史又换成新上任的宰相萧嵩,吴兢便抓住这一机会写了进书表,连同《政要》一并进呈玄宗。谁料到,进书表极大地扫了"骄心浸生"的玄宗的兴,便以"书事不当"为借口将其贬出京师。因此,《贞观政要》的进呈时间只能在开元十七年(729),从自《序》称源乾曜、张嘉贞的官职、封爵考虑,其书应当在这一年八月以后的数月中进呈。这样,历来的各种说法均可得通。

三、版本流传

《政要》成书之后,在玄宗之世当有三个本子同时并存,一是正式进呈本,没有朝廷认可,留在集贤院或史馆而未经著录,因而《新唐书·艺文志》将其列入"不著录"的范围。二是进呈本的底本,三是底本之前的稿本,这两种当存于吴兢家中。吴兢去世之后,其藏书尽归其外孙蒋乂所有,《政要》的底本和稿本当然随之归入。《玉海》卷 49 引《会要》"元和二年十二月(宪宗)谓宰臣曰,近读《贞观政要》……六年三月帝曰,尝读《贞观政要》……”，是迄今所见最早关于《政要》的记载。宪宗所读《政要》，当是留在集贤院或史馆的吴兢正式进呈本，但这个本子也因“兵乱之后，图籍溷杂”而待整理。于是吴兢外孙蒋乂入集贤院助其父整理图籍之时，参考家藏的底本和稿本重新校订了《政要》。经蒋乂整理过后，唐文宗、唐宣宗直至宋仁宗所读、所见，均属这一系统。宋刊本《政要》，无疑亦属这一版本系统。《玉海》引《邯郸书目》著录的《政要》，也是这个版本系统。蒋乂的四子中，係、伸、偕三人皆有史才，自文宗至懿宗相继为史官。史称蒋氏“父子相继修《国史》《实录》，时推良史，京师云《蒋氏日历》，士族靡不家藏焉”。蒋氏家藏《政要》的底本或稿本，或在此时随之流向社会。

《政要》经两宋、辽、金数百年辗转抄录，出现“传写谬误”的情况。于是元代戈直在整理“传写谬误”的同时，更注重采辑唐、宋诸儒之论，间以己意，对唐太宗君臣的“嘉言善行、良法美政”做出新的诠释。22家言论以及戈直的“己意”，并非论《政要》其书，而是在评“贞观之治”其事，反映了宋、元以来对于贞观之政认识的演变。由此，戈直集论本便被视为一部诠释“贞观之治”的论著而受到推崇。由于诠释的需要，其“移易篇章”“刊刻衍脱”，均被忽略不提。元顺帝至元四年(1338)刊行后，明洪武三年(1370)又经宋濂以“中秘本”重校、重刻，成化元年(1465)宪宗“御制序”再刻。

国内现存刊本，目前见于著录和通行者两种，一为国家图书馆藏明洪武三年王氏勤有堂刊本，一为成化元年戈直集论本。《四库全书》所收内府本、嘉庆戊午(1798)扫叶山房重镌本，均为戈直集论本的翻刻本。民国时期,《四部丛刊续编》和《四部备要》据涵芬楼影印明成化本收入。国外刊本,现存四种,即元刻、明初重刻、成化再刻和韩版注解本。国外钞本,目前所见基本都在日本,约二十余种,基本上分为三大系统:一为南家本系统,一为菅家本系统,另一个为“异本”系统。

1978年,上海古籍出版社出版了《政要》的整理本,由上海师范大学据涵芬楼影印明成化本点校整理,这是《政要》第一部点校本。1991年,贵州人民出版社出版了叶光大等人注译的《贞观政要全译》,所据版本是明洪武三年王氏勤有堂刊本,这是《政要》第一部全注全译本。2003年,中华书局出版了谢保成先生集校的《贞观政要集校》,这是《政要》的第一个集校本。进入新世纪以来,传统文化越来越受到重视,《政要》的各种译注本也如雨后春笋般地涌现出来,这其中比较重要的有如下数种:裴汝诚等人译注的《贞观政要译注》,上海古籍出版社2006年版;骈宇骞译注的《贞观政要》,中华书局2011年版;王学典编译《贞观政要》,江苏凤凰科学技术出版社2018年版。其余各版,由于篇幅所限,恕不一一列举。

四、价值影响

《贞观政要》编成后,虽然在玄宗时期颇受冷落,肃宗、代宗、德宗、顺宗四朝默默无闻,但是很快,宪宗之后诸帝就认识到了它的价值,将其列为宗室子弟必读经典。唐以后,历代王朝的统治者们都很推崇这部书,五代乃是极乱之世,君臣思治之心更胜于往代,所以《政要》所展现的君明臣贤的盛世图景更能引起各个短命王朝君臣的注意，标志性的事件是后唐国子监于天成二年(927)第一次刊刻印刷了《政要》，这是《政要》的第一个刊本，一直流传到南宋绍兴年间。宋代君臣不但重视《政要》的治国之道，且仿其体例编撰了大量的《宝训》《训典》及《圣政》类政治文献，作为皇帝、太子讲读学习的主要内容。与宋并存的辽、金、西夏等少数民族政权，更是将《政要》翻译成为契丹文、西夏文、女真文，继起的元朝又将《政要》翻译成八思巴蒙古文。在古代，一部汉族经典被翻译成四种少数民族文字，实属罕见，耐人寻味。明、清两朝对《贞观政要》同样十分重视，推崇备至。明朝穆宗时，把阅读《政要》作为皇帝的午间学习内容，只是在三、六、九视朝日暂免讲读；明宪宗对《政要》的刊行工作非常重视，亲自为全书作序，使得成化年间刊刻的戈直集解本一直流传到今天。清朝康熙、乾隆皇帝也很熟悉《政要》内容，并且十分仰慕"贞观之治"，乾隆帝曾说"余尝读其书，想其时，未尝不三复而叹曰'贞观之治盛矣'"。由此可见，《政要》一书对唐及以后历代封建统治者，不论是汉族的还是少数民族的都有很大的影响。

此外，唐以来的许多名臣文士也对《政要》十分赞许，唐代柳芳，后晋刘昫，宋代宋祁、孙甫、欧阳修、曾巩、司马光、孙洙、范祖禹、马存、朱黼、张九成、胡寅、吕祖谦、唐仲友、叶适、林之奇、真德秀、陈惇修、尹起莘、程祁等二十二家大臣、史家、学者都对《政要》发表过评论，元代的戈直加以搜集并加注后，将其刊刻成书，流传至今。

《政要》一书在国外，特别是在日本影响巨大。大约九世纪前后，这部书就传到了日本，立即引起了日本封建统治者的注意，平安朝以来历代天皇都爱读，辅佐的大臣也都努力讲解，他们模仿中国，也把《政要》定为皇家的政治教材；镰仓时代，幕府也深深信奉之，1205 年博士菅原为长专任讲官，为幕府讲解《政要》，对当时政局影响甚大；江户时代，德川幕府在 1615 年颁布《禁中并公家法度》，第一条就把《政要》定为天子的必读书；明治天皇把《政要》视为座右铭，曾做过大正天皇侍讲的三岛中州则经常给天皇讲解《政要》。此后，《政要》一书在日本得到广泛流传。《政要》在韩国也产生了重要的影响，其刊本流传既有汉文原本，也有韩版注解本，当代韩国学者把《政要》称作“政府首脑统治艺术的教科书”。韩国前总统金泳三上台执政后，经常阅读《政要》，从中汲取治国理政的思想。

《政要》采用以“事类”为中心，分类编排的体例，可以远溯至《尚书》《国语》《战国策》等古代典籍，但是吴兢有创新之处。唐朝以前的编纂体例比较简单，如《尚书》，基本以时间顺序排列，不分类，以编年体例为主；而《国语》的编撰方法，是以国分类，以语为主。《政要》虽记载史实，但并不按照时间先后组织全书，而是从总结唐太宗治国施政经验、以惩劝当今皇上的意图出发，将上述问答、奏疏、措施按照特定的内容归类排列，这就使他的这部著述既是史实，又透露出政论色彩；既是唐太宗贞观之治的历史记载，又蕴含了吴兢本人治国安民的政治观点和理想。《政要》对后世“政要”体类史书的编纂产生了重要影响，从唐后期至清代，史官们仿照《政要》分类编排体例，记录本朝祖宗的功勋事迹，形成了大量《宝训》《圣政》《圣训》《训典》类史书文献,成为研究中国古代政治史的宝贵文献材料。

五、本书编选体例

关于本书的选篇和注译,有这样几点需要交代一下。

(一)版本的原则。2003年,谢保成先生《贞观政要集校》出版,谢先生广泛参考中外现存的《政要》各种刊本、钞本,缀残补佚,订正错讹,是目前对《政要》进行整理的最为良善的版本。本书正文部分即以谢先生集校本为准录入,译文部分主要参考了叶光大等人注译的《贞观政要全译》、裴汝诚等人译注的《贞观政要译注》、骈宇骞译注的《贞观政要》等版本。

(二)选篇的原则。《政要》全书共40篇,为保持原书的基本面貌,每篇均选择若干章进行注译。为适应现代快节奏的生活和阅读习惯,选择篇幅以短小精悍者为主,若干重要的篇章由于脍炙人口,久为传诵,也有适当选入。

(三)注译的原则。注释以注人为主,主要目的是想勾勒出一个事件的人物关系和事件的来龙去脉。古今地名、特殊官职、生僻字词亦在注释之列。翻译尽量尊重原文,坚持直译。

本书在注译过程中,参考了很多专家的成果,限于篇幅,不一一具名,在此一并感谢。注译古籍,劳心劳力,需要很全面的知识;限于学识水平,疏漏与舛误不可避免,恳请方家及广大读者不吝赐教,以便于日后不断完善。

李　宝

2019年6月

目 录

卷　一

君道第一

〔题解〕

《君道》篇列于全书首卷之首，记录了太宗与魏徵、房玄龄君臣间对为君之道的探讨。无论从其所处位置，还是其内容实质，我们均可感知到此篇在全书中的重要地位，论者多以此篇为全书的总纲，诚不虚言。此篇核心观点认为君明则世治，君昏则世乱，所谓"社稷安危，国家治乱，在于一人而已"。一般认为此篇主要从三个方面讨论了为君之道的教训：一是把握创业与守成的关系。开基立业固然艰难，但业成之后守业更难，所以要居安思危，治不忘乱。二是正确处理君民关系。"君，舟也；民，水也。水能载舟，亦能覆舟。"为君不能"竭泽而渔"，逼使百姓起来造反。三是正确对待君臣关系。君如头脑，臣如四肢，要密切配合；皇帝应听取臣下的意见，兼听则明，且要鼓励引导臣下敢于谏诤，以避免决策错误。《君道》篇凡5章，译注选3章。其中"贞观十一年魏徵上疏"一章，诚为脍炙人口，后人单独抽绎此篇，以《谏太宗十思疏》为题，各种文章选集一直以其为唐宋宏文的代表。由于字数较多，对其分段进行注译。

贞观初[①]，太宗谓侍臣曰："为君之道，必须先存百姓。若损百姓以奉其身，犹割胫以啖腹[②]，腹饱而身毙。若安天下，必须先正其身，未有身正而影曲，上理而下乱者。朕每思伤其身者不在外物[③]，皆由嗜欲以成其祸。若耽嗜滋味[④]，玩悦声色，所欲既多，所损亦大，既妨政事，又扰生人。且复出一非理之言，万姓为之解体[⑤]。怨讟既作[⑥]，离叛亦兴。朕每思此，不敢纵逸。"谏议大夫魏徵对曰[⑦]："古者圣哲之主，皆亦近取诸身，故能远体诸物。昔楚聘詹何[⑧]，问其理国之要，詹何对以修身之术。楚王又问理国何如？詹何曰：'未闻身理而国乱者。'陛下所明，实同古义。"

〔注释〕

①贞观：唐太宗李世民年号，从 627 年至 649 年，凡二十三年。

②胫(jìng)：小腿，从膝盖到脚跟的一段。一作"股"。啖(dàn)：吃或给人吃。

③朕(zhèn)：我。自秦朝始皇帝开始，中国封建王朝皇帝自称的专属代词。

④耽嗜(shì)：深切爱好。

⑤解体：谓物体的结构松散、分解。比喻人心离散。

⑥讟(dú)：怨恨，诽谤，憎恶。

⑦谏议大夫:官名。秦、西汉皆置谏大夫,掌论议。东汉改名谏议大夫,官秩六百石。隋设谏议大夫七人,掌侍从规谏,属门下省。唐代设左右谏议大夫,分属门下省和中书省,掌谏谕得失,侍从赞相。宋沿唐制,并为谏院长官。辽、金皆沿宋制。

⑧詹何:亦称詹子、瞻子。战国时楚国人,善术数。反对纵欲,认为清心寡欲、重视养生,必然轻利。其思想与道家接近。

〔译文〕

贞观初年,太宗对他身边的侍从大臣说:"做君主的法则,必须首先让百姓存活。如果损害百姓来奉养自身,那就好比是割小腿上的肉来填饱肚子,肚子虽然填饱了,但人也就死了。要想使天下安定,必须先端正自身,绝不会有身子端正了而影子弯曲,上头治理好了而下边发生动乱的事。我常想,能损害身体的并不是身外的东西,都是由于自身各种不良的嗜好和无节制的欲望才酿成灾祸。如果过度讲究吃喝,沉溺于音乐女色,欲望越多,损害也就越大,既妨碍国家治理,又侵扰百姓。如果再说出一些有违事理的话来,就会弄得百姓万民人心涣散,怨言四起,众叛亲离。每当我想到这些,就不敢放纵取乐贪图安逸。"谏议大夫魏徵对答说:"古代圣明的君主,也都是先就近从自身入手,才能远而推及一切事物。从前楚庄王聘用詹何,咨询治理好国家的要领,詹何用加强自身修养的方法来回答。楚庄王又问他用这种方法治理国家效果如何,詹何说:'没有听到过自身治理好而国家会发生动乱的。'陛下所明白的,实在符合古人的道理。"

贞观十年,太宗谓侍臣曰:"帝王之业,草创与守成孰难?”尚书左仆射房玄龄对曰[①]:“天地草昧[②],群雄竞起,攻破乃降,战胜乃克。由此言之,草创为难。”魏徵对曰:“帝王之起,必承衰乱。覆彼昏狡[③],百姓乐推,四海归命,天授人与,乃不为难。然既得之后,志趣骄逸,百姓欲静而徭役不休,百姓凋残而侈务不息,国之衰弊,恒由此起。以斯而言,守成则难。”太宗曰:“玄龄昔从我定天下,备尝艰苦,出万死而遇一生,所以见草创之难也。魏徵与我安天下,虑生骄逸之端,必践危亡之地,所以见守成之难也。今草创之难,既已往矣,守成之难者,当思与公等慎之。”

〔注释〕

①尚书左仆射(yè):官名,秦置,汉因之,为尚书令之副,佐令掌章奏文书,属少府。魏晋以后,时置时省;置一人则称尚书仆射,置二人,则称左、右仆射,若尚书令缺,则以左仆射为尚书省长官。唐代尚书省置左右仆射各一人,从二品,掌统理六部长官,为尚书省之副长官,佐令治省事,令缺,则总领省事,劾御史纠不当。唐高宗龙朔二年(662),改左右仆射为左右匡政;武则天光宅元年(684)又称文昌左右相;唐玄宗开元元年(713)又称左右丞相;天宝元年(742)又恢复左右仆射之名称。宋承唐制,也置左右仆射,为尚书省的副长官,位次于尚书令,掌佐天子议大政,与门下省、中书省、尚书省长官皆为宰相之任。宋徽宗政和年间,充宰相之任,改左仆射为太宰,右仆射为少宰。宋钦宗靖康元年(1126),复为左右仆射。南宋置左右丞相,不再置仆射。

②草昧(mèi):草,杂乱。昧,蒙昧,原始未开化的状态。这里借喻国

家草创秩序未定之时。

③昏狡：昏庸狡猾。

〔译文〕

贞观十年(636)，太宗对他身边的侍从大臣说："在帝王的基业中，创业与守业哪件事比较艰难？"尚书左仆射房玄龄对答说："国家开创基业的时候，各地豪杰竞相起兵，攻破城池才能使敌人投降，在征战中获胜才能使敌人屈服。这样看来，还是创业艰难。"魏徵对答说："帝王的兴起，一定是在前朝衰败混乱的时候。这时推翻昏庸狂暴的旧主，百姓就乐于拥戴，四海之内也都会先后前来归顺，这正是天授人与，所以创业并不艰难。然而取得天下之后，志趣开始骄傲放纵，百姓需要休养生息，但徭役却没有休止，百姓已经穷困凋敝，但国家奢侈的事务仍然还不停，国家的衰败，常常就是这样开始的。这样看来，守业更难。"太宗说："玄龄从前跟随我平定天下，历尽了艰辛困苦，很多次死里逃生，所以亲见了创业的艰难。魏徵同我一起安定天下，担忧出现骄奢淫逸的萌芽，陷入危亡的境地，所以知晓守业的艰难。现在创业的艰难既已过去，守业这一难事，我应当与各位一道谨慎对待。"

贞观十一年，特进魏徵上疏曰①：

臣观自古受图膺运②，继体守文③，控御英杰，南面临下，皆欲配厚德于天地，齐高明于日月，本枝百世，传祚无穷④。然而克终者鲜，败亡相继，其故何哉？所以求之，失其道也。殷鉴不远[5]，可得而言。

昔在有隋，统一寰宇，甲兵强盛，三十余年，风行万里，威动殊俗，一旦举而弃之，尽为他人之有。彼炀帝岂恶天下之治安[6]，不欲社稷之长久，故行桀虐，以就灭亡哉？恃其富强，不虞后患。驱天下以从欲，罄万物而自奉[7]，采域中之子女，求远方之奇异。宫苑是饰，台榭是崇，徭役无时，干戈不戢[8]。外示严重，内多险忌，谗邪者必受其福，忠正者莫保其生。上下相蒙，君臣道隔，民不堪命，率土分崩。遂以四海之尊，殒于匹夫之手，子孙殄绝[9]，为天下笑，可不痛哉？

〔注释〕

①特进：官名，西汉置。凡诸侯功德优盛、朝廷敬异者赐特进，位在三公下，得自辟僚属。东汉为加官，从本官车服，无吏卒，唯食其禄赐、列其班位。南朝齐、陈特进位从公，北魏、北齐皆以旧德就闲者居之。隋文帝以特进为散官，不理事，炀帝即位废之。唐朝为文散官。

②受图：《尚书》载，河伯曾以河图授大禹，后因称帝王受命登位为受图。膺（yīng）运：犹膺期，指受天命为帝王。膺，接受，承当。

③继体：嫡子继承帝位。守文：本谓遵循文王法度，后泛指遵循先王法度。

④祚（zuò）：皇位，国统。

⑤殷鉴不远：殷鉴，亦作“殷监”，谓殷人子孙应以夏的灭亡为鉴戒。后泛指前人失败的教训就在眼前，应该引以为戒。

⑥炀（yáng）帝：即隋朝皇帝杨广（569—618），一名英，小字阿麽，文帝

次子。开皇二年(582)封晋王,九年(589)统军灭陈,历任并州、扬州总管,镇守一方。开皇二十年(600)勾结杨素谗陷兄杨勇,夺得太子位。仁寿四年(604)乘父病重杀之自立。即位后,好大喜功,屡兴兵戎,穷奢极欲,大兴土木。造西苑,置离宫,开运河沟通海河、黄河、淮河、长江水系;修长城,辟驰道,种种工程所役人民以百万计,致生产严重破坏,饥馑不绝,民怨沸腾,群雄蜂起。后南巡江都,沉溺酒色,为宇文化及所杀。在位十四年。

⑦罄(qìng):本义为器中空,引申为尽,用尽。

⑧戢(jí):止,停止。

⑨殄(tiǎn)绝:灭绝,断绝。

〔译文〕

贞观十一年(637),特进魏徵向太宗上奏疏说:

据我观察,自古以来承受天命,开创基业,坚守礼乐制度,维护国家法令条文,控制和使用各种人才,居帝位而治理天下的君主,都希望自己的美德能与天地比配,自己的高明能与日月同辉,根牢本固能支持长久,帝位传承无穷无尽。但是能够永续传承并且最后获得好结局的朝代却很少,失败和灭亡的却一个接着一个,这是什么原因呢?探求他们失败的根本原因,在于不懂得治国的规律。前朝灭亡的教训并不久远,可以用来说明。

从前的隋朝,统一天下,军队强大,三十多年间,大国的威仪远播万里,震动异国,谁想到一夕之间全部丧失,江山尽为别人所有。难道是隋炀帝厌恶国家安宁稳定,不希望社稷长治久安,故意要采取夏桀那样的残暴统治,自取灭亡吗?不过是倚仗国家富强,为所欲为,不考虑自己行为的后果。奴役天下所有的人来满足他一个人的私欲，收尽天下所有的宝物供他一个人玩赏，挑选各地的美女供他一个人淫乐，寻找异域奇珍供他一个人消遣。他居住的宫殿极其华丽奢侈，修筑的台榭无比瑰丽雄奇，征发徭役没有时限，战乱终年无休无止。外表显得威严持重，内心充满狠毒和猜忌；谄媚阴险的人必然得到福禄，忠诚正直的人则性命难保。朝廷上下互相蒙蔽欺骗，君臣之间人人心怀异志，百姓不堪忍受，国家四分五裂。于是至高无上、统御四海的君王，竟死在普通人手里，子孙灭绝，被天下人耻笑，这难道不叫人痛心吗？

圣哲乘机，拯其危溺，八柱倾而复正[①]，四维弛而更张[②]。远肃迩安[③]，不逾于期月；胜残去杀，无待于百年。今宫观台榭，尽居之矣；奇珍异物，尽收之矣；姬姜淑媛[④]，尽侍于侧矣；四海九州，尽为臣妾矣。若能鉴彼之所以失，念我之所以得，日慎一日，虽休勿休。焚鹿台之宝衣[⑤]，毁阿房之广殿[⑥]，惧危亡于峻宇，思安处于卑宫，则神化潜通，无为而治，德之上也。若成功不毁，即仍其旧，除其不急，损之又损。杂茅茨于桂栋[⑦]，参玉砌以土阶，悦以使人，不竭其力。常念居之者逸，作之者劳，亿兆悦以子来，群生仰而遂性，德之次也。若惟圣罔念，不慎厥终，忘缔构之艰难，谓天命之可恃，忽采椽之恭俭，追雕墙之靡丽，因其基以广之，增其旧而饰之。触类而长，不思止足，人不见德，而劳役是闻，斯为下矣。譬之负薪救火，扬汤止沸，以暴易乱，与乱同道，莫可测也，后嗣何观！夫事无可观则人怨，人怨则神怒，神怒则灾害必生。灾害既生，则祸乱必作，祸乱既作，而能以身名全者鲜矣。顺天革命之后，将隆七百之祚，贻厥孙谋，传之万叶[8]。难得易失，可不念哉！

〔注释〕

①八柱：古代神话传说，地有八柱，用以承天。这里比喻能为国家扶颠持危的栋梁之材。

②四维：古人以为天圆地方，天有八柱支持，地有四维系缀。旧时以礼、义、廉、耻为治国之四纲，称为“四维”。维，系物的大绳。

③远肃迩（ěr）安：远近平安。迩，近。

④姬姜淑媛：春秋时，周王室姓姬，齐国姓姜，二姓常通婚姻，因以“姬姜”为贵族妇女之称。淑媛，美好的女子。这里均指宫中美女。

⑤焚鹿台之宝衣：武王伐纣，商兵大败，纣王登鹿台，蒙衣其珠玉，自焚于火而死。

⑥毁阿房之广殿：阿房宫是秦始皇时修建的大型宫殿，规模宏大，《史记》记载其可坐万人。秦末项羽攻占咸阳，火烧阿房宫，大火数月不息。

⑦茅茨（cí）：茅草盖的屋顶。泛指简陋的居室。

⑧万叶：万世，万代。

〔译文〕

有非凡才能的人，顺应时机，挽救危难，让濒临灭亡的国家重新匡正，让废弛的礼仪法度重新恢复。仅仅一年的时间，就使远近平安；凶残的人化而从善，达到刑罚废弃不用的安定境界，也无须百年。现在，前朝豪华的宫殿观阁、楼台亭榭被皇上全部占有，奇珍异宝皇上都已收藏，宫中的美女全都侍奉在皇帝身边，四海九州的人民都成为皇上的臣属。如果能吸取前朝失去天下的教训，总结我朝夺取天下的经验，一天比一天谨慎，虽有功德而不自恃。烧掉纣王鹿台的宝衣，毁掉秦始皇阿房宫宽广的宫殿，居住在高峻的宫殿里，就会感到有危亡的恐惧，居住于低矮的宫室中却感到心安理得，那么就能与天地神明在精神上贯通，对老百姓起到潜移默化的作用，从而达到无为而治。这是为君之道的最好方法。如果顾惜既成的东西不去毁坏，就让他们仍然保持原貌，但要免去那些不必要的东西，将需求减至最低。即使华丽的建筑夹杂着粗糙的茅屋，玉石雕成的阶梯与土做的台阶相参也不计较。要使百姓心甘情愿地效力，又要不耗竭他们的精力。必须时刻思量着居住者享受的安逸，劳作者的苦累，这样，千千万万的人就会高兴得像儿子趋奉父母那样归附国君，所有人都仰仗国君而性情归于纯朴。这是为君之道的次一级标准。如果作为君主妄自尊大，不慎重考虑他所作所为的后果，忘记了创业的艰难，一味迷信依赖天命，抛弃住陋室时的俭朴作风，一味追求雕梁画栋的靡丽建筑，宫殿也在原先的基础上不断扩建、修饰，永不知足，人们看不到德政，只听到不断征发劳役的噩耗，这是为君之道的下等。这样的做法就像背着干柴去救火，舀起开水再倒回去以制止水的沸滚，用残暴来代替混乱，其实和先前的乱政是一样的，它的后果不堪设想，后世子孙将如何看待你的事迹呢！如果帝王没有什么可观的政绩，则必然招致百姓的怨恨，百姓怨恨就会触怒上天，上天发怒必然发生灾害。发生灾害，祸乱就必然紧随而来；祸乱一旦兴起，能使身体和名誉都得到保全的实在太少了。顺应天命改朝换代之后，帝业将有七百年的兴盛时期，并将一代一代地传给子孙继承。国家的基业难于得到却很容易失去，为王者能不认真思考这个问题吗？

是月，徵又上疏曰：

臣闻求木之长者，必固其根本；欲流之远者，必浚其泉源[①]；思国之安者，必积其德义。源不深而望流之远，根不固而求木之长，德不厚而思国之理，臣虽下愚，知其不可，而况于明哲乎！人君当神器之重[②]，居域中之大[③]，将崇极天之峻，永保无疆之休。不念居安思危，戒奢以俭，德不处其厚，情不胜其欲，斯亦伐根以求木茂，塞源而欲流长者也。

凡百元首，承天景命[④]，莫不殷忧而道著，功成而德衰。有善始者实繁，能克终者盖寡，岂取之易而守之难乎？昔取之而有余，今守之而不足，何也？夫在殷忧，必竭诚以待下；既得志，则纵情以傲物。竭诚则胡越为一体，傲物则骨肉为行路。虽董之以严刑[⑤]，震之以威怒，终苟免而不怀仁，貌恭而不心服。怨不在大，可畏惟人，载舟覆舟，所宜深慎。奔车朽索，其可忽乎！

君人者，诚能见可欲则思知足以自戒，将有作则思知止以安人，念高危则思谦冲而自牧，惧满溢则思江海下百川，乐盘游则思三驱以为度[⑥]，忧懈怠则思慎始而敬终，虑壅蔽则思虚心以纳下[7]，想谗邪则思正身以黜恶，恩所加则思无因喜以谬赏，罚所及则思无因怒而滥刑。总此十思，弘兹九德[8]，简能而任之，择善而从之，则智者尽其谋，勇者竭其力，仁者播其惠，信者效其忠。文武争驰，君臣无事，可以尽豫游之乐，可以养松、乔之寿，鸣琴垂拱[9]，不言而化。何必劳神苦思，代下司职，役聪明之耳目，亏无为之大道哉！

〔注释〕

①浚(jùn)：疏通，挖深。

②神器：代表国家政权的实物，如玉玺、宝鼎之类。借指帝位、政权。

③居域中之大：占据天地间的一大。域中，指天地间。《老子》上篇云："道大，天大，地大，人亦大。域中有四大，而人居其一焉。"

④景命：大命。指授予帝王之位的天命。

⑤董：监督管理。

⑥三驱：古时天子田猎的法度。说法不一，一指一年以三次为度，一指三面驱禽，前开一路，使之可去，以示好生之德。

⑦壅蔽：遮蔽，阻塞。这里指下情不能上达。

⑧九德：古谓贤人所具备的九种优良品格。九德内容，说法不一。《尚书·皋陶谟》所谓九德："宽而栗，柔而立，愿而恭，乱而敬，扰而毅，直而温，简而廉，刚而塞，强而义。"《左传·昭公二十八年》："心能制义曰度，德正应和曰莫，照临四方曰明，勤施无私曰类，教诲不倦曰长，赏庆刑威曰君，慈和遍服曰顺，择善而从之曰比，经纬天地曰文。九德不愆，作事无悔。"《逸周书·常训解》："九德：忠、信、敬、刚、柔、和、固、贞、顺。"

⑨垂拱：垂衣拱手，无为而治，谓不亲理事务。

〔译文〕

这个月，魏徵又上了一篇奏疏：

我听说，要想使树木长得茂盛，必须使它的根部稳固；要想使河水流得远，必须挖深它的源头；要想使国家安定，一定要多聚道德仁义。河流的源头不深却想让水流得很远，树木的根基不牢固却想让树木长得高大，道德仁义不深厚而希望国家安定，我虽然愚蠢到了极点，也知道是不可能的，更何况圣明睿智的人呢！国君把持着国家大权，居于天地间最尊贵的位置，有至高无上的威严，永久地保持无边的福禄。如果安乐时不思考可能的危险，不能力戒骄奢，崇尚节俭，不能广积美好的德行，而只任自己的贪欲蔓延而不加以克制，这就像砍断树根而想让树木枝繁叶茂，堵塞源头而想让河水流得很远一样荒谬。

凡是古代的君主，顺应天命开创基业时，没有谁不是深切忧虑、谨慎行事而君道显著的，而大功告成之后，就德政日衰。能善始的人确实很多，能善终的人却非常少，这难道真是创业容易而守业难吗？过去夺取天下的时候力量无穷无尽，现在要守住基业却力不从心，究竟是什么原因呢？创业时忧患意识深重，必然诚心诚意对待下属；一旦志得意满，就放纵情欲，不可一世。诚心待人，即使是北地的胡人和南方的越人都能结为一个整体；不可一世，即使是骨肉兄弟也会变得疏远，形同陌路。即使用严酷的刑罚来督责，用威严的气势来震慑，结果只能使人们苟且保全性命却不怀念国君的恩德，外表谦恭可是内心却不服气。怨恨不在大小，可怕的是人心的背离。老百姓像水一样，既可以让船行驶也可以让船沉没，所以应该深思和警醒。奔腾的马车如果用腐朽的绳子来驾驭，它的危险怎么能忽视呢？

作为国君，看见自己想要得到的东西时，就想到知足常乐的道理而自我约束；将要大兴土木时想到适可而止，使百姓得到安定；想到地位高有颠覆的危险时能够保持谦虚和蔼，并且加强自身修养；害怕骄傲自满时能够想到大江大海容纳百川的度量；沉醉于打猎游乐时能够想到古代帝王、诸侯一年只有三次的限度；担心自己松懈怠惰不能坚持到底时就时刻想着要慎始慎终；害怕下情不能上达时，就要想到自己如何虚心采纳下属的意见；担心谗佞奸邪败坏朝纲时能够想到从端正自己的行为开始，罢黜邪恶；实行赏赐时想到不要因为自己的喜好而随意改变标准；执行惩罚时想到不可因自己一时的恼怒而恣意滥用。做到了"十思"，发扬了"九德"，选用贤能之人来加以任用，择选好的谏言来加以实施，那么一个国家就能够人尽其才，聪明的人就能够竭尽他们的智谋，有勇力的人就能够尽献他们的武力，有仁德的人就能够传播他们的贤德，有信义的人就能够表现他们的忠义。文臣武将竞相为国家效力，君臣之间融洽和睦，相安无事。这样就可以安心享受巡游出猎的快乐，可以像神仙赤松子、王子乔一样颐养天年，可以像虞舜一样快乐地弹奏琴瑟，垂衣拱手，无为而治，不说教就使民风淳朴。何必去劳心费力，事必躬亲，代替臣下去做具体事务，既劳累自己的耳目，也有损于无为治国的道理啊！

太宗手诏答曰：

省频抗表[①]，诚极忠款，言穷切至。披览忘倦，每达宵分[②]。非公体国情深，启沃义重[③]，岂能示以良图，匡其不及。朕闻晋武帝自平吴已后[④]，务在骄奢，不复留心治政。何曾退朝谓其子劭曰[⑤]："吾每见主上不论经国远图，但说平生常语，此非贻厥子孙者，尔身犹可以免。"指诸孙曰："此等必遇乱死。"及孙绥[⑥]，果为淫刑所戮。前史美之，以为明于先见。朕意不然，谓曾之不忠，其罪大矣。夫为人臣，当进思尽忠，退思补过，将顺其美，匡救其恶，所以共为治也。曾位极台司[⑦]，名器崇重，当直辞正谏，论道佐时。今乃退有后言，进无廷诤[⑧]，以为明智，不亦谬乎！危而不持，焉用彼相？公之所陈，朕闻过矣。当置之几案，事等弦、韦[⑨]。必望收彼桑榆，期之岁暮，不使康哉良哉[⑩]，独盛于往日，若鱼若水，遂爽于当今。迟复嘉谋，犯而无隐[⑪]。朕将虚襟静志，敬伫德音。

〔注释〕

①省频抗表：看了你多次所上奏章。省，看。频，多次。

②宵分：夜半。

③启沃：《尚书·说命上》："启乃心，沃朕心。"孔颖达疏："当开汝心所有，以灌沃我心。欲令以彼所见，教已未知故也。"后因以"启沃"谓竭诚开导，辅佐君王。

④晋武帝：即司马炎（236—290），字安世，河内温县人，司马昭之子。初仕魏，封北平亭侯，历给事中。魏元帝咸熙二年（265）嗣昭为相国、晋王。不久代魏称帝，建立西晋王朝。咸宁六年(280)，灭吴，统一全国。大封

宗室，加强士族门阀制度，颁新修律令，制户调式，规定按官品等级占田数额等。晚年耽于佚乐，立痴呆之子司马衷为太子，酿成身后大乱。庙号世祖。

⑤何曾（199—278）：魏晋间陈国阳夏人，字颖考。魏明帝为平原侯，曾为文学。魏咸熙中，官至司徒。助司马氏废魏帝。晋武帝受禅，任丞相，拜太尉，封朗陵公，官至太傅。性豪侈，日食万钱，犹云无下箸处。谄附贾充，为时人所非。卒谥元。劭：即何劭（236—301），字敬祖，何曾之子。少与司马炎善，炎为晋王太子，以劭为中庶子。炎称帝，转散骑常侍，以受货为有司所奏，免受追究。迁侍中尚书。惠帝立，为太子太师。赵王伦篡位，以为太宰。博学，善属文，甚骄奢，一日之供以钱二万为限。卒谥康。

⑥绥：即何绥，字伯蔚。何遵之子，何曾之孙。官至侍中尚书。自以继世名贵，奢侈傲物。为人所谮，为东海王司马越所杀。

⑦台司：指三公之位。古代用三台星来比喻三公，故有台司之称。

⑧廷诤（zhèng）：在朝廷上向皇帝极力谏诤。

⑨弦韦：弦，弓弦。韦，柔皮。《韩非子·观行》："西门豹之性急，故佩韦以自缓；董安于之心缓，故佩弦以自急。"后因以"弦韦"喻缓急，借指用以警勉自己的事物。

⑩康哉良哉：据《尚书》记载，虞舜之时，天下大治，帝庸作歌曰："股肱喜哉！元首起哉！百工熙哉！"其臣子皋陶赓续载歌曰："元首明哉！股肱良哉！庶事康哉！"文中用此典故，意谓诸事安宁，君明臣良，相得融洽。

⑪犯而无隐：谓臣下宁可冒犯君上而不可有所隐瞒。《礼记·檀弓上》："事君有犯而无隐，左右就养有方。"

［译文］

太宗亲手书写诏书答复魏徵说：

朕看了爱卿多次上的奏疏，确实非常忠诚。爱卿言无不尽，恳切至极。批阅你的奏疏，常常让我忘记疲倦，直到深夜时分。

如果不是爱卿你关心国家政务，竭诚忠告，怎么能够为我提出如此中肯的建议，匡正我的不足之处呢？我听说晋武帝灭掉吴国之后，追求骄奢淫逸，不再关心朝政。晋朝太傅何曾退朝回家后，对他的儿子何劭说："我每次上朝见到主上，他都不谈论治理国家的长远之策，而只是说一些日常生活的俚俗之语，这不像是能把江山传给子孙的国君，你这一代还可以保住身家性命。"他又指着他的孙子们痛惜地说："可是到了你们这一辈的时候，必定遇上朝廷变乱而性命不保。"后来他的孙子何绥果然死于滥刑。以往的史书都称赞这事，认为何曾有先见之明。我的看法与之不同，我认为何曾不忠于他的国君，罪大恶极。作为臣子，上朝时应思考如何为国尽忠，退朝后应废寝忘食，弥补皇上的过失。国君施行善政时要竭力引导助成，国君有错误要不断匡正补救，这样才能君臣一心共同把国家治理好。何曾位居三公，地位尊贵，权势显赫，理应直言进谏，谈论治国大道，匡扶时政。而他却在退朝后背地里才说关于朝纲的言论，在朝堂上并没有勇敢地直言规劝，把这样的言行看成是明智的，难道不荒谬吗？国家危亡却不知道辅佐扶持，哪里还用得着这样的官吏呢？你所陈述的建议，使我明白了自己的过失。我要把它时时放在我的案头上，就像西门豹佩韦、董安于佩弦那样，随时警诫自己。让它在我的晚年，充分发挥作用，不让"康哉良哉"这样的歌谣，只出现在虞舜的时代，而使君臣之间像鱼水一样密不可分的情景，明显地出现在今天。回复你的善言良谋虽然迟缓，希望你仍能毫无保留地犯颜直谏。此后我仍将虚怀若谷，安定心志，恭敬地等待着你治国方面的宝贵意见。

政体第二

〔题解〕

《政体》篇凡19章，是《贞观政要》一书中章数最多的一篇，足见贞观君臣对这一问题的重视，所以论者常将此篇与《君道》篇相提并论，认为此篇是《君道》篇的补充，两者共同勾画出了贞观时期君明臣贤的盛世图景。在这一篇中，太宗与魏徵仍然是论说的主角，君臣间通过问答，阐明了诸如圣哲施化、上下同心、坚守直道、灭私徇公、日慎一日、虽休勿休、正辞直谏、裨益政教、惟欲清净、改革旧弊、从谏如流等治国理政思想。这一篇中出现了许多被后世反复传颂吟哦的名言警句，如"天子者，有道则人推而为主，无道则人弃而不用，诚可畏也""自古失国之主，皆为居安忘危，处理忘乱，所以不能长久""君，舟也；人，水也。水能载舟，亦能覆舟"。这些名言寓意深刻，在中国的政治文化中，影响至为深远。注译选9章。

贞观初，太宗谓萧瑀曰[①]："朕少好弓矢，自谓能尽其妙。近得良弓十数，以示弓工。乃曰：'皆非良材也。'朕问其故，工曰：'木心不正，则脉理皆邪。弓虽刚劲而遣箭不直，非良弓也。'朕始悟焉。朕以弧矢定四方，用弓多矣，而犹不得其理。况朕有天下之日浅，得为理之意，固未及于弓。弓犹失之，而况于理乎？"自是诏京官五品以上[2],更宿中书内省[3],每召见,皆赐坐与语,询访外事,务知百姓利害、政教得失焉。

〔注释〕

①萧瑀(yǔ,574—647):字时文,南朝后梁明帝萧岿(kuī)子,姊为隋炀帝后。爱经术,善属文,好释氏,性偏狭。仕隋至银青光禄大夫、内史侍郎,出为河池郡守。后以郡归唐,封宋国公,拜民部尚书、尚书右仆射。太宗即位,迁左仆射,官至同中书门下三品,加特进,金紫光禄大夫,图像凌烟阁,卒谥贞褊。

②京官:指在京师任职的官员,相对地方官而言。

③中书内省:即中书省,官署名。魏晋始置,掌国家机密、出纳帝命、会记时事、典作文章。南朝宋、齐、梁、陈皆置,梁代中书省掌出纳帝命,北齐掌司王言及司进御之音乐。隋称内史省。唐代中书省掌佐天子执大政,总判省事,因其官署位于禁中,且内省在皇宫之内,故有中书内省之称。

〔译文〕

贞观初年,太宗对萧瑀说:“我年轻的时候就喜欢弓箭,自以为懂得弓箭的奥妙。近来得到十几把上好的弓,拿给做弓的工匠看。工匠说:‘都不是好材料。’我询问其中的原因,工匠说:‘木头的中心不端正,以致纹理都是歪斜的。这样的弓虽然刚劲有力,但射出去的箭却不直,所以不是上好的弓。’我这才领悟出其中的道理。我用弓箭平定天下,所用过的弓够多了,却还不懂得弓的奥妙。况且如今我统治天下的时间还很短,对于治理国家的道理,远远不如我对弓的了解。对弓的奥妙尚有认识失误的地方，更何况治理国家的道理？”从此以后，太宗下诏，命令五品以上的京官在中书省轮流值班，每次召见，太宗都要赐给他们座位并与他们悉心交谈，询问宫廷外面的事，务必知道老百姓的疾苦和政治教化的得失。

贞观二年，太宗问黄门侍郎王珪曰①："近代君臣理国，多劣于前古，何也？”对曰："古之帝王为政，皆志尚清静，以百姓之心为心。近代则惟损百姓以适其欲，所任用大臣，复非经术之士。汉家宰相，无不精通一经，朝廷若有疑事，皆引经决定，由是人识礼教，理致太平。近代重武轻儒，或参以法律，儒行既亏，淳风大坏。”太宗深然其言。自此百官中有学业优长，兼识政体者，多进其阶品，累加迁擢焉。

〔注释〕

①王珪（571—639）：唐太原祁人，字叔玠。王僧辩孙。幼孤，性雅淡，少嗜欲，安于贫贱，交不苟合。隋时为奉礼郎。入唐，为太子李建成中舍人。太宗素知其才，召拜谏议大夫。珪每推诚纳忠，多所献替，太宗多纳其言，迁黄门侍郎，兼太子右庶子。贞观二年（628）任侍中，与房玄龄、李靖、温彦博、魏徵等同知国政。能推人之长，有自知之明。因故贬同州刺史。官终礼部尚书。卒时，太宗素服举哀，悼惜久之。谥懿。

〔译文〕

贞观二年（628），太宗问黄门侍郎王珪说："近代帝王和大臣治理国家，多数不如古代君臣，为什么？”王珪回答说：“古代帝王施政，大都崇尚清静无为，想百姓之所想。近代的君主只想损害百姓的利益来满足私欲，任用的大臣，也不是饱学经学儒术的人。汉代的宰相，没有不精通一门经典的，朝廷上如果有疑难问题，都能引用经典做出决定，由于这样，人人懂得礼乐规范，国家的治理就达到了太平安定。近代重视武功，轻视儒术，有时又掺杂了法家以律治民的手段，儒家的道德规范已然受到损害，淳朴的社会风气也受到很大破坏。”太宗很赞同王珪的话。从此以后，官员中凡是学业优良又懂得治国之道的，大都被提高品阶等级，多次得到提拔重用。

贞观三年，太宗谓侍臣曰：“中书、门下，机要之司。擢才而居[①]，委任实重。诏敕如有不稳便，皆须执论。比来惟觉阿旨顺情[②]，惟惟苟过，遂无一言谏诤者，岂是道理？若惟署诏敕、行文书而已，人谁不堪？何烦简择，以相委付？自今诏敕疑有不稳便，必须执言，无得妄有畏惧，知而寝默[③]。”

〔注释〕

①居：这里指担任。
②阿旨：迎合旨意。
③寝默：亦作“寝嘿（mò）”。止而不言，沉默。

〔译文〕

贞观三年（629），太宗对他身边的侍从大臣说：“中书省、门下省，是国家的机要部门。选拔有才能的人担任这些部门的工作，肩负的责任确实很重大。诏书和命令如果有不妥当的地方，都必须直言认真讨论。近来觉得你们只迎合我的旨意，唯唯诺诺，敷衍且过，竟然没有一个人敢直言进谏，这岂是符合道理的？如果只是签署诏令、颁行文书而已，这些事谁不能干？何必还劳神费力去选拔人才并委以重任呢？从今以后，凡对诏书敕令认为有不妥的地方，都必须直言发表自己的看法，不得妄自畏惧，明知不妥也沉默不言。”

贞观四年，太宗问萧瑀曰：“隋文帝何如主也[①]？”对曰：“克己复礼[②]，勤劳思政，每一坐朝，或至日昃[③]，五品已上，引坐论事，宿卫之士，传飧而食[④]。虽性非仁明，亦是励精之主。”太宗曰：“公知其一，未知其二。此人性至察而心不明。夫心暗则照有不通，至察则多疑于物。又欺孤儿寡妇以得天下[⑤]，恒恐群臣内怀不服，不肯信任百司，每事皆自决断，虽则劳神苦形，未能尽合于理。朝臣既知其意，亦不敢直言。宰相以下，惟即承顺而已。朕意则不然，以天下之广，四海之众，千端万绪，须合变通，皆委百司商量、宰相筹画，于事稳便，方可奏行。岂得以一日万机[⑥]，独断一人之虑也？且日断十事，五条不中，中者信善，其如不中者何？以日继月，乃至累年，乖谬既多[⑦]，不亡何待？岂如广任贤良，高居深视，法令严肃，谁敢为非？”因令诸司，若诏敕颁下有未稳便者，必须执奏，不得顺旨便即施行，务尽臣下之意。

〔注释〕

①隋文帝：即杨坚（541—604），弘农华阴人，小字那逻延。杨忠子。北周时袭父隋国公爵。女为北周宣帝皇后。任丞相，总揽朝政。旋废静帝而杀之，自立为帝，建立隋朝。开皇七年（587）亡后梁，九年（589）灭陈，结束西晋末年以来三百年分裂局面，统一全国。在位时加强中央集权，改革官制、兵制，以考试选拔人才，废除九品中正制，各项措施于后代影响较大。仁寿四年（604）病重，为太子杨广所杀。在位二十四年。

②克己复礼：约束自我，使言行合乎先王之礼。《论语·颜渊》："克己复礼为仁。"

③昃（zè）：日西斜。

④飧（sūn）：晚饭，亦泛指熟食，饭食。

⑤欺孤儿寡妇以得天下：意指隋文帝杨坚篡了北周静帝宇文阐的位。周宣帝死后，年仅8岁的宇文阐即位，是为北周静帝。隋文帝的女儿是周宣帝的皇后，此时为太后。

⑥一日万机：亦作"一日万几"。形容帝王每天处理政事极为繁忙，语本《尚书·皋陶谟》。

⑦乖谬（miù）：亦作"乖缪"。荒谬悖理。

〔译文〕

贞观四年（630），太宗问大臣萧瑀说："隋文帝是一个怎样的君主？"萧瑀回答说："约束自己，遵守礼教，勤勤恳恳处理朝政，每次上朝理政都要忙到日落西山，大凡五品以上的官吏，他都召见赐座，谈论国事，负责宿卫任务的武士，废寝忘食，只好把饭送到他们的岗位上让他们进餐。他虽然说不上仁义开明，却也算得上是一个奋发有为、励精图治的君主。”太宗说：“你只知其一，不知其二。隋文帝性格过于谨慎周密，但不明事理。不明事理就难免观察不清，过于谨慎周密就容易疑心重重。他本来是靠欺骗前朝遗孤寡妇夺取江山登上皇位的，所以总是害怕群臣内心不服，因此，不肯相信手下的文武百官，每一件事他都自己亲自判断决定，虽然看起来很勤勉，劳神伤形，终不能把事情都处理得合情合理。朝中的大臣知道他的心意，也就不敢直言劝谏。宰相以下的官吏，只是奉承顺旨罢了。我的看法却不是这样，天下如此广阔，事情如此之多，千头万绪又变化多端，必须变通处理，要把这些事情交给百官商议，宰相再统一筹划，感觉事情办得妥当之后，才可以呈奏皇上，下令天下执行。怎么能把一天中要处理的许许多多事情，让一个人思考决断呢？假若一天处理十件政事，有五件不合理，处理对的当然好，处理错误的该怎么办呢？如此日月相继，乃至连年，错误必然更多，国家怎么能不走向灭亡呢？哪里比得上广泛任用贤良的人才，让他们管理各项政事，国君居高远虑，严肃法纪，谁还敢胡作非为呢？”于是诏令所有官署，如果诏令颁布下来发现有失误的地方，必须坚持己见上奏，不能只按照圣旨上的意思办事，必须尽到一个做臣子的职责。

贞观五年，太宗谓侍臣曰：“治国与养病无异也。病人觉愈，弥须将护[①]，若有触犯，必至殒命[②]。治国亦然，天下稍安，尤须兢慎[③]，若便骄逸，必至丧败。今天下安危，系之于朕。故日慎一日，虽休勿休。然耳目股肱[4]，寄于卿辈，既义均一体，宜协力同心，事有不安，可极言无隐。傥君臣相疑[5]，不能备尽肝膈[6]，实为国之大害也。"

〔注释〕

①弥：格外，更加。

②殒(yǔn)命：死亡，丧命。

③兢(jīng)慎：小心谨慎。

④股肱(gōng)：大腿和胳膊。比喻左右辅佐之臣。

⑤傥(tǎng)：通"倘"，假使，如果。

⑥肝膈(gé)：一作"肝鬲(gé)"，犹肺腑。比喻内心。

〔译文〕

贞观五年(631)，太宗对他身边的侍从大臣说："治理国家和养病的道理没有什么不同。当病人感觉好转时，就格外需要小心调护，如果触犯调护禁忌，一定就会导致死亡。治理国家也是这样，天下稍微安定的时候，尤其需要加倍小心、谨慎行事，如果就此骄奢放纵，必然弄到衰乱覆亡。现在天下的安危，责任都落在我一个人身上，所以我一天比一天谨慎，即使做好了也不敢自夸。至于起耳目手足作用的，就寄托在你们身上了。既然君臣是一个整体，理应协力同心，政事做得不稳妥的，应该毫无隐瞒，直言不讳，不要有什么保留。倘若君臣之间互相猜疑，不能倾心相待，实在是治理国家的大害啊！"

贞观六年，太宗谓侍臣曰：“看古之帝王，有兴有衰，犹朝之有暮，皆为蔽其耳目，不知时政得失。忠正者不言，邪谄者日进①，既不见过，所以至于灭亡。朕既在九重②，不能尽见天下事，故布之卿等，以为朕之耳目。莫以天下无事，四海安宁，便不存意。‘可爱非君，可畏非民③。’天子者，有道则人推而为主，无道则人弃而不用。诚可畏也。”魏徵对曰：“自古失国之主，皆为居安忘危，处理忘乱，所以不能长久。今陛下富有天下，内外清晏④，能留心治道，常临深履薄⑤，国家历数⑥，自然灵长。臣又闻古语云：‘君，舟也；人，水也。水能载舟，亦能覆舟。’陛下以为可畏，诚如圣旨。”

〔注释〕

①邪谄（chǎn）：邪恶而谄谀。

②九重：古人认为天有九层，九重为天的最高处。文中指皇帝居住的深宫，一般人不可能见到。言外之意就是皇帝与外界隔绝，听不到民间的声音。

③“可爱”二句：语出《尚书·大禹谟》，谓百姓所爱戴的不是国君吗？君王所畏惧的不是百姓吗？

④清晏：河清海晏，比喻天下清平安定。

⑤临深履薄：如临深渊，如履薄冰。比喻小心，有所戒慎。《诗经·小雅·小旻》：“战战兢兢，如临深渊，如履薄冰。”

⑥历数：原指推算岁时节候的次序。古人以为，帝王代天理民，与天象运行的次序相应，故称帝王继承的次第为“历数”。

〔译文〕

贞观六年(632),太宗对他身边的侍从大臣说:“纵观古代的帝王,总是有兴盛有衰亡,好像有了早晨就必有夜晚一样,这都是由于耳目受到蒙蔽,不了解当时政治的得失。忠诚正直的人不敢直言劝谏,邪恶谄谀的人却一天天得到重用,国君看不到自己的过失,因此最终导致灭亡。我既然身居九重深宫,不可能看到天下发生的所有事情,所以委托你们作为我的耳目了解下边真实的情况。不要认为天下无事、四海安宁,就不小心在意。《尚书》中说:‘百姓所爱戴的不是国君吗?国君所畏惧的不是百姓吗?’作为国君,如果圣明有道,人们就推戴他做君主;如果昏庸无道,人们就把他废弃而不用他。这真令人感到恐惧啊!”魏徵回答说:“自古以来,丧失国家的君主,都是因为在安定的时候忘记了危亡,在清平的时候忘记了动乱,所以不能长治久安。如今陛下拥有天下,内外清平安定,能够留心治国的方法,经常保持如临深渊、如履薄冰那样谨慎的姿态,国运自然会长久。我又听古人说过:‘君主是船,百姓是水。水能浮载船只,也能把船掀翻。’陛下认为百姓的力量可畏,实际情况确实是这样。”

贞观九年,太宗谓侍臣曰:“往昔初平京师[1],宫中美女珍玩,无院不满。炀帝意犹不足,征求无已。兼东西征讨,穷兵黩武[2],百姓不堪,遂致亡灭。此皆朕所目见,故夙夜孜孜[3],惟欲清静,使天下无事。遂得徭役不兴，年谷丰稔[4]，百姓安乐。夫治国犹如栽树，本根不摇，则枝叶茂荣。君能清静，百姓何得不安乐乎？”

〔注释〕

①京师：国都的泛称，这里指隋都长安。《诗经·大雅·公刘》：“京师之野，于时处处。”马瑞辰《通释》：“京为豳国之地名……吴斗南曰：‘京者，地名；师者，都邑之称，如洛邑亦称洛师之类。’其说是也。”“京师”之称始此。

②穷兵黩（dú）武：滥用武力，肆意发动战争。黩，随随便便，滥用。

③夙（sù）夜：朝夕，日夜。

④丰稔（rěn）：犹丰熟。稔，庄稼成熟。

〔译文〕

贞观九年（635），太宗对他身边的侍从大臣说：“当年刚刚平定隋朝都城，宫中的美女、奇珍玩物，没有一个宫院不是满满的。可隋炀帝还是不满足，横征暴敛搜求不止，加上东征西讨，穷兵黩武，弄得百姓无法忍受，于是导致了隋朝灭亡。这些都是我亲眼见到的。因此我每天从早到晚辛勤努力，毫无厌倦，只求清静无为，使天下不生事端。于是得以不再大兴徭役，五谷丰登，百姓安居乐业。治理国家好比栽种树木，只要树根稳固不动摇，就能枝繁叶茂。君主能够做到清静无为，百姓怎会不安居乐业呢？”

贞观十六年，太宗谓侍臣曰：“或君乱于上，臣理于下;或臣乱于下,君理于上。二者苟逢,何者为甚?”特进魏徵对曰:“君心理,则照见下非。诛一劝百,谁敢不畏威尽力?若昏暴于上,忠谏不从,虽百里奚、伍子胥之在虞、吴①,不救其祸,败亡亦继。”太宗曰:“必如此。齐文宣昏暴②,杨遵彦以正道扶之得理③,何也?”徵曰:“遵彦弥缝暴主,救理苍生,才得免乱,亦甚危苦。与人主严明,臣下畏法,直言正谏,皆见信用,不可同年而语也。”

〔注释〕

①百里奚:春秋时人,事虞公为大夫。晋献公灭虞,被俘入晋。晋嫁穆姬于秦(秦穆公夫人),被用为陪嫁之臣。后走楚国宛地,为楚人所执。秦穆公用五张黑公羊皮赎回,为大夫,世称“五羖(gǔ)大夫”。与蹇叔、由馀等共佐穆公以建霸业。一说,以虞公不可谏而至秦。又一说,本楚之鄙人,闻秦穆公贤,乃自卖于秦,被褐饲牛,为穆公所识拔。伍子胥(?—前484):名员(yún),字子胥,春秋时楚国人,楚大夫伍奢次子。公元前522年,伍奢遭费无忌谗害被杀,他出奔宋,后经郑入吴。帮助阖闾以勇士刺杀吴王僚,夺取王位,整顿政治,训练军队,国势日强。公元前506年,与将军孙武率兵攻破楚国,直入郢都。以功封于申,故又称申胥。吴王夫差时,因力谏吴王接受越国求和与出兵伐齐,受伯嚭(pǐ)谗毁,渐被疏远,后吴王赐剑命他自杀而死。

②齐文宣:即高洋(529—559),字子进,高欢次子,继兄高澄执东魏朝政。550年封齐王。旋废东魏孝静帝自立,国号齐,年号天保。在位时,任用汉族士人杨愔(yīn)等改定律令,并省州县,放免伎作、屯、牧等杂户。又屡次出击突厥、柔然,南攻梁,俱获战果。后期自矜功业,酗酒淫暴,杀北魏宗室及弟浚、涣等。病卒。庙号显祖。当时的人们都说主昏于上,政清

于下。

③杨遵彦(511—560):即杨愔,弘农华阴(今属陕西)人,字遵彦,小名秦王。少有文名,魏庄帝时,曾为通直散骑常侍。弃官避乱投高昂,高欢用为行台郎中,转大行台右丞,掌文告。惧罪窜海岛,欢复召之。历侍中、吏部尚书。北齐初,娶欢女,为尚书右仆射,受文宣帝宠信。文宣末,政令多由其出。奖拔士人,门绝私交。于政多有匡救。位至特进、骠骑大将军、尚书令,封开封王。

〔译文〕

贞观十六年(642),太宗对他身边的侍从大臣说:“有的是国君在上昏乱,臣子在下治理;有的是臣子在下边作乱,国君在上治理。如果碰到这两种情况,哪一种更严重呢?”特进魏徵对答说:“君主用心治理国家,就能够明察臣子的过失,处罚一个人就能警诫上百人,谁还敢不畏惧威严尽力办事呢?如果君主在上边昏庸残暴,不采纳臣子的劝告,虽然有百里奚、伍子胥这样的臣子在虞国和吴国,依然无法挽救国家的祸患,败亡随之而来。”太宗说:“一定是这样。但是北齐文宣帝昏庸残暴,大臣杨遵彦却能够用正确的方法辅佐他治理好北齐,这是为什么呢?”魏徵回答说:“杨遵彦弥补了暴君的过失,挽救了百姓,才使得北齐幸免于难,但也是十分艰难的。这与君主威严圣明、臣子敬畏守法并敢于直言谏诤,大家都得到信用是不可同日而语的。”

贞观十九年,太宗谓侍臣曰:“朕观古来帝王,骄矜而取败者①,不可胜数。不能远述古昔,至如晋武平吴、隋文伐陈已后[2]，心逾骄奢，自矜诸己，臣下不复敢言，政道因兹弛紊[3]。朕自平定突厥、破高丽已后[4]，兼并铁勒[5]，席卷沙漠，以为州县，夷狄远服，声教益广。朕恐怀骄矜，恒自抑折，日旰而食[6]，坐以待晨。每思臣下有谠言直谏[7]，可以施于政教者，当拭目以师友待之。如此，庶几于时康道泰尔。”

〔注释〕

①骄矜(jīn)：骄傲自负。

②晋武平吴：279 年，晋武帝司马炎命贾充、杨济、杜预等伐吴。次年三月，迫使吴主孙皓归降，孙吴灭亡，重新统一全国。隋文伐陈：588 年，隋文帝杨坚下诏伐陈。一年后隋军攻占建康，俘获陈后主，灭陈，结束了西晋末年以来近三百年的分裂局面，重新统一了中国。

③弛紊(wěn)：松弛，混乱。

④突厥：古代民族名，国名。广义包括铁勒、突厥各部落，狭义指突厥汗国。6 世纪初兴起于金山(今阿尔泰山)西南麓，为一游牧部落。552 年，建政权于今鄂尔浑河流域。创文字、立官制，与中原交流频繁。隋开皇二年(582)，分裂为东、西二部。高丽：即高句丽，又称高句骊、句骊、句丽。中国古族名、古国名。公元前 37 年夫余人朱蒙(亦称邹牟)建高丽国，都纥升骨城(今辽宁桓仁东北五女山高丽古城)。3 年迁都国内城(今吉林集安)。辖地相当今鸭绿江及其支流浑江流域一带。山上王和故国原王时期，两度移都丸都城(今吉林集安山城子)。4 世纪初，南占乐浪郡地。嗣后在朝鲜半岛与新罗、百济形成三国鼎立局面。广开土王(好太王)在位时，败倭、百济联军。其子长寿王在位时(413—491)，为加强王权，巩固势力范围，427 年迁都平壤。475 年南攻百济，夺取汉江流域，为高

丽极盛时期。6世纪后渐衰,668年为唐和新罗联军所灭。唐在其地设安东都护府。其族众大部分迁居中原、靺鞨、突厥地区,后逐渐融入汉等民族,少部分则与朝鲜半岛原有民族融合。

⑤铁勒:古族名。汉时称丁零,北魏时称敕勒或铁勒。隋时铁勒各部分布于东至独洛河(今土拉河)以北、西至西海(今里海)的广大地区,分属东、西突厥。其漠北十五部以薛延陀与回纥为最著。

⑥日旰(gàn):天色晚,日暮。

⑦谠(dǎng)言:正直之言,直言。

〔译文〕

贞观十九年(645),太宗对他身边的侍从大臣说:"我看自古以来的帝王,由于骄傲自满而导致亡国的,多得数不清。不必远说古代,近的像晋武帝平定东吴、隋文帝讨伐陈国之后,内心越来越骄傲,生活越来越奢侈,自认为了不起,臣子们不敢再劝谏,国家的政事法度因此松弛混乱。我自从平定突厥、打败高丽以后,又兼并铁勒、席卷沙漠,在那里设置了州县,边远的外族也来臣服归顺,国家的声威教化日益扩大。我害怕内心滋长自满的情绪,常常约束控制自己,处理朝廷政事常常忙到夜晚才吃饭,凌晨就早早起来坐等天亮。每想起臣子们的直言谏诤,可以用于国家政治教化的,都擦亮眼睛,把他们当作良师益友来看待。这样做,希望可以使时局康宁、行路平安吧!"

卷　二

任贤第三

〔题解〕

《任贤》篇凡 8 章，依次介绍了太宗最为信任的八位贤臣：房玄龄、杜如晦、魏徵、王珪、李靖、虞世南、李勣、马周。这八人有的是太宗做秦王时的府属旧人，有的是来自敌对阵营的文臣谋士；有的身世显赫，有的出身低微；他们有文有武，职位有高有低，从政时间有长有短。但是就是这样几个人，成为贞观盛世最耀眼的政治明星，也是封建时代几千年来贤臣的楷模世范。贞观十七年(643)，凌烟阁为功勋卓著的大臣绘像，包括此八人在内总计有二十四人，但仅此八人被列于《任贤》篇，除了他们的事迹最能反映当时择贤而任的特点之外，更可窥见这八人在创立和巩固唐王朝过程中所起的巨大作用。限于篇幅，注译仅选 4 章。

房玄龄①，齐州临淄人也②。初仕隋，为隰城尉③。坐事除名，徙上郡。太宗徇地渭北④，玄龄杖策谒于军门。太宗一见，便如旧识，署渭北道行军记室参军[⑤]。玄龄既喜遇知己，遂罄竭心力。是时，贼寇每平，众人竞求金宝，玄龄独先收人物，致之幕府。及有谋臣猛将，与之潜相申结，各致死力。累授秦王府记室[⑥]，兼陕东道大行台考功郎中[⑦]。玄龄在秦府十余年，恒典管记。隐太子、巢剌王以玄龄及杜如晦为太宗所亲礼[⑧]，甚恶之，谮之高祖[⑨]，由是与如晦并遭驱斥。及隐太子将有变也，太宗召玄龄、如晦，令衣道士服，潜引入阁谋议。及事平，太宗入春宫[⑩]，擢拜太子右庶子[⑪]。贞观元年，迁中书令[⑫]。三年，拜尚书左仆射，监修国史，封梁国公，实封一千三百户。既任总百司，虔恭夙夜，尽心竭节，不欲一物失所。闻人有善，若己有之。明达吏事，饰以文学，审定法令，意在宽平。不以求备取人，不以己长格物，随能收叙，无隔卑贱。论者称为良相焉。十三年，加太子少师[⑬]，玄龄自以一居端揆十有五年[⑭]，频抗表辞位，优诏不许。十六年，进拜司空[⑮]，仍总朝政，依旧监修国史。玄龄复以年老请致仕，太宗遣使谓曰："国家久相任使，一朝忽无良相，如失两手。公若筋力不衰，无烦此让。自知衰谢，当更奏闻。"玄龄遂止。太宗又尝追思王业之艰难，佐命之匡弼[⑯]，乃作《威凤赋》以自喻，因赐玄龄，其见称类如此。

〔注释〕

①房玄龄(579—648):名乔,字玄龄。齐州临淄人。工书善文,有识见。隋末举进士,官隰(xí)城尉。唐兵入关归李世民任府记室,为秦王府招揽人物。参预玄武门之变,功居第一。贞观中历任中书令、尚书左仆射,长期执掌大权。与杜如晦同为太宗重要助手,后世并称为贞观良相。监修国史,受诏主撰《晋书》。累封梁国公,谥号文昭,图像凌烟阁。

②齐州临淄:即今山东淄博。

③隰(xí)城:古县名。西晋改兹氏县置,治今山西汾阳。为西河国治。北魏太延中改县为什星军。太和八年(484)复名为隰城县,为西河郡治。孝昌中兼为汾州治。后又曾为南朔州、介州治。唐上元元年(760)改名为西河县。

④徇地:掠取土地。

⑤记室参军:官名,又称记室参军事。西晋始置,为记室曹长官,掌文疏表奏。南北朝时,皇弟皇子府、嗣王蕃王府、公府、持节都督府皆置,品级自七品至九品不等。隋置于亲王府,从六品。唐因之,从六品上。宋朝以常参官兼任。金朝为正八品,掌亲王府表笺书启之事。

⑥秦王:即太宗李世民。高祖武德元年(618),李世民进封秦王。记室:古代官名。按东汉官制,太尉署官有记室令史,太守、都尉署官有记室史。后世诸王、三公及大将军幕府也设置记室参军。

⑦大行台:官署名。北魏置,为尚书省设在各主要地区的派出机构,代行尚书省的权力,依所辖区域名称称关西大行台、东北道大行台等,管理辖区内的军政事务,是地方最高行政机构。设大行台尚书令为长官,大行台尚书仆射协助管理大行台事务,置大行台尚书、大行台郎中等分曹理事。南朝梁、东魏、西魏、北齐沿置。唐高祖武德初,设陕东道大行台尚书省,置令一员,仆射一员,左、右丞各一员,都事一员,兵部、民部、工部尚书

各一员，司勋、考功、兵部、驾部、礼部、膳部、度支、仓部、刑部、都官、工部、屯田郎中各一员，食货监、农圃监、武器监、百工监各一员，主事及丞若干人。考功郎中：唐制，掌管百官功过善恶的官职。

⑧隐太子：即唐高祖长子李建成（589—626）。从父起兵反隋，封陇西郡公，武德元年（618）立为皇太子。屡次率军征讨，攻城略地。曾统军破稽胡，镇压刘黑闼，滥行杀戮。史称多次阴谋危害其弟世民，武德九年（626）玄武门之变，与弟元吉同被世民所杀。后追封息王，谥隐。巢剌王：即唐高祖第四子李元吉（603—626）。随父起兵太原，封姑臧郡公。高祖率军西攻长安后以镇北大将军留镇太原，武德元年（618）进封齐王。刘武周引突厥攻并州时弃军丢城而逃。转襄州道行台尚书令。后从李世民破窦建德、王世充，颇立战功，师还拜司空。参与李建成谋害其兄世民，玄武门之变与建成同被世民所杀。后追封巢王，谥剌。杜如晦（585—630）：字克明，京兆杜陵人。在隋曾任滏阳尉，唐兵入关被李世民引为府记室，以多谋善断称。参与玄武门之变，太宗即位后历兵部尚书、侍中、尚书右仆射等职。与房玄龄共掌朝政，订立各种典章制度，时人并称“房杜”。为秦府十八学士之首。图像凌烟阁，谥成，终封莱国公。

⑨谮（zèn）：说别人的坏话，诬陷，中伤。

⑩春宫：太子居住的宫殿称春宫，亦称东宫。

⑪太子右庶子：官名。隋朝分庶子为左右。右庶子统典书坊。唐代置右庶子二人，正四品下，掌侍从、献纳、启奏；中舍人为之副贰。

⑫中书令：官名，在汉朝为“中书谒者令”的简称，魏晋为中书省的长官之一。三国魏文帝改秘书令为中书令，掌机密，赞诏命，记会时事，典作文书，两晋、南北朝皆沿置，隋避国讳，改称内史令。唐代时称内史令，时称中书令，掌佐天子执大政而总判省事等，其佐官有侍郎、舍人等。宋代中书令掌佐天子议大政、宣奉命令等，基本上与唐同。元代中书令掌领百官，会决庶务。

⑬太子少师：官名。为辅佐太子的官。西晋曾设此官，东晋不置。北魏、北齐、隋、唐、宋历代多沿置。

⑭端揆（kuí）：指相位。宰相居百官之首，总揽国政，故称。

⑮司空：官名，与太尉、司徒并为三公。魏晋南北朝为名誉宰相，多为大臣加官，位居一品，无实际职掌。隋朝名义上参议大政，其位多旷，遇有典礼，以他官摄行其事，如置，则坐于尚书都省，正一品。唐朝亦为大臣加官，正一品。晚唐五代用为藩镇加官，遂至冗滥。北宋初用为宰相、亲王、使相的加官，其特拜者亦不预政事，徽宗政和二年（1112）罢。

⑯匡弼：匡正辅佐，纠正补救。

〔译文〕

房玄龄，齐州临淄人。起初在隋朝做官，担任隰城的县尉。后来因事获罪被革去官职，流放到上郡。太宗率军攻占渭北时，房玄龄拄着拐杖到军营门口拜会。太宗与他一见如故，任命他为渭北道行军记室参军。房玄龄很高兴遇到知己，就尽心竭力相报。当时，每平定一个地方，别人都忙着各处搜集财宝，只有房玄龄首先收拢人才，安置在幕府中；如有谋士或猛将，就私下与他们结为朋友，约定遇事要各尽死力。后多次提升，担任秦王府记室，兼任陕东道大行台考功郎中。房玄龄在秦王府十几年，长期主管记室。隐太子建成和巢剌王元吉因房玄龄和杜如晦深得太宗的重用，对他俩心怀嫉恨，就在唐高祖面前说他们的坏话，因此房玄龄和杜如晦都遭到了贬斥。到隐太子将要发动叛乱时，太宗秘密召见房玄龄和杜如晦，让他们穿上道士的衣服，派人暗中将他们带入秦王府的秘阁中商议对策。玄武门之变平定之后，太宗入住春宫成为太子，提拔房玄龄担任太子右庶子。

贞观元年(627),太宗提升他为中书令。贞观三年(629),又封他为尚书左仆射,同时,命他监管修撰国史,封为梁国公,实际封赐食邑一千三百户。既被任命为宰相总管百官,他更是虔诚奉职,日夜操劳,尽心尽力,不想让一件事处理得不妥当。他听到别人有优点,就如自己有一样。他熟悉明了行政事务,语言表达十分妥帖,审查或制定法令宽容公平。他对人从不求全责备,不以自己的长处去衡量别人,根据才能的高低或功劳的大小任用人才,不管他们地位的高低、出身的贵贱以及和自己关系的远近。大家一提到房玄龄,都称赞他是个贤良的宰相。贞观十三年(639),他又被加封为太子少师。房玄龄自认为自己担任宰相之职已经有十五年了,多次上书请辞,太宗都下褒美嘉奖的诏书不允许。贞观十六年(642),他又被加封为司空,仍然总管朝政,依旧监修国史。不久,房玄龄又以年老为由,请求辞官,太宗派使者对他说:"国家长期任命您担任丞相,一旦辞职,国家就没有了你这个良相,就像一个人突然失去了两手。如果你精力不衰,就不要辞让此职。如果自觉精力衰退,再另外奏报。"于是房玄龄不再请求辞官。太宗又曾回顾自己开创帝业的艰难,想到良臣辅佐自己所立下的卓越功勋,就写了一篇《威凤赋》用以自喻,并将它赐给房玄龄,太宗对房玄龄的推重和信任可见一斑。

杜如晦,京兆万年人也[①]。武德初,为秦王府兵曹参军[②],俄迁陕州总管府长史[③]。时府中多英俊,被外迁者众,太宗患之。记室房玄龄曰:"府僚去者虽多,盖不足惜。杜如晦聪明识达,王佐才也。若大王守藩端拱[④],无所用之;必欲经营四方,非此人莫可。”太宗自此弥加礼重,寄以心腹,遂奏为府属,常参谋帷幄。时军国多事,剖断如流,深为时辈所服。累除天策府从事中郎[⑤],兼文学馆学士[⑥]。隐太子之败,如晦与玄龄功第一,迁拜太子左庶子。俄迁兵部尚书[⑦],进封蔡国公,赐实封一千三百户。贞观二年,以本官检校侍中[⑧]。三年,拜尚书右仆射,兼知吏部选事[⑨]。仍与房玄龄共掌朝政。至于台阁规模,典章文物,皆二人所定,甚获当时之誉,时称房、杜焉。

〔注释〕

①京兆:唐开元元年(713)年改雍州置,治长安、万年两县。辖境相当今陕西秦岭以北,乾县以东,铜川以南,渭南以西地。唐为关内道、京畿道治所。五代梁改为大安府,唐复名京兆府。宋为陕西路、永兴军路治所,金为京兆府路治所。元至元十五年(1278)改为安西府。万年:古县名,北周明帝二年(558)析长安、霸城、山北三县置,与长安同城而治,治今陕西西安西北。属雍州。隋开皇三年(583)改大兴县,仍属雍州。大业初属京兆郡。唐武德元年(618)复改万年县。属京兆府。天宝七年(748)改咸宁县。乾元元年(758)复故名。五代梁开平元年(907)改大年县,唐同光元年(923)复改万年县。北宋宣和七年(1125)改樊川县。

②兵曹参军:官名。北齐在各州设兵曹参军,为州官的佐吏;唐朝在各府、卫设兵曹参军。掌管军防的烽火、驿马传送、门禁、田猎、仪仗等事。

③长史:官名,战国末年秦有此官,秦时丞相、将军之属官中皆有此

官,有的是文职,掌参谋、文书之类,有的是武职,掌领军作战。西汉时丞相、太尉(大司马)、御史大夫(大司空)皆置长史,为事务长官。西汉将军也置长史,为幕僚之长。东汉太尉属官有长史,俸千石,掌诸曹事。司徒、司空的属官也有长史,其职事与太尉长史类同。将军府也置长史,如大将军窦宪的长史,俸中二千石。有的将军府长史也带兵,称将兵长史。两汉边郡也置长史,为太守佐官,出领边防兵。魏、晋、南北朝多沿汉制。唐代十六卫多置长史,从六品上,掌判诸曹、五府、外府廪禄,卒伍、军团的名数,器械、车马的多少,小事专达,每年秋天帮助大将军考查下属官吏。王府也置长史,从四品上,掌管府僚,管理府中事务。都督府也置长史,大都督府长史为从三品,中都督府长史为正五品上,下都督府长史为从五品上。大都督长史常出任节度使,如扬州等地的节度使,即以大都督府长史的身份担任;虽名为幕僚之长,实为统帅。大都护府、上都护府皆置长史,正五品上,为幕僚之长。州刺史的属官也有长史,从五品上,为刺史的佐官,无实职。宋代大都督府也置长史,为大都督之副。清代亲王府、郡王府、世子府、长子府都置长史,从三品,掌理府事。

④守藩:指王侯驻守其封地。亦指受封为王侯。端拱:谓闲适自得,清静无为。

⑤天策府:唐高祖以李世民功高,古官号不足以称,于是加号天策上将,位在王公之上。李世民被封为天策上将后,所建的府邸称为天策府。从事中郎:官名,汉置,属将军,为参谋议事的散职官员,有时也领兵征战。汉末称雄的诸州也置此官。三国魏晋南北朝皆沿置。三国时三公府、将军府置,无固定人数。魏末相国府置。晋朝领兵的公府及位从公以上加兵的置。南朝宋、齐、梁、陈公府置。北魏公府及皇子、庶姓开府的均置,五品。北齐三公府置,五品。北周丞相府置,隋初避杨忠讳,改称从事内郎。

⑥文学馆学士:官名。唐初秦王府置文学馆,以招揽四方之士,时人

称入馆者为登瀛洲。秦王府僚属并以本官兼之，号十八学士，食五品珍膳，分三番更直宿阁下，每日引见，讨论文典。

⑦兵部尚书：官名。为兵部最高长官，负责全国军事，相当现在的国防部长。夏朝、商朝称司马；周朝称大司马卿；两汉不置；曹魏称五兵尚书；晋设五兵尚书和驾部尚书；南朝宋齐梁陈设五兵尚书；北魏与晋同；北齐只设五兵尚书；后周称大司马；隋称兵部尚书；唐朝曾几度更名，初称兵部尚书，高宗时曾改称司戎太常伯、夏官尚书，还曾改称武部尚书；五代和宋称兵部尚书；辽代设北院枢密使等，金、元、明、清称兵部尚书。历代几乎都设此官，除名称不尽相同外，职权也不一样，唐朝掌管天下军卫武官选授等，在明朝，兵部尚书常作为督兵大臣的加衔。

⑧检校：官制用语。初谓代理，隋及唐初皆有。侍中：官名。黄帝时风后为侍中，周称常伯，秦称侍中，为丞相属官，设五人来往殿内东厢奏事，故称侍中。汉承秦制，为列侯至郎中的加官，无员限，多至数十人；因侍皇帝左右，出入宫廷，应对顾问，地位渐重，权势过于宰相。南朝宋文帝时掌机要，齐、梁、陈相沿。北魏称小宰相，北齐相沿。北周改称纳言。隋初沿北周制，炀帝时改称侍内。唐复称侍中，为门下省长官，掌出纳帝命；还曾一度改称左相，因职位太高，仅作为大臣的加衔。北宋存其名，南宋废。

⑨吏部：旧官制六部之一。汉尚书有常侍曹，主管丞相御史公卿之事。东汉改为吏曹，主选举祠祀，后又改为选部。魏、晋以后称吏部，置尚书等官，主管官吏任免、考课、升降、调动等事。班列次序，在其他各部之上。清末废，并其职掌于内阁。选事：考选举士，铨选职官之事。

〔译文〕

杜如晦是京兆万年人。武德初年，担任秦王府兵曹参军，不久调任陕州总管府任长史。当时秦王府中人才济济，但大多被外调，对此太宗深感忧虑。记室房玄龄说：“王府中的幕僚调离的虽然多,大都不值得惋惜。杜如晦聪慧明智,见识通达,是辅佐帝王的良才。如果您只想做一个守住领地的藩王,清静无为,那么用不着他;如果您要经营天下,那么非此人不可。”太宗从此便对杜如晦更加敬重,视为心腹,于是奏请高祖让杜如晦做秦王府的属官,经常让他参与军政大事的谋划。当时军国大事很多,杜如晦分析决断迅速妥帖,令人十分佩服。后来提升为天策府从事中郎,兼任文学馆学士。隐太子建成叛乱事败,杜如晦和房玄龄功劳最大,因此,杜如晦被提升为太子左庶子。不久又迁任兵部尚书,晋封为蔡国公,实际赐封食邑一千三百户。贞观二年(628),他以本官检校侍中。贞观三年(629),被任命为尚书右仆射,兼任吏部选事,仍然和房玄龄共同掌管朝廷的政务。至于朝廷中的机构设置、组织规模、法令制度、礼仪等,都由他二人商议决定,深得当时人们的称道,把他二人并称为“房杜”。

魏徵,钜鹿人也[①],近徙家相州之临黄[②]。武德末,为太子洗马[③]。见太宗与隐太子阴相倾夺,每劝建成早为之谋。太宗既诛隐太子,召徵责之曰:“汝离间我兄弟,何也?”众皆为之危惧。徵慷慨自若,从容对曰:“皇太子若从臣言,必无今日之祸。”太宗为之敛容,厚加礼异,擢拜谏议大夫[④]。数引之卧内,访以政术。徵雅有经国之才,性又抗直,无所屈挠。太宗每与之言,未尝不悦。徵亦喜逢知己之主,竭其力用。又劳之曰:“卿所谏前后二百余事,皆称朕意,非卿忠诚奉国,何能若是？”三年，累迁秘书监[5]，参预朝政，深谋远算，多所弘益。太宗尝谓曰：“卿罪重于中钩[6]，我任卿逾于管仲[7]，近代君臣相得，宁有似我于卿者乎？”六年，太宗幸九成宫[8]，宴近臣，长孙无忌曰[9]：“王珪、魏徵，往事息隐，臣见之若仇，不谓今者又同此宴。”太宗曰：“魏徵往者实我所仇，但其尽心所事，有足嘉者。朕能擢而用之，何惭古烈[10]？徵每犯颜切谏，不许我为非，我所以重之也。”徵再拜曰：“陛下导臣使言，臣所以敢言。若陛下不受臣言，臣亦何敢犯龙鳞、触忌讳也[11]。”太宗大悦，各赐钱十五万。七年，代王珪为侍中，累封郑国公。寻以疾乞辞所职，请为散官。太宗曰：“朕拔卿于仇虏之中，任卿以枢要之职，见朕之非，未尝不谏。公独不见金之在矿，何足贵哉？良冶锻而为器，便为人所宝。朕方自比于金，以卿为良匠。虽有疾，未为衰老，岂得便尔耶？”徵乃止。后复固辞，听解侍中，授以特进，仍知门下省事。十二年，太宗以诞皇孙，诏宴公卿，帝极欢，谓侍臣曰：“贞观以前，从我平定天下，周旋艰险，玄龄之功无所与让。贞观之后，尽心于我，献纳忠谠，安国利人，成我今日功业，为天下所称者，惟魏徵而已。古之名臣，何以加也。”于是亲解佩刀以赐二人。庶人承乾在春宫[12]，不修德业。魏王泰宠爱日隆[13]，内外庶寮，咸有疑议。太宗闻而恶之，谓侍臣曰：“当今朝臣，忠謇无如魏徵[14]，我遣傅皇太子,用绝天下之望。”十七年,遂授太子太师[15],知门下事如故。徵自陈有疾,太宗谓曰:“太子宗社之本,须有师傅,故选中正,以为辅弼。知公疹病[16],可卧护之。”徵乃就职。寻遇疾。徵宅内先无正堂,太宗时欲营小殿,乃辍其材为造,五日而就。遣中使赐以布被素褥,遂其所尚。后数日,薨[17]。太宗亲临恸哭,赠司空,谥曰文贞。太宗亲为制碑文,复自书于石。特赐其家食实封九百户。太宗后尝谓侍臣曰:“夫以铜为镜,可以正衣冠;以古为镜,可以知兴替;以人为镜,可以明得失。朕常保此三镜,以防己过。今魏徵殂逝[18],遂亡一镜矣!”因泣下久之。乃诏曰:“昔惟魏徵,每显予过。自其逝也,虽过莫彰。朕岂独有非于往时,而皆是于兹日?故亦庶僚苟顺,难触龙鳞者欤!所以虚己外求,披迷内省。言而不用,朕所甘心。用而不言,谁之责也?自斯已后,各悉乃诚。若有是非,直言无隐。”

〔注释〕

①钜鹿:郡名。秦置,汉因之。唐名邢州,其地约当今河北南自平乡任县至晋县藁城一带地区。

②相州:北魏天兴四年(401)析冀州置,治邺县。辖境相当今河北邢台、广宗以南,河南林州、汤阴、清丰、范县以北,山东武城、莘县以西地区。其后辖境渐缩。东魏天平元年(534)改为司州。北周建德六年(577)复为相州,大象二年(580)移治安阳城。唐辖境相当今河北成安、广平和魏县

西南部，河南安阳、汤阴、林州、内黄及濮阳西南部地。北宋属河北西路。辖境减缩。金明昌三年（1192）升为彰德府。州境漳水有灌溉之利，东魏筑万金等渠，唐筑金凤等渠。唐、宋时纱、绢等织造业发达。临黄：古县名。北魏初置，治今河南范县西南临黄集。属相州。太平真君三年（442）废。太和十九年（495）复置。北齐时又废。隋开皇六年（586）又置。北宋端拱元年（988）再废。

③太子洗（xiǎn）马：官名，为太子属官。秦称洗马，汉或称先马，后汉置十六人，六百石，职如谒者，太子出，当值者前驱导威仪。由郎中选补，魏、晋、宋、齐沿置。梁、陈设典经局洗马，掌文翰。北齐有典经坊洗马；隋、唐有司经局洗马。唐代司经局洗马二人，从五品下，掌经籍，出入侍从；图书上东宫者，皆受而藏之。

④谏议大夫：官名。秦、西汉皆置谏大夫，掌论议。东汉改名谏议大夫，六百石。隋设谏议大夫七人，掌侍从规谏，属门下省。唐代设左右谏议大夫，分属门下省和中书省，掌谏谕得失，侍从赞相。宋沿唐制，并为谏院长官。辽、金皆沿宋制。

⑤秘书监：官名，掌图书秘记等。东汉桓帝时置，南北朝时南朝宋、齐沿其制。南朝梁、北朝北齐、隋、唐、宋皆置秘书省，其长官称监，掌判省事。

⑥中钩：指春秋时管仲射齐公子小白中其带钩事。齐襄公十二年（前686），齐国发生内乱，公孙无知联合大夫连称、管至父率众杀襄公而自立。一年后，公孙无知又被杀，齐国一时无君。逃亡在外的公子纠和公子小白，都力争尽快回国夺取君位。管仲为使公子纠当上国君，埋伏于中途欲射杀公子小白，箭射在公子小白的衣带钩上。公子小白装死，在鲍叔牙的协助下抢先回国，登上君位，这就是历史上赫赫有名的齐桓公。桓公即位后，杀死了公子纠，也想杀死管仲，鲍叔牙极力劝阻，指出管仲是王佐之才。于是桓公不记旧仇，拜管仲为相，主持政事，管仲辅佐桓公成就一代霸业。

⑦管仲：即管敬仲，名夷吾，字仲，春秋时颍上人。初事齐公子纠，后

由鲍叔牙推荐,被齐桓公任命为相,进行改革,分国都为十五士乡和六工商乡,分鄙野为五属,设各级官吏管理。以士乡的乡里组织为军事编制,建立选拔人才制度。实行按土地好坏分等收税,大力发展渔盐事业。并用官府力量铸造、管理货币,通货积财,因而国富兵强。辅佐齐桓公以"尊王攘夷"相号召,北伐山戎,南伐荆楚。九会诸侯,成为春秋时第一个霸主。

⑧九成宫:唐代宫名。在陕西麟游西。本为隋仁寿宫,系皇帝避暑处。

⑨长孙无忌(?—659):字辅机,河南洛阳人。太宗长孙皇后之兄。决策发动玄武门之变。贞观中以元勋皇戚历任尚书仆射、司空、司徒等重职,封赵国公,图像凌烟阁。预修唐律,参定晋王为太子,并受命辅立高宗。高宗即位,官至太尉、中书门下三品,执掌大权。奉命主撰《唐律疏议》,监修国史。后因反对高宗立武后,被许敬宗奉则天旨意诬以谋反罪放逐黔州,被迫自杀。

⑩古烈:前代的义烈之士。

⑪龙鳞:这里指君主。《韩非子·说难》:"夫龙之为虫也,柔可狎而骑也,然其喉下有逆鳞径尺,若人有婴之者,则必杀人。人主亦有逆鳞,说者能无婴人主之逆鳞,则几矣。"后因以"龙鳞"指君主。

⑫承乾:太宗长子李承乾(?—645),字高明。因生于承乾殿而命名。始封恒山王,又徙封中山。太宗即位立为皇太子。性敏惠,太宗爱之。及长,好声色,漫游无度,然惧帝,秘其迹。每临朝必言忠孝,退朝则与群小亵狎。后废为庶人,徙黔州而卒。谥愍。

⑬魏王泰:指李泰(619—653)。唐宗室,字惠褒。太宗第四子。少善属文。始封宜都王,晋封卫王,改封越王,授扬州大都督。又徙封魏王,遥领相州都督。太宗以泰好士爱文学,特令就府别置文学馆,任自引召学士。时皇太子承乾有足疾,泰以计倾之,太子败,幽泰于将作监。后改封顺阳王,晋封濮王。高宗即位,特加优异。卒谥恭。

⑭忠謇(jiǎn):忠诚正直。

⑮太子太师：官名，是辅导太子、给太子传授知识、负责太子智育的官。商周已有，西晋沿置，东晋不置。北魏、北齐皆置。隋沿北齐制。唐代设太子太师、太傅、太保各一人，从一品。掌辅导皇太子。每见，迎拜殿门，三师答拜，每门必让，三师坐，太子仍坐。太子出，则乘路备卤簿以从。清代自中叶以后已不立太子，但太子三师三少仍作为加衔保留，而且视为荣典。三师从一品，三少正二品。

⑯疹（zhěn）：皮肤上起的小颗粒，通常是红色，多由皮肤表层发炎浸润而起。

⑰薨（hōng）：古代称诸侯或有爵位的大官死去。

⑱殂（cú）逝：死亡。

〔译文〕

魏徵是河北钜鹿人，后来迁居到相州的内黄。武德末年，担任太子洗马。当他看到太宗同隐太子李建成暗中倾轧争夺储位时，常劝建成早作打算。太宗杀了隐太子后，把魏徵叫来责问："你离间我们兄弟的关系，是何居心？"大家都替魏徵担惊受怕。魏徵慷慨自若，从容地回答说："皇太子如果听了我的话，肯定不会有今天的杀身之祸。"太宗听了这话肃然起敬，对他分外敬重，提升他为谏议大夫。太宗多次把他请进卧室，向他请教治理国家的办法。魏徵素有治国的才能，性情又刚正不阿，绝不退缩屈服。太宗每次和他交谈，从来没有不高兴的。魏徵也庆幸遇到了赏识自己的君主，竭尽才力为太宗效劳。太宗又慰劳他说："你前后直言劝谏的二百多件事，都称我的心意，不是你忠心为国，怎能如此？"贞观三年（629），经过多次升迁，魏徵任职秘书监，参与朝政，他深谋远虑，对国家的治理有很大的帮助。太宗曾对他说："论你的罪过比当年管仲射中齐桓公的带钩还要严重，而我对你的信任却超过了齐桓公对管仲的信任，近代君臣之间融洽相处，难道有能像我和你这样的吗？"贞观六年(632)，唐太宗驾幸九成宫，设宴招待亲近的大臣，长孙无忌说："王珪、魏徵，过去侍奉隐太子，我见到他们就像见到仇敌一样，想不到今天能在一起参加宴会。"太宗说："魏徵过去确实是我的仇敌，但他能尽心于自己侍奉的人，这是很值得称道的。我能够提拔重用他，同古代圣君明主相比应无愧色吧！魏徵常常不顾情面恳切劝谏，不许我做错事，这是我器重他的原因。"魏徵向太宗拜了两拜说："陛下引导我进谏，我才敢直言不讳。倘若陛下不接受我的意见，我又怎么敢去犯逆龙鳞、触碰忌讳呢？"太宗听了非常高兴，赏赐每人十五万钱。贞观七年(633)，魏徵替代王珪任侍中，加封至郑国公。不久因病请求辞去所任的官职，只做个闲职散官。太宗说："我把你从仇敌中选拔出来，委任你中枢机要的职务，你看到我不对的地方，从没有不劝谏的。你难道没见过蕴含黄金的矿石吗，未曾提炼它有什么可贵的呢？若遇上高明的冶金工匠把它锻炼成器物，就会被人们当作宝贝。我就好比是矿石中的黄金，你就是从矿石中把金子提炼出来并锻造成器的高明的冶炼工匠。你虽然有病，但还不算衰老，怎能想就此辞职呢？"魏徵听了只好作罢。后来又坚决要辞职，太宗同意解除他侍中的职务，任为特进，仍旧主持门下省政事。贞观十二年(638)，太宗因为皇孙诞生，下诏宴请公卿大臣，太宗在酒席间极为高兴，对大臣们说："贞观以前，跟随我平定天下，转战于艰险危难之间，房玄龄功劳之大是没有人能比得上的。贞观以来，对我竭尽心力，进献忠直之言，安国利民，成就我今天的功业，被天下人所称道的，就只有魏徵一人。即使古代的名臣，也不能超过他啊。”于是亲自解下佩刀赐给他们二人。后来被废为庶人的太子承乾在东宫做太子时，不修养德行，魏王李泰越来越受到宠爱，朝廷内外百官议论纷纷。太宗听到后非常厌恶，对侍从的大臣们说：“当今朝臣之中，讲忠诚正直没有比得上魏徵的，我派他做皇太子的师傅，用来断绝天下人的想法。”贞观十七年(643)，任命魏徵做太子太师，仍旧管门下省的政事。魏徵提出自己有病在身，无法胜任。太宗对他说：“太子是宗庙社稷的根本，一定要有好的师傅教导，所以挑选你这样中正无私的人来辅佐他。我知道你身患疹病，不妨躺在床上来教导太子。”魏徵只得就职。不久魏徵得了重病。他原先住的宅院内没有正堂，太宗当时正在给自己建造一座小殿，就停下工来把材料给魏徵造正堂，五天完工。又派宫中的使者赐给他布被和素色的垫褥，以顺从他的喜好。几天以后，魏徵病逝。太宗亲自到他的灵柩前痛哭，追赠他为司空，赐谥号为“文贞”。太宗亲自为他撰写碑文，还亲笔书写在石碑上。又特赐给他家食实封九百户。太宗后来常对身边的大臣们说：“用铜作镜子，可以端正衣冠；用历史作镜子，可以知道历代兴衰更替；用人作镜子，可以明白自己的得失。我经常保有这三面镜子，用来防止自己犯过错。如今魏徵去世，我损失掉一面镜子啊！”因此伤心哭泣了很久。于是太宗下诏说：“过去只有魏徵，经常指出我的过错。自从他去世后，我虽有过失，却没有人敢公开指出。难道我只在过去有错误，而今天全是正确的吗？恐怕还是百官苟且顺从，不敢来触逆龙鳞吧！

所以我再次虚心征求意见，用以排除假象，反省自身。如果你们直言劝谏了而我不采用，我愿承担责任。如果我想采纳忠言而大家又不说，这个责任谁来承担？从今以后，大家都要竭尽忠诚，我如有对或不对的言行，你们要直言劝谏不要保留隐瞒。”

马周①，博州茌平人也②。贞观五年至京师，舍于中郎将常何之家③。时太宗令百官上书言得失，周为何陈便宜二十余事④，令奏之，事皆合旨。太宗怪其能，问何。何对曰：“此非臣所发虑，乃臣家客马周也。”太宗即日召之，未至间，凡四度遣使催促。及谒见，与语甚悦。令直门下省，寻授监察御史⑤，累除中书舍人⑥。周有机辩，能敷奏，深识事端，故动无不中。太宗尝曰：“我于马周，暂时不见，则便思之。”十八年，历迁中书令，兼太子右庶子。周既职兼两宫，处事平允，甚获当时之誉。又以本官摄吏部尚书。太宗尝谓侍臣曰：“周见事敏速，性甚贞正。至于论量人物，直道而言，朕比任使之，多称朕意。既写忠诚，亲附于朕，实藉此人，共康时政也。”

〔注释〕

①马周(601—648)：字宾王，博州茌平人。少孤贫，后到长安，为中郎将常何家客。贞观五年(631)代常何上书，所论二十余事，为太宗所赏识，即日召见，授监察御史，后累官至中书令。他劝谏太宗以隋亡为鉴，少兴徭赋，反对实行世封制。

②博州：隋开皇十六年(596)置，治所在聊城县。大业初废。唐武德四年(621)复置，天宝元年(742)改博平郡，乾元元年(758)复改博州，属河北道。辖境相当今山东聊城及高唐、茌平等县地。茌(chí)平：东汉改茬(chá)平县置，属济北国。治所在今山东茌平西南。三国魏属平原国。北魏徙治鼓城(在今齐河县西南)。北齐废。隋开皇初复置，属贝州。大业初属清河郡。唐初属博州，贞观八年(634)省入聊城县。

③中郎将：官名。秦置，汉因之。西汉时皇帝的侍卫分五官、左、右三署，各置中郎将以统帅侍卫，皆秩二千石，位低于将军。平帝时又置虎贲中郎将。东汉沿置，又增置东西南北四中郎将、羽林中郎将、使匈奴中郎将；建安以后，地方割据，自相署置，多名中郎将。其后，魏、晋、宋、齐、梁、陈等皆沿置。唐代各卫府也置中郎将，正四品下。宋代也有中郎将。均掌执戟值班、宿卫侍从、守护殿门、出充车骑之诸郎。五官中郎将，掌五官郎；左中郎将，掌左署郎；右中郎将，掌右署郎；虎贲中郎将，掌虎贲郎。常何：隋末唐初人。隋炀帝大业十二年(616)，为李密部将，曾伏兵莽间，破隋军，杀隋将张须陁。后归唐。太宗贞观间，为中郎将。贞观五年(631)，帝诏百官言得失。何由家客马周为条二十余事，皆当世所切。帝怪而问之，何实告。帝召周与语，大悦。以何得人，赐帛三百段。

④便宜：指有利国家、合乎时宜之事。

⑤监察御史：官名。隋代开皇二年(582)，改检校御史为监察御史。唐朝设监察御史十五人，正八品下；掌分察百寮，巡按州县，狱讼、军戎、祭祀、营作、太府出纳等，知朝堂左右厢及百司纲目。宋、元、明、清皆因之。

⑥中书舍人：官名。魏置中书舍人，西晋沿置，东晋合通事、舍人为一，称中书通事舍人，掌呈奏案章。梁代去"通事"二字，称中书舍人，掌诏诰及呈奏之事。北魏、北齐有舍人省，置中书舍人，掌署敕行下、宣旨劳问等。隋称内史舍人，唐初沿其称，后改称中书舍人，掌侍进奏，参议表章，凡诏旨制敕，玺书册命，皆掌起草，既下，则署行。

〔译文〕

马周是博州茌平人。贞观五年(631)来到京师长安,客居在中郎将常何家里。当时太宗下令百官上书言说政事得失,马周替常何陈述了有利国家、合乎时宜之事二十多条,让常何上奏朝廷,每件事都符合太宗的意旨。太宗奇怪常何会有这样的才能,便问常何。常何回答说:“这些并不是我提出的意见,而是我家里的宾客马周代我写的。”太宗当天就下令召见马周,在马周还没有赶到的这段时间里,太宗连续派使者前去催促了四次。到谒见时,太宗同他谈得很高兴。于是就安置他在门下省值班,不久授予他监察御史的官职,后来升迁至中书舍人。马周机敏善辩,长于敷陈奏对,对事情了解得很清楚,所以讲的话都符合实际。太宗曾说:“我对马周只要一刻不见面,就很想念他。”贞观十八年(644),马周历次升迁至中书令,兼任太子右庶子。他身兼两宫的官职,处理事情公平允当,很受当时人赞誉。后来又以本官中书令兼代吏部尚书职务。太宗曾对他身边的侍从大臣说:“马周看问题敏捷,性格慎重周到。至于评论人物,能秉公直言,我近来任用他所推荐的人,多数都能合我的心意。他既然竭尽忠诚,亲近依附于我,我定要依靠他共同将政事办好。”

求谏第四

〔题解〕

《求谏》篇主要记述的内容是鼓励臣僚积极踊跃地向君主

谏言献策。贞观之初，太宗唯恐臣子畏惧自己的威严，不敢直言不讳，于是频频诱导，鼓励大胆进谏，使得诤谏蔚然成风，国家弊政得以及时纠正。作为一个封建专制君主，能够积极接受大臣们的意见和建议已经难能可贵，更何况还是主动“求谏”，太宗作为一代圣主，高明之处尽在于此。这一兼听纳下、君臣共商国是的良好风气，是“贞观之治”中最引人瞩目的执政方略。太宗能够做到求谏，是有他在认识论、君臣论等方面较为深刻的政治思想基础的，因而能从制度上保证广开言路，采取一些重要措施，如健全封驳制度、反对盲目顺旨、重视谏官作用，特别是诏令宰相入阁商议军国大事时，必须使谏官随入列席，以便他们对军国大政充分发表意见。《求谏》篇凡 8 章，注译选 4 章。

贞观元年，太宗谓侍臣曰：“正主任邪臣，不能致理①；正臣事邪主，亦不能致理。惟君臣相遇，有同鱼水，则海内可安。朕虽不明，幸诸公数相匡救，冀凭直言鲠议②，致天下于太平。”谏议大夫王珪对曰：“臣闻木从绳则正，后从谏则圣③。故古者圣主必有争臣七人，言而不用，则相继以死。陛下开圣虑，纳刍荛④，愚臣处不讳之朝，实愿罄其狂瞽⑤。”太宗称善，诏令自是宰相入内平章国计⑥，必使谏官随入，预闻政事。有所开说，必虚己纳之。

〔**注释**〕

①致理：达到治平，即治国达到天下太平。

②鲠(gěng)议:这里指刚直的议论。鲠,鱼骨卡在喉咙里。

③后:上古称君主。

④刍荛(ráo):割草采薪之人。这里指见闻不多的草野之人。

⑤狂瞽(gǔ):瞽,瞎眼。引申为愚妄无知。

⑥平章:筹商,讨论。

〔译文〕

贞观元年(627),太宗对他身边的侍从大臣说:"正直的君主任用了奸佞的臣子,就不可能治理好国家;忠直的臣子侍奉昏庸的君主,也不可能治理好国家。只有正直的君主和忠直的大臣相处共事,如鱼得水,那么天下才可以平安无事。我虽然不算贤明,幸亏你们多次匡正补救过失,希望凭借你们耿直的进言,以实现天下太平。"谏议大夫王珪回答说:"我听说木头弹上墨线就能锯得笔直,君主能够听从规谏就会变得圣明。所以古代圣明的君主都设诤臣七人,如果谏言不被采纳,就一个接一个地以死相谏。陛下开启圣明的思虑,即使鄙陋之人的意见也采纳,我等处在不避忌讳的圣朝,真的愿意把愚昧之见都讲出来。"太宗称赞王珪说的话,下诏令今后宰相入朝商量处理国家大事,必须让谏官跟着进来,让他们听一听如何处理朝政。如果有什么建议,一定虚心采纳。

贞观五年,太宗谓房玄龄等曰:"自古帝王多任情喜怒,喜则滥赏无功,怒则滥杀无罪。是以天下丧乱[①],莫不由此。朕今夙夜未尝不以此为心,恒欲公等尽情极谏。公等亦须受人谏语，岂得以人言不同己意，便即护短不纳？若不能受谏，安能谏人？”

〔注释〕

①丧乱：死亡祸乱。后多以形容时势或政局动乱。

〔译文〕

贞观五年(631)，太宗对房玄龄等人说：“自古以来帝王大都放纵情性喜怒无常，高兴时就胡乱赏赐无功的人，发怒时就胡乱杀戮无罪的人。所以天下的祸乱，没有一个不是由此而引起的。我现在日夜都把这件事放在心上，常常希望诸位对我极力规谏。你们也应当接受别人的批评意见，怎么能因为别人的意见不合自己的心意，就立即庇护自己的短处而不采纳呢？如果一个人不接受别人的规谏，那他又怎么能去规谏别人呢？”

贞观八年，太宗谓侍臣曰：“朕每闲居静坐，则自内省。恒恐上不称天心，下为百姓所怨。但思正人匡谏，欲令耳目外通，下无怨滞。又比见人来奏事者，多有怖慴[①]，言语致失次第。寻常奏事，情犹如此，况欲谏诤，必当畏犯逆鳞。所以每有谏者，纵不合朕心，朕亦不以为忤[②]。若即嗔责[③]，深恐人怀战惧，岂肯更言！”

〔注释〕

①怖慴(shè)：恐惧。

②忤(wǔ):逆,不顺从。

③嗔(chēn)责:对人不满而加以责怪。

〔译文〕

贞观八年(634),太宗对他身边的侍从大臣说:“每当我无事静坐,就自己从内心反省一下做过的事情。常常害怕对上不符合天意,对下被百姓所怨恨。只想得到正直忠诚的人匡救劝谏,好让我的视听能和外界相通,使下面没有积怨。近来见到前来奏事的人,大都心怀恐惧,连讲话也变得语无伦次。平时奏事,情况尚且这样,何况要直言谏诤,必然害怕触犯逆鳞。所以每当有人谏诤时,即使不合我的心意,我也不认为他忤逆犯上。假如立刻发怒斥责,恐怕人人心怀恐惧,怎么还敢再讲话!”

贞观十六年,太宗谓房玄龄等曰:“自知者明,信为难矣。如属文之士,伎巧之徒,皆自谓己长,他人不及。若名工文匠,商略诋诃[①],芜词拙迹[②],于是乃见。由是言之,人君须得匡谏之臣,举其愆过[③]。一日万机,一人听断,虽复忧劳,安能尽善?常念魏徵随事谏正,多中朕失,如明镜鉴形,美恶毕见。”因举觞赐玄龄等数人勖之[④]。

〔注释〕

①诋诃(dǐhē):亦作“诋呵”。诋毁,呵责,指责。

②芜词:杂乱无章的言辞。常用作对自己文章的谦称。

③愆(qiān)过:罪恶,罪过。

④勖(xù):勉励。

〔译文〕

贞观十六年(642),太宗对房玄龄等人说:“能正确了解自己的人是明智的,但要做到实在很困难啊。就像会写作的文士、有技艺的工匠,都认为自己有本领,别人比不上。如果遇上著名的文士、工匠来检验他们的文章和制品,杂乱无章的文辞和拙劣的技艺就会显现出来。这样说来,君主需要有匡救诤谏的臣子来指出过错。每天有成千上万的事情,若单靠一个人来了解判断,即使再辛苦劳累,又怎能把每件事都处理得尽善尽美呢?我常想念魏徵遇到问题随时谏诤匡正,多次切中我的过失,就好像用明镜来照形体,美与丑都会显现出来。”于是太宗举起酒杯给房玄龄等几人敬酒,勉励他们也应这样做。

纳谏第五

〔题解〕

心平气和地接受别人的不同意见,对于一个普通人来说,都需要一定的胸怀和气度,何况是一言九鼎的封建君主!太宗不但能够虚心求谏,而且还能接受这些谏言,实在难能可贵。《纳谏》篇记录了太宗从谏如流的盛况,反映了贞观时期君明臣贤、关系和谐的事实。其实,求谏的最后落脚点,就在于能否纳谏,所以此篇可以看作是《求谏》的姊妹篇。本篇中，太宗在魏徵、王珪、张玄素、姚思廉、李大亮等大臣及长孙皇后、皇太子的进谏下，接受谏诤，改进执政中出现的一些失误，基本做到了“须以欲从人，不可以人从欲”。纵观贞观年间太宗的纳谏状况，诚如魏徵所言：“贞观之初，恐人不言，导之使谏；三年已后，见人谏，悦而从之；一二年来，不悦人谏，虽黾强听受，而意终不平，谅有难也。”虽然贞观初期与后期太宗在纳谏态度上也有所变化，但总的看来太宗还算是历史上一个能够纳谏的开明君主。是篇凡13章，注译选6章。

贞观初，太宗与黄门侍郎王珪宴语[1]。时有美人侍侧，本庐江王瑗之姬也[2]，瑗败籍没入宫。太宗指示珪曰：“庐江不道，贼杀其夫而纳其室。暴虐之甚，何有不亡者乎！”珪避席曰：“陛下以庐江取之为是邪，为非邪？”太宗曰：“安有杀人而取其妻，卿乃问朕是非，何也？”珪对曰：“臣闻于《管子》曰：‘齐桓公之郭国，问其父老曰：“郭何故亡？”父老曰：“以其善善而恶恶也。”桓公曰：“若子之言，乃贤君也，何至于亡？”父老曰：“不然，郭君善善而不能用，恶恶而不能去，所以亡也。”’今此妇人尚在左右，臣窃以圣心为是之。陛下若以为非，所谓知恶而不去也。”太宗大悦，称为至言，遽令以美人还其亲族[3]。

〔注释〕

①黄门侍郎:官名。秦、西汉为郎官加“给事黄门”省称。亦称“黄门郎”,无员数。为中朝官员,给事于宫门之内,侍从皇帝,顾问应对,出则陪乘。与皇帝关系密切,多以重臣、外戚子弟、公主婿为之。东汉与给事黄门合为一官,遂成为“给事黄门侍郎”省称。魏晋至隋初因之,为侍中省或门下省次官,位颇重要。隋炀帝大业三年(607)去“给事”置为门下省次官,设二员,正四品上。唐朝沿置。玄宗以后侍中渐成空衔,门下省事务实由其主持,任职者多加“同中书门下平章事”衔出任宰相。高宗龙朔二年(662)改名东台侍郎,咸亨元年(670)复旧;武则天垂拱元年(685)改名鸾台侍郎,中宗神龙元年(705)复旧;玄宗天宝元年(742)改名门下侍郎,肃宗乾元元年(758)复旧。代宗大历二年(767)又改为门下侍郎,并升秩正三品。

②庐江王瑗(yuàn):即李瑗(586—626),唐陇西狄道人,字德圭。高祖从父兄子。封庐江王。累迁幽州大都督。性懦,朝廷以王君廓辅行,君廓勇而阴险。时隐太子建成有阴谋,厚结瑗。建成死,君廓劝瑗反,瑗从之,反为其卖,被缢杀,年四十一。

③遽(jù):急,仓促。

〔译文〕

贞观初年,太宗与黄门侍郎王珪在宴会上闲谈。当时有个美人在旁边侍候,她本是庐江王李瑗的爱姬,李瑗谋反事败后,被籍没入宫。太宗指着她对王珪说:“庐江王荒淫无道,杀害了她原先的丈夫并把她占为己有。残暴淫虐到了极点,怎会不灭亡呢?”王珪离座而起,对太宗说:“陛下认为庐江王夺取她是对了呢，还是不对?”太宗说:“哪有杀人而夺取其妻的道理，你问我是对还是不对，是何道理?”王珪回答说:“我听说《管子》中曾记载:‘当年齐桓公到了郭国，问那里的老百姓:“郭国为什么会灭亡?”百姓回答说:“因为郭君喜欢好人而厌恶坏人。”齐桓公说:“照你们所说，他是个贤明的国君啊，怎么会亡国呢?”百姓回答说:“不是这样的，郭君喜欢好人却不能任用，厌恶坏人却不能摒弃，所以亡国。”’如今这个妇人还侍奉在陛下左右，我私下以为陛下认为这样做是对的。陛下如果认为不对，那就是所谓知道邪恶而不能摒弃了。”太宗听后非常高兴，称赞王珪的话非常正确，于是马上命令把这个美人送还给她的亲族。

贞观三年，太宗谓司空裴寂曰[①]:“比有上书奏事，条数甚多，朕总粘之屋壁，出入观省。所以孜孜不倦者，欲尽臣下之情。每一思政理，或三更方寝。亦望公辈用心不倦，以副朕怀也。”

〔注释〕

①裴寂(570—629):字玄真，蒲州桑泉(今山西临猗东南)人。隋末任晋阳宫副监，以晋阳宫所藏米粮、铠甲、彩帛等，支援高祖李渊起兵。攻入长安后，劝渊为帝。武德年间任尚书左仆射，封魏国公，进司空。掌握大权，曾参与制定《唐律》五百条。贞观三年(629)因罪被太宗免官，放归故乡，后流放静州而卒。

〔译文〕

贞观三年(629)，太宗对司空裴寂说:“近来有人上书奏事，条数很多，我都贴到卧室的墙壁上，出入时都要看看。之所以这么孜孜不倦的原因，就是想把臣下的想法尽可能了解清楚。我每当思考治国大事，往往到三更时分才睡觉。我也希望你们不知疲倦地用心工作，以符合我的心意。”

太宗有一骏马，特爱之，恒于宫中养饲，无病而暴死。太宗怒养马宫人，将杀之。皇后谏曰：“昔齐景公以马死杀人①，晏子请数其罪云②：‘尔养马而死，尔罪一也。使公以马杀人，百姓闻之，必怨吾君，尔罪二也。诸侯闻之，必轻吾国，尔罪三也。’公乃释罪。陛下尝读书见此事，岂忘之邪？”太宗意乃解。又谓房玄龄曰：“皇后庶事相启沃，极有利益尔。”

〔注释〕

①齐景公：春秋时齐国国君，名杵臼。齐庄公异母弟。大夫崔杼杀庄公，立以为君。即位后，以崔杼为右相，庆封为左相。在位期间，大臣互相杀害，朝政昏乱。好治宫室，聚狗马，厚赋重刑，奢侈无度，百姓苦怨。后任晏婴为正卿，稍有抑敛。曾与鲁定公会于夹谷。在位五十八年。谥景。

②晏子（？—前648）：名婴，字平仲，春秋时齐国人。历仕灵公、庄公、景公三世，为卿。长于辞令，关心民事，节俭力行，尽忠直谏，名显诸侯。后人集其行事言论为《晏子春秋》，传于世。

〔译文〕

唐太宗有一匹骏马，他特别喜爱，一直饲养在宫里，有一天这匹马没有生病却突然死掉了。太宗迁怒于养马的宫人，要杀掉他。长孙皇后劝谏说："从前齐景公因为马死了要杀人，晏子请求数说养马人的罪过：'你养的马死了，这是你的第一条罪状。使国君因为死一匹马而杀人，百姓知道了，必定怨恨我们国君，这是你的第二条罪状。诸侯听到这个消息，必定轻视我们齐国，这是你的第三条罪状。'齐景公听后便赦免了养马人的罪过。陛下读书时曾经读过这个故事，难道忘记了吗？"太宗听了这话怒气才缓和平息下来。他又对房玄龄说："皇后在很多事情上都能竭诚开导我，对我很有好处。"

贞观八年，陕县丞皇甫德参上书忤旨①，太宗以为讪谤②。侍中魏徵进言曰："昔贾谊当汉文帝时上书云③：'可为痛哭者一，可为长叹息者六。'自古上书，率多激切④。若不激切，则不能起人主之心。激切即似讪谤，惟陛下详其可否。"太宗曰："非公无能道此者。"令赐德参帛二十段。

〔注释〕

①陕县：秦置，属三川郡。治所在今河南三门峡西陕县老城。西汉属弘农郡。东汉属恒农郡。西晋属弘农郡。北魏为弘农郡治。后改为北陕县。北周复改为陕县，为崤郡治。隋开皇初为陕州治。大业三年(607)改属河南郡。唐为陕州治。元属河南府路。明洪武元年(1368)省入陕州。皇甫德参：太宗时人，上书言修洛阳宫劳民，收地租厚敛，俗尚高髻系宫中所化，几得罪。以魏徵谏而止，拜监察御史。

②讪谤（shànbàng）：讥讪毁谤。

③贾谊（前200—前168）：西汉河南洛阳人。年十八，即以文才出名。年二十余，文帝召为博士，迁太中大夫。数上疏，言时弊，为大臣周勃、灌婴等所毁，贬为长沙王太傅，迁梁怀王太傅。曾多次上书，主张重农抑商，建议削弱诸侯王势力。以怀才不遇，忧郁而死。所著政论《陈政事疏》《过秦论》等，为西汉鸿文。世称贾太傅，又称贾长沙，亦称贾生。有《新书》《贾长沙集》。汉文帝：即刘恒（前202—前157），高祖中子。初封代王。吕后死，大臣诛诸吕，迎立为帝。轻徭薄赋，与民休息，提倡农耕，经济渐次恢复，社会日趋安定。景帝因之，史称"文景之治"。在位二十三年。

④激切：意即言辞激烈。

〔**译文**〕

贞观八年（634），陕县县丞皇甫德参上书触怒了太宗，太宗认为这是讥讪毁谤。侍中魏徵进言道："从前贾谊给汉文帝上书时曾说过：'可以为帝王痛哭的事有一件，可以为帝王长叹息的事有六件。'自古以来上书奏事，言辞通常都很激切，如果不激切，就不能打动人主的心。言辞激切就近似攻击毁谤，希望陛下仔细详察他所提的意见对还是不对。"太宗说："除你而外没人能讲出这番道理来。"于是下令赏赐给皇甫德参帛二十段。

贞观十七年，太子右庶子高季辅上疏陈得失①。特赐钟乳一剂②，谓曰："卿进药石之言③，故以药石相报。"

〔**注释**〕

①高季辅（594—651）：唐德州蓨（今河北景县）人，名冯，以字行。居

母丧,以孝闻。太宗贞观初拜监察御史,多所弹纠,不避权要。累转中书舍人。数上书言得失,进太子右庶子。历吏部侍郎,迁中书令。善铨叙人物,太宗尝赐一金背镜,以表其清鉴。高宗永徽初,官至侍中。卒谥宪。

②钟乳:即钟乳石,中医可入药。

③药石之言:针砭时弊的良言。药石,药剂和砭石,泛指药物。

〔译文〕

贞观十七年(643),太子右庶子高季辅上奏疏评论朝政得失。太宗特意赐给他钟乳石一剂,对他说:"你向我进献药石一样的谏言,所以我也拿药石来报答你。"

贞观十八年,太宗谓长孙无忌等曰:"夫人臣之对帝王,多顺从而不逆,甘言以取容。朕今发问,不得有隐,宜以次言朕过失。"长孙无忌、唐俭等咸曰①:"陛下圣化道致太平,以臣观之,不见其失。"黄门侍郎刘洎对曰②:"陛下拨乱创业,实功高万古,诚如无忌等言。然顷有人上书,辞理不称者,或对面穷诘③,无不惭退。恐非奖进言者。"太宗曰:"此言是也,当为卿改之。"

〔注释〕

①唐俭(579—656):字茂约,并州晋阳(今山西太原)人,隋戎州刺史鉴子。劝李渊反隋自王,参与太原起兵。官至礼部、民部尚书,封莒国公,图像凌烟阁。预奏独孤怀恩之谋,出使突厥称旨,规谏太宗有方。永徽初致仕居家。谥襄。

②刘洎(jì,？—645)：字思道，荆州江陵人。隋末仕萧铣，以岭南五十余城归唐，授南康州都督府长史，能直言进谏。贞观时官至侍中、兼左庶子。后受人诬陷，赐死。

③穷诘：追问到底。

〔译文〕

贞观十八年(644)，太宗对长孙无忌等人说："臣子对帝王，大多是顺从而不违逆，用甜言蜜语来讨帝王欢心。我现在提出问题，你们不要隐讳，要一一说出我的过失来。"长孙无忌、唐俭等人都说："陛下圣德教化，以致天下太平，据臣等看来，没有发现什么过失。"黄门侍郎刘洎对答说："陛下拨乱创业，确实功高万古，正如长孙无忌等人所说的那样。但不久前有人上书奏事，遇到言辞内容不合陛下心意的，有时就当面追根盘问，弄得上书言事的人无不羞惭而退。这恐怕不是鼓励进献忠言的办法。"太宗说："这话说得对啊，我一定接受你的意见改正错误。"

卷　三

君臣鉴戒第六

〔题解〕

世界范围内，中华民族是最重视自己民族历史的一个族群，不但很早就设置了专门的史官，而且对前代历史的记述与整理往往上升为国家的意志。这种传统的形成，是我们的祖先很早就意识到前代的治乱兴衰对当代的治国理政有着巨大的鉴戒意义，《君臣鉴戒》篇的主旨寓意正在于此。贞观时期的太宗君臣，大都经历了隋末的天下大乱，目睹了盛极一时的大隋王朝顷刻间覆亡的惨剧，所以前代的兴亡教训成了他们共同的记忆。从君主角度出发，太宗强调的是“君失其国，臣亦不能独全其家”的利害关系，指出炀帝虽然荒淫无道，但是隋朝“臣下亦不尽心”。从臣子角度出发，魏徵等大臣也以历史为鉴戒，要太宗做一位善始善终的有道明君，要他看清“首虽尊高，必资手足以成礼，君虽明哲，必借股肱以致治”的道理。是篇凡6章，注译选3章。

贞观三年，太宗谓侍臣曰："君臣本同治乱，共安危，若主纳忠谏，臣进直言，斯故君臣合契，古来所重。若君自贤，臣不匡正，欲不危亡，不可得也。君失其国，臣亦不能独全其家。至如隋炀帝暴虐，臣下钳口，卒令不闻其过，遂至灭亡。虞世基等，寻亦诛死①。前事不远，朕与卿等可得不慎，无为后所嗤！"

〔注释〕

①虞世基（？—618）：隋会稽余姚人，字茂世。虞荔子。博学有才，善草隶书。初仕于陈。累官尚书左丞。入隋，拜内史舍人。炀帝即位，重其才，任为内史侍郎，典机密，参与朝政。后见天下紊乱，政事日非，帝又不纳谏，且惧及祸，乃唯诺取容不敢忤旨。有告败者，不以实闻。又卖官鬻爵，贿赂公行。朝野共怨。终为宇文化及所杀。

〔译文〕

贞观三年（629），太宗对他身边的侍从大臣说："国君和臣子之间本应该一起治理乱世，共享安危的。如果君主能接受忠诚的规谏，臣子能够直言不讳，那么君臣之间投合默契，这是自古以来很受推重的。如果君主自以为很贤明，臣子又不匡正辅佐，想要不亡国，是不可能的。君主要是失了国，臣子也就不能单独保全自己的家族。至于像隋炀帝那样残暴淫虐，臣下都闭口不言，最终使他不知道自己的过失，于是导致国破家亡，大臣虞世基等人不久也被杀死。前朝的教训离我们并不远，我和你们能不谨慎吗？我们不能被后人所耻笑啊。”

贞观六年，太宗谓侍臣曰：“朕闻周、秦初得天下，其事不异。然周则惟善是务，积功累德，所以能保八百之基。秦乃恣其奢淫，好行刑罚，不过二世而灭。岂非为善者福祚延长①，为恶者降年不永？朕又闻，桀、纣②，帝王也，以匹夫比之，则以为辱。颜、闵③，匹夫也，以帝王比之，则以为荣。此亦帝王深耻也。朕每将此事以为鉴戒，常恐不逮，为人所笑。”魏徵对曰：“臣闻鲁哀公谓孔子曰④：‘有人好忘者，移宅乃忘其妻。’孔子曰：‘又有好忘甚于此者，丘见桀、纣之君乃忘其身。’愿陛下每以此为虑，庶免后人笑尔！”

〔注释〕

①福祚（zuò）：福禄，福分。

②桀、纣：指夏末代君主桀和商末代君主纣。桀，名履癸，帝发之子，一说发之弟。为政残暴，荒淫无度。会诸侯于有仍，攻灭有缗氏，诸侯咸叛。商汤乃伐桀，战于鸣条，桀败，死于鸣条。一说，桀奔南巢而死。夏代亡，自禹至桀共十七君。纣，名辛，世称纣王。帝乙之子。膂力过人，能徒手与猛兽搏斗，曾平定东夷，国力因而虚耗。好酒淫乐，暴敛重刑，百姓怨望。杀九侯、鄂侯，囚西伯，诸侯多叛。又杀死进谏贤臣比干等人，囚禁箕子。周武王联合西南各族伐纣，牧野一战，纣兵败自焚，商代亡。

③颜、闵：指春秋末鲁国孔子的弟子颜渊、闵损，二人以德行著称。颜渊，字子渊，颜无繇子。贫而好学，居陋巷，箪食瓢饮，而不改其乐。列德

行科。孔子称其“不迁怒,不贰过”。早死,孔子哭之恸。后世尊为“复圣”。闵损,字子骞,孔子称赞他对父母至孝,对兄弟友爱,旁人无可非议。

④鲁哀公:春秋末鲁国国君。名蒋,一作将。定公子,在位二十七年。

〔译文〕

贞观六年(632),太宗对他身边的侍从大臣说:“我听说周朝与秦朝当初得到天下的时候,他们采取的方法并没有什么不同。然而周朝建立后只做好事,积累功德,所以能够将自己的基业保持八百年。而秦朝恣意妄为,骄奢淫逸,又乐于施行刑罚,所以没超过两代君主就灭亡了。这难道不正是行善可以福禄绵延,而作恶的年寿不长吗?我又听说夏桀、商纣虽是帝王,但拿普通百姓与他们相比,百姓也觉得是一种耻辱;颜渊、闵损是普通百姓,拿帝王与他们相比,帝王也会引以为荣。这也是帝王应该感到羞惭的。我常把这些事引以为戒,担心自己的德行赶不上颜渊、闵损,被人耻笑。”魏徵回答说:“我听说鲁哀公对孔子说:‘有个人很健忘,他换了住宅就把自己的妻子给忘了。’孔子说:‘还有比这个人更健忘的,我看夏桀、商纣这样的君主连自己都给忘了。’希望陛下以此为戒,以免被后人耻笑!”

贞观十五年,太宗问特进魏徵曰:“朕克己为政,仰止前烈[①]。至于积德、累仁、丰功、厚利,四者常以为称首,朕皆庶几自勉。人苦不能自见,不知朕之所行,何等优劣?”徵对曰:“德、仁、功、利,陛下兼而行之。然则内平祸乱,外除戎狄,是陛下之功。安诸黎元[②],各有生业，是陛下之利。由此言之，功利居多，惟德与仁，愿陛下自强不息，必可致也。”

〔注释〕

①仰止：仰慕，向往。止，语助词。语出《诗经·小雅·车辖》：“高山仰止，景行行止。”

②黎元：亦作“黎玄”，即黎民。

〔译文〕

贞观十五年(641)，太宗问特进魏徵说：“我约束自己的私欲，全心全意地治理国家，仰慕效法前代有为的君主。积累美德、增加仁爱、建立功业、为民谋利，这四个方面我认为是最首要的事情，常把这些用于勉励自己。世上每个人都苦于不能全面地了解自己，不知这四个方面，我哪些做得好哪些做得差呢？”魏徵回答说：“德、仁、功、利四个方面，陛下都能兼顾施行。对内平定各种祸乱，对外征服了戎狄，这是陛下的功劳。安抚百姓，使他们都有各自谋生的职业，这是陛下所积累的福利。由此看来，陛下的武功和福利占了多数，只是德行与仁义这两方面，希望陛下自强不息，必定可以做到。”

论择官第七

〔题解〕

君主犹如帝国的心脏中枢，臣子犹如帝国的四肢百骸，帝国要想生机勃勃,跳动有力的心脏固然重要,但是也缺不了健康强壮的四肢百骸,所以太宗很早就意识到“致安之本,惟在得人”。《择官》篇不但阐述论说了择官惟贤的用人思想,同时也提出了具体的办法。第一,择官机构要高度重视,主管大臣要把择官用人作为大事来处理。“公为仆射,当助朕忧劳,广开耳目,求访贤哲”便体现了唐太宗这一指导思想;第二是择官程序要严格规范,要妥善安排从中央到地方的各级官吏的选拔和管理。“朕居深宫之中,视听不能及远,所委者惟都督、刺史,此辈实理乱所系,尤须得人”;第三是择官要讲求质量,务求称职。“当须更并省官员,使得各当所任,则无为而治矣”。《论择官》篇凡11章,注译选6章。其中,“贞观十四年”章篇幅较长,分段注译之。

贞观二年,太宗谓侍臣曰:“朕每夜恒思百姓间事,或至夜半不寐,惟恐都督、刺史堪养百姓以否[1]。故于屏风上录其姓名,坐卧恒看,在官如有善事,亦具列于名下。朕居深宫之中,视听不能及远,所委者惟都督、刺史,此辈实理乱所系,尤须得人。”

〔注释〕

①都督:地方军政长官。魏晋以后,都督诸州军事多兼任驻地州刺史,为该地区的军政长官。北周和隋改称总管,唐武德七年(624),改总管叫“都督”,掌督诸州兵、马、甲、械、粮廪等,总判府事。根据州的等级设大、中、下都督府,各设都督,后以节度使、观察使为地方军政长官,都督便

名存实亡了。

〔译文〕

贞观二年(628),太宗对他身边的侍从大臣说:“我每天夜里总想着百姓的事情,有时到半夜还睡不着,就是担心都督、刺史能否担得起安抚百姓的重任。所以在屏风上记下他们的姓名,坐着躺下都可看到,他们在任上如果做了好事,也都记在他们的名下。我住在深宫之中,看到的和听到的都不能达到远处,所依靠的就是都督、刺史,这些人实在是关系到国家的太平和动乱,特别需要选择得力的人。”

贞观二年,太宗谓房玄龄、杜如晦曰:“公为仆射,当助朕忧劳,广开耳目,求访贤哲。比闻公等听受辞讼[①],日有数百。此则读符牒不暇[②],安能助朕求贤哉?”因敕尚书省,细务皆付左右丞,惟冤滞大事合闻奏者[③],关于仆射。

〔注释〕

①辞讼:诉讼,打官司。

②符牒:符移关牒等公文的统称。

③冤滞:滞留未申的冤狱。

〔译文〕

贞观二年(628),太宗对房玄龄、杜如晦说:“你们身为仆射，应当帮助我排忧解难，广开视听，求访贤能之人。近来听说你们听取和接受诉讼的状子，每天竟达数百件，这样整天阅读公文都来不及，哪里还能够帮助我寻访贤才呢？”于是太宗下令尚书省，把细碎的杂务都交给左右丞处理，只有滞留未申的冤狱应该上奏的，才交给仆射处理。

贞观三年，太宗谓吏部尚书杜如晦曰：“比见吏部择人，惟取其言词刀笔[①]，不悉其景行[②]。数年之后，恶迹始彰，虽加刑戮，而百姓已受其弊。如何可获善人？”如晦对曰：“两汉取人，皆行著乡闾[③]，州郡贡之，然后入用，故当时号为多士。今每年选集，向数千人，厚貌饰词，不可知悉，选司但配其阶品而已。铨简之理[④]，实所未精，所以不能得才。”太宗乃将依汉时法，令本州辟召，会功臣等将行世封，其事遂止。

〔注释〕

①刀笔：古代书写工具。古时书写于竹简，有误则用刀削去重写。这里指文章。

②景行：高尚的德行。

③乡闾：古以二十五家为闾，一万二千五百家为乡，因以“乡闾”泛指民众聚居之处。

④铨（quán）简：评量选拔。

〔译文〕

贞观三年（629），太宗对吏部尚书杜如晦说：“近来发现吏部选择官员,只看他们的口才和文笔,而不全面考察他们的道德品行。几年之后,有些人邪恶的行迹渐渐显露,虽然对他们进行了刑罚杀戮,但是老百姓已经受到了伤害。如何才能够选拔到好的人才呢?”杜如晦对答说:“西汉和东汉选择人才,都是德行称著于乡间闾里的人,州郡推荐给朝廷,最后才被选入任用,所以当时号称人才多。现在每年选拔人才,候选者云集多达数千人,这些人外表谨慎忠厚、言语巧加掩饰,不可能很全面地了解他们。主管铨选官吏的机构只能做到授予他们品级和职位而已。考量选拔的规章制度,实在不够精善,所以不能得到真正的人才。”太宗于是打算依照两汉时的办法,让各州郡征召推荐人才,但因为功臣等将实行世袭封官授爵,这件事就停止了。

贞观六年,太宗谓魏徵曰:“古人云,王者须为官择人,不可造次即用[①]。朕今行一事,则为天下所观;出一言,则为天下所听。用得正人,为善者皆劝;误用恶人,不善者竞进。赏当其劳,无功者自退;罚当其罪,为恶者戒惧。故知赏罚不可轻行,用人弥须慎择。”徵对曰:“知人之事,自古为难,故考绩黜陟[②],察其善恶。今欲求人,必须审访其行。若知其善,然后用之,设令此人不能济事,只是才力不及,不为大害。误用恶人,假令强干,为患极多。但乱代惟求其才,不顾其行。太平之时,必须才行俱兼,始可任用。”

〔注释〕

①造次：仓促，匆忙。

②考绩：按一定标准考核官吏的成绩。黜陟（chùzhì）：指人才的进退，官吏的升降。

〔译文〕

贞观六年（632），太宗对魏徵说："古人说，君主必须根据官职来选择合适的人才，不能仓促任用。我现在每做一件事，就被天下人看到；每说一句话，就被天下人听到。任用了正直的人，干好事的人就会得到劝勉；错用了坏人，不干好事的人就争相钻营。奖赏和功绩相当，没有功劳的人就会自动退避；惩罚和罪恶相称，做坏事的人就有所戒惧。由此可知赏罚绝不可以轻易使用，用人更需要慎重选择。"魏徵对答说："知人善任这件事，自古以来就是很难的，所以要用考核官吏的政绩来决定贬降还是升迁，来察看人的善恶。如今想访求人才，必须仔细察访他的品行。如果了解到他品行好，然后才可任用，假如此人不能把事办好，那也只是才力不够，还没有什么大害处。如果错用了品质恶劣的人，假使他能力强会办事，所造成的危害也就越大。但处于乱世往往只求有才能，可以不管品行。天下太平的时候，必须才能与德行都具备，方可任用。"

贞观十四年，特进魏徵上疏曰：

臣闻知臣莫若君，知子莫若父。父不能知其子，则无以睦一家；君不能知其臣，则无以齐万国。万国咸宁，一人有庆，必藉忠良作弼，俊乂在官[①]，则庶绩其凝，无为而化矣。故尧、舜、文、武见称前载，咸以知人则哲，多士盈朝，元、凯翼巍巍之功[②]，周、召光焕乎之美[③]。然则四岳、九官、五臣、十乱[④]，岂惟生之于曩代[⑤]，而独无于当今者哉？在乎求与不求，好与不好耳！何以言之？夫美玉明珠，孔翠犀象，大宛之马[⑥]，西旅之獒[⑦]，或无足也，或无情也，生于八荒之表，途遥万里之外，重译入贡[⑧]，道路不绝者，何哉？盖由乎中国之所好也。况从仕者，怀君之荣，食君之禄，率之以义，将何往而不至哉？臣以为与之为忠，则可使同乎龙逄、比干矣。与之为孝，则可使同乎曾参、子骞矣。与之为信，则可使同乎尾生、展禽矣[⑨]。与之为廉，则可使同乎伯夷、叔齐矣[⑩]。

〔注释〕

①俊乂(yì)：亦作“俊艾”，才德出众的人。

②元：指八元，古代传说中的八个才子。《左传·文公十八年》：“高辛氏有才子八人：伯奋、仲堪、叔献、季仲、伯虎、仲熊、叔豹、季狸，忠、肃、共、懿、宣、慈、惠、和，天下之民，谓之‘八元’。”凯：指八凯，亦作“八恺”，相传古代高阳氏的八个才子。《左传·文公十八年》：“昔高阳氏有才子八人：苍舒、隤敳、梼戭、大临、尨降、庭坚、仲容、叔达，齐、圣、广、渊、明、允、笃、诚，天下之民谓之‘八恺’。”

③周：指周公。姬姓，名旦，也称叔旦。武王之弟，曾协助武王灭商。召：指召公。姬姓，名奭(shì)。文王之子，武王之弟。成王时任太保，支持

周公旦摄政当国，平定叛乱。

④四岳：传说尧舜时主方岳的四时官。一说为羲和四子分掌四岳诸侯。九官：古传舜设置的九个大臣。五臣：相传古代舜时的五个臣子。十乱：泛指辅佐皇帝的十个有才能的人。以上四岳、九官、五臣、十乱，均指古代传说中的著名贤臣。

⑤曩（nǎng）：以往，从前，过去的。

⑥大宛：汉西域国名。在今乌兹别克斯坦费尔干纳盆地。都贵山城。张骞通西域后，与汉往来逐渐频繁。太初三年（前102）大宛降汉。神爵二年（前60）后属西域都护府。东汉初大宛曾附属于莎车。魏晋南北朝时，称为破洛那。唐天宝三年（744），玄宗改其国名为宁远，以宗女妻其王。

⑦西旅：我国古代西方少数民族所建的国名，是羌人祖先生活的地方。獒（áo）：一种高大凶猛、垂耳短毛的犬类。原产于我国的青藏高原。

⑧重译：辗转翻译。特指从他国语转译的译文翻译。

⑨尾生：西周鲁人。传说与女子有约于桥下，至约期而女子不至，河水暴涨，抱桥柱而溺死。一说即微生高。展禽：即柳下惠。春秋时鲁国人，展氏，名获，字禽。食邑柳下，谥惠，故后人尊称为柳下惠。

⑩伯夷、叔齐：相传姓墨胎氏，伯夷名允，字公信，叔齐名致，字公达。商朝末年孤竹国人。伯夷为孤竹国君长子，其父欲立次子叔齐，当父死后，叔齐不肯继位，让位于伯夷，伯夷不受。后伯夷与叔齐奔周。周武王伐商，兄弟二人叩马苦谏。商亡，两人均逃隐于首阳山，耻食周粟，采薇为生，最后饿死。

〔译文〕

贞观十四年（640），特进魏徵上奏疏说：

我听说，了解臣子的莫过于君主，了解孩子的莫过于父亲。父亲如果不了解自己的孩子，就无法使一家人和睦；君主如果不了解自己的臣子，就无法使天下一统。天下安宁，君主坐在朝堂上受万民朝拜，必须要依靠忠诚贤良的大臣辅佐。有贤能的大臣在朝为官，各种事业才能成功，这样就可以无为而治了。尧、舜、文王、武王之所以被前代称颂，都是因为他们有知人之明，使贤才会聚于朝廷。八元、八凯辅佐虞舜建立了赫赫功业，周公、召公辅佐周成王取得了光辉的业绩。难道“四岳”“九官”“五臣”“十乱”这样的贤臣，只能生活在过去的时代，而当今唯独没有吗？这只是在于国君求与不求、喜好与不喜好而已！为什么这样说呢？美玉明珠、孔雀翠鸟、犀牛大象、大宛国的汗血宝马、西夷国的凶猛獒犬，它们有的没有脚，有的没有感情，出产在蛮荒的地方，离这里有万里之遥，异国的人在路途上要经过辗转翻译才能到中国进贡，这是为什么呢？因为这里的人喜好它们罢了。况且做官的人，心里想着国君给予的荣华，享受着君主赐予的俸禄，如果君主用仁义引导他们，他们哪里不能达到呢？我认为如果用“忠”来教导他们，就可以使他们成为龙逄和比干那样的忠臣；如果用“孝”来教导他们，就可以使他们成为曾参、子骞那样的孝子；如果用“信”来教导他们，就可使他们成为像尾生、展禽那样的义士；如果用“廉”来教导他们，就可以使他们成为像伯夷、叔齐那样的廉洁之士。

然而今之群臣，罕能贞白卓异者，盖求之不切，励之未精故也。若勖之以公忠，期之以远大，各有职分，得行其道。贵则观其所举，富则观其所与，居则观其所好，习则观其所言，穷则观其所不受，贱则观其所不为。因其材以取之，审其能以任之，用其所长，掩其所短。进之以六正，戒之以六邪，则不严而自励，不劝而自勉矣。故《说苑》曰[①]："人臣之行，有六正六邪。行六正则荣，犯六邪则辱。何谓六正？一曰，萌芽未动，形兆未见，昭然独见存亡之机，得失之要，预禁乎未然之前，使主超然立乎显荣之处，如此者，圣臣也。二曰，虚心尽意，日进善道，勉主以礼义，谕主以长策，将顺其美，匡救其恶，如此者，良臣也。三曰，夙兴夜寐，进贤不懈，数称往古之行事，以励主意，如此者，忠臣也。四曰，明察成败，早防而救之，塞其间，绝其源，转祸以为福，使君终以无忧，如此者，智臣也。五曰，守文奉法，任官职事，不受赠遗，辞禄让赐，饮食节俭，如此者，贞臣也。六曰，国家昏乱，所为不谀，敢犯主之严颜，面言主之过失，如此者，直臣也。是谓六正。何谓六邪？一曰，安官贪禄，不务公事，与代沉浮，左右观望，如此者，具臣也[②]。二曰，主所言皆曰善，主所为皆曰可，隐而求主之所好而进之，以快主之耳目，偷合苟容，与主为乐，不顾其后害，如此者，谀臣也。三曰，内实险诐[③]，外貌小谨，巧言令色，妒善嫉贤，所欲进，则明其美、隐其恶；所欲退，则明其过、匿其美，使主赏罚不当，号令不行，如此者，奸臣也。四曰，智足以饰非，辩足以行说，内离骨肉之亲，外构乱于朝廷，如此者，谗臣也。五曰，专权擅势，以轻为重，私门成党，以富其家，擅矫主命，以自贵显，如此者，贼臣也。六曰，谄主以佞邪，陷主于不义，朋党比周，以蔽主明，使白黑无别，是非无间，使主恶布于境内，闻于四邻，如此者，亡国之臣也。是谓六邪。贤臣处六正之道，不行六邪之术，故上安而下理。生则见乐，死则见思，此人臣之术也。"《礼记》曰[④]："权衡诚悬，不可欺以轻重。绳墨诚陈，不可欺以曲直。规矩诚设，不可欺以方圆。君子审礼，不可诬以奸诈。"然则臣之情伪，知之不难矣。又设礼以待之，执法以御之，为善者蒙赏，为恶者受罚，安敢不企及乎？安敢不尽力乎？

〔注释〕

①《说苑》：书名。西汉刘向撰。原二十卷，后仅存五卷，经宋曾巩搜辑，复为二十卷。内分君道、臣术、建本、立节等二十门，分类纂辑先秦至汉代史事和传说，杂以议论，借以阐明儒家的政治思想和伦理观念。这部书主题突出，意有所讽，描写灵活多变，有些显然是民间口头创作，取材通俗，风格朴实，对后代小说和民间故事产生了一定影响。通行本有《四部丛刊》《四部备要》《丛书集成》本。

②具臣：备位充数之臣。

③诐（bì）：偏颇，邪僻。

④《礼记》：亦称《小戴礼记》。儒家经典之一。为秦汉以前各种礼仪论著的选集。相传大都由孔子弟子及其后学所记，由西汉戴圣编纂。是研究中国古代社会情况、儒家学说和文物制度的参考书。

〔译文〕

然而现在的臣子当中，很少有品德廉洁、才能出众的人，大概是对他们要求不严、磨砺不够的缘故吧！如果用公正无私、忠诚为国去勉励他们，用远大理想去要求他们，让他们各尽其职，就能实行他们自己的主张。显贵时要观察他们所举荐的人，富有时要观察他们所蓄养的门客，闲居时要观察他们所喜好的事情，亲近时要观察他们所说的话语，穷困时要观察他们不屑接受的东西，卑贱时要观察他们不屑去做的事情。根据他们的才能选拔他们，考察他们的能力任用他们，发挥他们的长处，回避他们的短处。用“六正”去勉励他们，用“六邪”去警诫他们。这样，即使不严厉地对待他们，他们自己也会刻苦自励；用不着规劝，他们也能努力自勉。因此汉代刘向在《说苑》中写道：“臣子的行为，表现为六正六邪。实行六正则臣子光荣，犯了六邪则臣子耻辱。什么是六正呢？一是事情的苗头还没有萌生，各种征兆还不显著的时候，就能独特敏锐地看到存亡的迹象、得失的要害，防患于未然，使君主高立于显赫荣耀的地位，这样的臣子，就是圣臣。二是虚心尽意操劳国事，不断进献好的意见，劝勉君主实行礼义，告知君主可长治久安的良策。国君有好的想法就顺势促成，国君有过失就及时匡正，这样的臣子，就是良臣。三是早起晚睡，坚持不懈地为朝廷举荐贤才，经常称赞古代圣贤的行为处事，用来勉励君主的意志，这样的臣子，就是忠臣。四是能清楚地看到事情的成败，提早防备并设法补救，堵塞漏洞，断绝祸患产生的根源，转祸为福，使君主始终没有忧患，这样的臣子，就是智臣。五是奉公守法，照章办事，不接受馈赠，不追求俸禄，主动辞让赏赐，饮食节约简朴，这样的臣子，就是贞臣。六是君主昏庸，国家发生混乱，不做阿谀奉承的事，敢于冒犯君主，当面指出君主的过失，这样的臣子，就是直臣。以上就是所说的'六正'。那么'六邪'是什么呢？一是安于做官，贪图俸禄，不努力办好公事，随波逐流，左右观望，这样的臣子，就是具臣。二是认为君主说的话都是好的，君主的行为都是对的，暗中打听君主的喜好并加以进奉，以此来取悦君主耳目，用苟且迎合国君的手法，来保住自己的官职，与君主一起作乐，不顾严重后果，这样的臣子，就是谀臣。三是内心阴险邪僻，外表小心谨慎，巧舌如簧，嫉贤妒能。他想要提拔谁，就大肆赞扬那个人的优点，掩盖其缺点；他想要排挤谁，就大肆宣扬那个人的缺点，隐瞒他的优点，致使君主赏罚不当，号令不能被执行，这样的臣子，就是奸臣。四是狡黠足以掩过饰非，诡辩足以推行自己的谬说，对内离间骨肉之亲，对外制造朝廷混乱，这样的臣子，就是谗臣。五是专权霸道，颠倒是非，私结友党，聚敛财富，借用君主的名义行事，以达到地位显贵，这样的臣子，就是贼臣。六是用花言巧语迷惑君主，陷君主于不仁不义之境，结党营私，蒙蔽君主，使他黑白不辨，是非曲直不分，使君主的恶名传遍全国，远扬四周邻国，这样的臣子，就是亡国之臣。这就是所说的'六邪'。贤良的臣子践行六正之道，避免六邪之术，朝廷就会安宁，国家也会太平。他们在世时被百姓喜欢爱戴，死后被百姓追忆思念，这才是为臣的正道。"《礼记》中说："秤杆悬在那里，就不可能在轻重上受到欺骗；绳墨放在那里，就不可能在曲直上受到欺骗；有圆规和矩尺在那里放着，就不可能在方圆上受到欺骗。君子明悉礼仪法度，就不会被奸诈欺骗。”这样臣子尽忠与否，就不难辨别了。如果朝廷能够对他们以礼相待，以法约束，做善事的能够受到褒奖，做恶事的能够受到刑罚，这样他们怎么敢不求上进呢？怎么敢不尽心尽力呢？

国家思欲进忠良，退不肖，十有余载矣，徒闻其语，不见其人，何哉？盖言之是也，行之非也。言之是，则出乎公道；行之非，则涉乎邪径。是非相乱，好恶相攻。所爱虽有罪，不及于刑；所恶虽无辜，不免于罚。此所谓爱之欲其生，恶之欲其死者也。或以小恶弃大善，或以小过忘大功。此所谓君之赏不可以无功求，君之罚不可以有罪免者也。赏不以劝善，罚不以惩恶，而望邪正不惑，其可得乎？若赏不遗疏远，罚不阿亲贵[①]，以公平为规矩，以仁义为准绳，考事以正其名，循名以求其实，则邪正莫隐，善恶自分。然后取其实，不尚其华，处其厚，不居其薄，则不言而化，期月而可知矣！若徒爱美锦而不为民择官[②]，有至公之言，无至公之实，爱而不知其恶，憎而遂忘其善，徇私情以近邪佞，背公道而远忠良，则虽夙夜不怠，劳神苦思，将求至理，不可得也。

书奏，太宗甚嘉纳之。

〔注释〕

①阿(ē)：迎合，偏袒。

②美锦:华美的丝织品。文中指空有其表,实无内才的人。

〔译文〕

国家想要提拔忠正贤良的大臣,贬退没有才德的庸辈,已经有十多年了,但是仅仅听到这样的话,看不到这样的人,这是什么缘故呢?大概是因为说的是对的,但是做的却是不对的。说得对,就符合公道;做得不对,就是走上邪路了。这样,是与非互相矛盾,好与恶相互攻击。喜爱的人即使有罪,也不会受到处罚;憎恨的人即使清白无辜,也免不了受罚。这就是所谓的喜爱的人就想使他长生不老,憎恨的人就盼望他早点死去。对有的人因为小小的缺点而忽略他良好的品行,对有的人因为小小的过失而忘记巨大的功劳。这就是所谓的君主的奖赏不可以无功去求,君主的刑罚不可以有罪而减免。如果奖赏不能劝勉大家为善,惩罚不能禁止一些人作恶,而又希望达到邪正分明,这怎么可能实现呢?如果赏赐时不遗漏被疏远的臣子,处罚时不庇护亲戚权贵,把公平作为衡量是非的规矩,把仁义作为区分善恶的准绳,考察所做的事情辨正他的名分,按照名分责求他的实际工作,那么就可以使奸邪和正直都隐藏不了,善恶自然分明。然后选取那些有真才实学的,不重用作风浮华的,录用那些老实忠厚的,不要那些浅薄的,那么,不说话就能天下淳化,一年之内就可以知道结果了!如果只喜欢徒有仪表并无内才的人,而不去为百姓选择好的官吏,只有很公允的言辞,而没有很公允的行动,对所爱的人不知道他的恶行,对所憎恨的人忘记他的优点,只从个人恩怨出发去亲近邪佞的人,违背公正的原则而疏远忠正贤良的人，那么，即使夜以继日地为政务操劳，冥思苦想，希望天下大治，也是不能够得到的。

奏章呈上后，太宗非常赞赏，采纳了这些意见。

贞观二十一年，太宗在翠微宫[①]，授司农卿李纬户部尚书[②]。房玄龄是时留守京城。会有自京师来者，太宗问曰："玄龄闻李纬拜尚书，如何?"对曰："但云李纬大好髭须[③]，更无他语。"由是遽改授纬洛州刺史。

〔注释〕

①翠微宫：唐代行宫。在今陕西西安长安区西南黄峪寺村。武德八年(625)建太和宫于终南山，贞观十年(636)废，二十一年(647)四月，遣将作大匠阎立德重修，改名翠微宫。是年五月，唐太宗来此度夏，二十三年(649)四月再至，五月病逝于寝殿含风殿。元和中改为翠微寺。北宋太平兴国三年(978)改为永庆寺。南宋废。

②司农卿：官名，汉置大司农，其长官为卿，即司农卿，为汉朝九卿之一，掌钱谷金帛诸货币等事，秩中二千石；有丞，秩比千石。属官有太仓令丞、平准令丞、导官令丞。其后历代沿置。北齐改大司农为司农寺，其长官仍称卿，其后隋、唐、宋皆沿置。李纬：唐赵郡人。太宗贞观中，历宗正、卫尉、司农三寺卿。又历荆府长史、幽州都督、怀洛蒲三州刺史，封高都郡公。卒谥定。

③髭(zī)须：胡子。唇上曰髭，唇下为须。

〔译文〕

贞观二十一年(647)，太宗在翠微宫任命司农卿李纬为户部尚书。房玄龄当时在京城留守。恰巧有人从京城来,太宗问他说:"房玄龄听说李纬出任尚书之后,有什么意见吗?"来人回答说:"房玄龄只是说李纬胡子长得好,再没有其他话了。"太宗因此仓促改任李纬为洛州刺史。

论封建第八

〔题解〕

古代帝王把爵位、土地分赐给亲戚或功臣,使之在各自区域内建立自己的邦国。相传黄帝为封建之始,至周制度始备。秦始皇统一中国之后,实行中央集权,地方郡县制,但秦朝短命而亡。自此之后,分封制与郡县制代有实行,对于巩固中央政权各有利弊,所以历代争论不休。贞观元年(627),太宗"始议封建",群臣关于此事有过多次激烈的争论。太宗始终认为,周汉之所以国祚绵长,实赖分封宗室,所以李唐王朝要想保住子孙长久之道,就得封建亲贤。但是每次讨论,附议太宗者均寥寥,而反对者则甚众,太宗无奈,于贞观十三年(639)废止了分封政策。《论封建》篇凡 2 章,其中第 2 章集中展现了贞观十一年(637)君臣之间关于此问题针锋相对的争论,但篇幅过长,只得忍痛割爱,选择篇幅简短的第 1 章注译。

贞观元年,封中书令房玄龄为邢国公,兵部尚书杜如晦为蔡国公,吏部尚书长孙无忌为齐国公,并为第一等，食邑实封一千三百户。皇从父淮安王神通上言①：“义旗初起，臣率兵先至，今房玄龄、杜如晦等刀笔之人②，功居第一，臣窃不服。”太宗曰：“国家大事，惟赏与罚。赏当其劳，无功者自退。罚当其罪，为恶者戒惧。则知赏罚不可轻行也。今计勋行赏，玄龄等有筹谋帷幄，画定社稷之功，所以汉之萧何③，虽无汗马④，指踪推毂⑤，故得功居第一。叔父于国至亲，诚无爱惜，但以不可缘私滥与勋臣同赏矣！”由是诸功臣自相谓曰：“陛下以至公行赏，不私其亲，吾属何可妄诉。”初，高祖举宗正籍⑥，弟侄、再从、三从孩童已上封王者数十人⑦。至是，太宗谓群臣曰：“自两汉已降，惟封子及兄弟，其疏远者，非有大功，如汉之贾、泽⑧，并不得受封。若一切封王，多给力役，乃至劳苦万姓，以养己之亲属。”于是宗室先封郡王其间无功者⑨，皆降为郡公⑩。

〔注释〕

①从父：父亲的兄弟，即伯父、叔父。神通：指李神通（？—630），高祖从父弟。隋末举兵鄠县以应李渊，从平长安。武德元年（618）封淮安王。以山东道安抚大使击宇文化及，后为窦建德所俘。建德败，复授行台仆射，从太宗平刘黑闼。官至左武卫大将军、开府仪同三司。卒谥靖。

②刀笔：“刀笔吏”的省称，指掌文案的官吏。

③萧何（？—前193）：西汉泗水沛人。初为沛主吏掾。从刘邦入关，独收秦相府律令图书藏之，以是汉知天下关塞险要，郡县户口。刘邦王汉中，以何为丞相。又荐韩信为大将。楚汉相拒，留守关中，转输士卒粮饷，

使军中给食不乏。刘邦称帝，论何功第一，封酂侯。后定律令制度，协助高祖消灭陈豨、韩信、黥布等，封相国。高祖死后，事惠帝，病危时荐曹参继相。卒谥文终。有《九章律》，今佚。

④汗马：战马奔走而出汗，喻指劳苦征战，因称战功为汗马之劳。

⑤指踪：亦作“指纵”。发踪指示，比喻指挥谋划。推毂（gǔ）：推动，协助。即运筹谋划，协助决策。

⑥宗正籍：宗室名籍的正本。

⑦再从：次于至亲而同祖的亲属关系叫从。又次一层，同曾祖的亲属关系叫再从。

⑧贾、泽：指西汉的刘贾、刘泽。刘贾（？—前196），高祖从父兄。从刘邦东击项羽，入楚地，烧其积聚。后渡淮，会兵垓下。刘邦称帝，封荆王。后淮南王英布反，东击荆，贾率兵御之，被杀。刘泽（？—前178），刘邦族弟。刘邦为汉王后，任郎中，陈豨反，他被任为将军击陈豨，封营陵侯。吕后时与策士田生交结，游说吕后宠臣张卿，劝封吕氏为王，因迎合吕后，得封为琅琊王。吕后死，曾参与诛灭诸吕事件，文帝元年（前179）徙封为燕王。二年死，谥敬王。子康王嘉嗣位。

⑨郡王：爵位名，其名始于西晋。唐宋以后，郡王皆为次于亲王一等的爵号。除皇室外，臣下亦得封郡王。清代宗室封爵第三级称为多罗郡王，简称郡王。

⑩郡公：爵位名，晋始置，亦称开国郡公。历代因之，明初尚有郡公之封，后废。

〔译文〕

贞观元年（627），太宗封中书令房玄龄为邢国公，兵部尚书杜如晦为蔡国公，吏部尚书长孙无忌为齐国公，官品并列为一等，实际封给食邑一千三百户。太宗的堂叔淮安王李神通上奏道："当初高祖在太原初举义旗时，我便带兵先来响应，现在房玄龄这些舞文弄墨的人，功勋反而列在第一等，我内心实在不服。"太宗说："国家大事，只在赏罚。赏赐要是与功劳相当，无功的人自然退避不争；惩罚要是与恶行相当，做坏事时人们才会感到畏惧。可知赏罚不能轻率施行。如今论功行赏，房玄龄等有运筹帷幄、安定社稷的大功，就像汉代的萧何一样，虽然没有冲锋陷阵的战功，但有运筹谋划、协助决策的作用，所以应该功居第一。叔父是国家至亲，要封赏我当然无所吝惜，但不能因为亲私关系就随意与功勋大臣同样封赏！"因此功臣们相互议论说："陛下能够秉公封赏，不偏袒自己的亲属，我们怎么可以胡乱申诉猜疑呢？"当初，高祖根据宗室名籍，将自己的兄弟、子侄以及再传、三传的子孙，孩童以上分封为王的达几十人。此时，太宗对臣下们说："从两汉以来，只封子和兄弟为王，宗室中疏远的，除非有大功如汉代的刘贾、刘泽那样，否则一律不得受封。如果一切亲属都封王，多给他们从事苦力的人数，这就是加重百姓的辛劳困苦，用来养活自己的亲属。"于是，宗室当中之前已经被封为郡王没有功劳的，都降封为郡公。

卷　四

论太子诸王定分第九

〔题解〕

封建社会中，如何保证皇权按照正统的传承顺序实现顺利交接，一直是封建君主痛心疾首的一件大事。历代皇权交接往往伴随着惊心动魄的人伦悲剧，弑父杀母，屠兄戮弟，翻检史书，比比皆是。太宗不但熟知隋炀帝夺取帝位的历史，而且其自身也正是通过"玄武门之变"才荣登大宝，所以如何避免这样的惨剧再次发生，应该是太宗君臣一直思考的问题。《论太子诸王定分》篇认为应早日确定太子与诸王的名分，确立太子崇高的地位，断绝他人的非分之想，避免历史重演，这不仅是皇位顺利传承的需要，也是国家长治久安的保证。但是，不管太宗君臣如何绞尽脑汁寻求出路，都无法解决这个因制度而造成的难题。是篇凡 5 章，注译选 3 章。

贞观七年，授蜀王恪齐州都督[①]。太宗谓侍臣曰：

"父子之情,岂不欲常相见耶!但家国事殊,须出作藩屏②。且令其早有定分,绝觊觎之心③,我百年后④,使其兄弟无危亡之患也。"

〔注释〕

①蜀王恪:即李恪(619—683),太宗第三子。武德三年(620),封长沙郡王,九年(626),封汉王。贞观二年(628),封蜀王,十年(636),徙封吴王。善骑射,兼有文武才,太宗常称其类己。高宗永徽四年(653),房遗爱谋反,遂因事诛恪。追谥郁林王。

②藩屏:屏障。语本《诗经·大雅·板》:"价人维藩,大师维垣,大邦维屏,大宗维翰。"比喻卫国的重臣。

③觊觎(jìyú):非分的希望或企图。

④百年:死的委婉说法。

〔译文〕

贞观七年(633),太宗授命蜀王李恪为齐州都督。太宗对他身边的侍从大臣说:"从父子之间的感情来说,哪有不想经常团聚在一起的呢!但家事与国事有所不同,必须让他们到封国去担当重任,作为国家的屏障。并且要让他早点有一定的名分,断绝他们非分的企图,这样,我去世之后,也能让他们兄弟之间没有危亡的祸患。"

贞观十一年,侍御史马周上疏曰:"自汉、晋以来,诸王皆为树置失宜,不预立定分,以至于灭亡。人主熟知其然，但溺于私爱，故使前车既覆而后车不改辙也。今诸王承宠遇之恩有过厚者，臣之愚虑，不惟虑其恃恩骄矜也。昔魏武帝宠树陈思[①]，及文帝即位[②]，防守禁闭，有同狱囚，以先帝加恩太多，故嗣王疑而畏之也。此则武帝之宠陈思，适所以苦之也。且帝子何患不富贵，身食大国，封户不少，好衣美食之外，更何所须？而每年别加优赐，曾无纪极。俚语曰：'贫不学俭，富不学奢。'言自然也。今陛下以大圣创业，岂惟处置见在子弟而已，当须制长久之法，使万代遵行。"疏奏，太宗甚嘉之，赐物百段。

〔注释〕

①魏武帝：即曹操（155—220），字孟德，沛国谯（今安徽亳州）人。初举孝廉为郎，后以镇压颍川黄巾迁为济南相。初平年间参与讨伐董卓之役，并击败、收编青州黄巾军，建立青州兵。建安元年（196）迎汉献帝都许。先后击败袁术、吕布、袁绍、刘表等割据势力，并北征乌丸，逐渐统一北方。十三年（208），赤壁之战失败。十六年（211），进位丞相，又相继进封魏公、魏王，是东汉王朝末期的实际当政者。执政期间，唯才是举，打击豪强，提倡节俭，推行屯田，颁布户调制，兴修水利，恢复发展生产。好文学，喜诗歌，开一代文风。二十五年（220）病卒，后谥魏武帝，庙号太祖。陈思：即陈思王曹植（192—232），字子建，曹操第三子。夙慧，有文才，早年为操所爱，一度欲立为太子，但任性而行，失宠。兄曹丕为帝，备受猜忌，郁郁而终，谥思，世称陈思王。文才富艳，善诗工文，与曹操、曹丕合称三曹。所作经后人辑为《曹子建集》。

②文帝：即曹丕（187—226），字子桓，曹操次子。汉献帝延康元年（220），操死，嗣为魏王，继任丞相。行九品中正制，确立士族门阀政治特权。寻废汉献帝为山阳公，代汉称帝，改元黄初，建立魏王朝，都洛阳，在位七年。性好文学，有《魏文帝集》，所作《典论·论文》为我国文学批评史上的重要著作。

〔译文〕

贞观十一年（637），侍御史马周上奏疏说："自汉、晋以来，历代所分封的诸王都因为封授的权势失当，没有预先确立一定的名分，所以导致灭亡。君主大都很清楚这种情况，但沉溺于私爱，所以前面的车子已经翻覆而后边的车子还不改辙。现在诸王当中，有的受宠过于优厚，我所忧虑的不仅仅是他们倚仗宠爱而骄奢自大。从前魏武帝曹操宠爱陈思王曹植，到文帝曹丕即位后，对曹植防范禁闭，如同监狱里的囚犯，这是由于先皇给他的宠爱太多，所以继位的君主对他就有所畏惧了。这样看来魏武帝宠爱曹植，恰恰是害了他。况且，皇帝的儿子何愁不富贵，受封的是大国，食邑户数不少，衣食无愁，还需要什么呢？何况陛下每年还另外给予他们优厚的赏赐，全无规定限制。俗话说：'穷了不用学节俭，富了不用学奢侈。'这是自然而然的道理。如今陛下以圣明的德行开创基业，难道仅仅是安置好现在的子弟就算完事了吗？陛下现在应该制定长远的制度，让万世子孙遵照执行。"奏疏呈上后，太宗看了十分赞赏，赏赐马周绢帛等物百段。

贞观十六年，太宗谓侍臣曰："当今国家何事最急？

各为我言之。”尚书右仆射高士廉曰[①]:“养百姓最急。”黄门侍郎刘洎曰:“抚四夷最急。”中书侍郎岑文本曰[②]:“《传》称:‘道之以德,齐之以礼。’由斯而言,礼义为急。”谏议大夫褚遂良曰:“即日四方仰德,谁敢为非,但太子、诸王,须有定分。陛下宜为万代法,以遗子孙,此最当今日之急。”太宗曰:“此言是也。朕年将五十,已觉衰怠。既以长子守器东宫,诸弟及庶子数将四十,心常忧虑,在此耳。但自古嫡庶无良,何尝不倾败家国。公等为朕搜访贤德,以辅储宫,爰及诸王,咸求正士。且官人事王,不宜岁久。岁久则分义情深,非意窥窬[③],多由此作。其王府官寮,勿令过四考[④]。”

〔**注释**〕

①高士廉(576—647):名俭,以字行。渤海蓨人。隋洮州刺史励子,太宗长孙皇后舅。大业中为治礼郎,后因事贬迁岭南。武德五年(622)归唐,累封申国公。参与玄武门之变。贞观中历任侍中、吏部尚书、同平章事、尚书仆射等要职,执掌重权。出任益州大都督府长史时兴修水利,训诱风俗。主选吏部以得人著称。预修《氏族志》《文思博要》。谥号文献,图像凌烟阁。

②岑文本(595—645):字景仁,南阳棘阳人。初从萧铣,后归唐。贞观初为秘书郎,主掌机密,起草诏诰,并协同令狐德棻编撰《周史》。拜中书令不久,暴病卒于伐辽途中。

③窥窬(yú):亦作“窥覦”“窥逾”。犹言觊覦,窥伺可乘之隙。

④四考:四次考核。唐代每年考核一次官员的政绩,以决定升黜,称

之为“考”。

〔译文〕

贞观十六年(642),太宗对他身边的侍从大臣说:“当今国家什么事情最为紧迫?请你们每个人对我说说。”尚书右仆射高士廉说:“使百姓得到休养最为紧迫。”黄门侍郎刘洎说:“安抚四面边境的少数民族最为紧迫。”中书侍郎岑文本说:“《左传》上说:‘用德行来引导他们,用礼义来规范他们。’从这方面来说,提倡礼义最为紧迫。”谏议大夫褚遂良说:“当今天下四方仰慕陛下的圣德,不敢为非作歹,只是太子和诸王必须有一定的名分。陛下应该制定万代可行的法规留给子孙,这是当今最为紧迫的。”太宗说:“这话说得对。我快五十岁了,已经感觉精力衰弱倦怠。现在既然已经确定长子为东宫太子,诸位弟兄以及庶子将近四十人,我常常为此担忧。但是自古以来,无论是嫡子还是庶子,如果没有贤良辅佐,就难免倾家灭国。你们要为我寻访贤德的人,来辅佐太子,宗室诸王也都需要正直之士来辅佐。不过侍奉诸王的官员,任职时间不宜过长。时间一久就会加深情感,常常由此产生非分的企图。因此诸王府的官员,不要让他们的任期超过四年。”

论尊敬师傅第十

〔题解〕

南怀瑾先生曾说,在五千年来中国文化的传统中,师道的尊严，尊师重道的精神和礼仪上的风气，俨然已与君道互相对峙，构成“政”“教”互助的特质。《论尊敬师傅》篇所述太宗教谕太子和诸王尊敬师傅，努力学习的言论以及大臣们的相关奏疏，正是南怀瑾先生这段论述的最佳注脚。太宗任用正直忠信的大臣担任太子与诸王的师傅，并要求他们像尊敬自己一样尊敬师傅，不但可以使太子诸王接受良好的教育，具备治国理政的才能，也有助于限制皇子们的骄奢淫逸。更重要的一点，是尊师重道这种行为的本身，带有极强的示范作用与政治寓意。对师道的高度推崇，其实归根结底是为了巩固“君道”，所谓的“政”“教”互助，最终导向也是为了拱卫君道。《论尊敬师傅》篇凡 6 章，注译选 4 章。

贞观三年，太子少师李纲①，有脚疾，不堪践履。太宗特赐步舆②，令三卫举入东宫③，诏皇太子引上殿，亲拜之，大见崇重。纲为太子陈君臣父子之道，问寝视膳之方④，理顺辞直，听者忘倦。太子尝商略古来君臣名教，竭忠尽节之事。纲懔然曰：“托六尺之孤，寄百里之命，古人以为难，纲以为易。”每吐论发言，皆辞色慷慨，有不可夺之志，太子未尝不耸然礼敬。

〔**注释**〕

①李纲（547—631）：字文纪，观州蓨（今河北景县）人。隋时任太子洗马、尚书右丞。坚执己见，屡为当权所排。李渊起兵后，往见于长安，封新昌县公，专掌选举。唐建，拜礼部尚书，兼太子詹事，后升太子太保。曾上

表严劾齐王元吉,多次面谏高祖。因太子建成不听劝止,数请退职。贞观时复任太子少师。谥贞。

②步舆:古代一种人抬的代步工具。

③三卫:唐禁卫军,有亲卫、勋卫、翊卫,合称“三卫”。

④问寝:问候尊长起居。视膳:古代臣下侍奉君主或子女侍奉双亲进餐的一种礼节。

〔译文〕

贞观三年(629),太子少师李纲患有脚疾,不能穿鞋走路。太宗特别赐他乘坐步舆,命令侍卫抬他进入东宫,还下诏命令皇太子亲自搀扶他上殿,亲自行礼拜见,以示对他的尊崇。李纲为太子讲述君臣父子之间的礼仪,以及日常饮食起居方面的礼节,道理明畅,言辞恳切,让听者不知疲倦。太子曾经与李纲商讨自古以来君臣之间的规范和竭忠尽节之事,李纲正气凛然地说:“受托于先王,辅佐年幼的国君,代理国政,古人认为这件事十分困难,臣却以为十分容易。”他每次发表言论,言辞态度都慷慨激昂,透露出一种刚正坚定的意志,太子每次都为之肃然起敬。

贞观八年,太宗谓侍臣曰:“上智之人,自无所染,但中智之人无恒,从教而变。况太子师保①,古难其选。成王幼小,周、召为保傅。左右皆贤,日闻雅训,足以长仁益德,使为圣君。秦之胡亥②,用赵高作傅③,教以刑法，及其嗣位，诛功臣，杀亲族，酷暴不已，旋踵而亡。故知人之善恶，诚由近习。朕今为太子、诸王精选师傅，令其式瞻礼度，有所裨益。公等可访正直忠信者，各举三两人。”

〔注释〕

①师保：古时任辅弼帝王和教导王室子弟的官，有师有保，统称“师保”。

②胡亥（前230—前207）：秦第二代皇帝，始皇少子。始皇卒，与赵高、李斯矫诏赐长子扶苏死，自袭帝位，称二世皇帝。任用赵高，刑政苛暴，赋役繁重，旋爆发陈胜、吴广起义。三年（前207）八月，刘邦率军进入关中，二世被赵高迫令自杀。在位三年。

③赵高（？—前207）：战国末年赵国人。本为赵王疏远宗族，赵亡入秦。出身宦者，在秦宫中任宦官二十余年，通狱法，秦始皇以为中车府令，兼行符玺令事。曾教始皇少子胡亥狱律，与亥亲近。前210年始皇死，他与李斯伪造诏书，逼始皇长子扶苏自杀，立胡亥为二世皇帝。任郎中令，控制朝政，加重刑罚赋敛，谗杀功臣名将。诬杀李斯后，任中丞相。不久又杀秦二世，立子婴为秦王。旋为子婴所杀。

〔译文〕

贞观八年（634），太宗对他身边的侍从大臣说：“上等智慧的圣人，当然不会受周围环境的熏染，但中等智慧的人不稳定，他们的性情会随着教育而变化。况且太子的师傅，自古以来就很难挑选。周成王即位时年纪幼小，周公、召公作他的太保太傅。左右都是贤明的人，每天他都能听到有益的教诲，这足以增长他的仁义道德，使他成为圣君。秦二世胡亥，用赵高作太师，赵高教他刑法决狱，胡亥继位后，就诛戮功臣，屠杀亲族，残酷暴虐到极点，秦国很快就灭亡了。由此可知，人的善恶确实受周围环境和身边亲近之人的影响。我如今要给太子、诸王精心挑选师傅，让他们耳濡目染礼仪法度，从中受到教益。你们可求访正直忠信的人，各自推荐三两个人。”

贞观十一年，以礼部尚书王珪兼魏王师。太宗谓尚书左仆射房玄龄曰：“古来帝子，生于深宫，及其成人，无不骄逸，是以倾覆相踵①，少能自济②。我今严教子弟，欲令皆得安全。王珪我久驱使，甚知刚直，志存忠孝，选为子师。卿宜语泰：‘每对王珪，如见我面，宜加尊敬，不得懈息。’”珪亦以师道自处，时议善之。

〔注释〕

①相踵（zhǒng）：互相追随。

②自济：原意为自渡，引申为自救。

〔译文〕

贞观十一年（637），太宗任命礼部尚书王珪兼任魏王李泰的老师。太宗对尚书左仆射房玄龄说：“自古以来，帝王的儿子生长于深宫之中，等到他们长大成人，没有一个不是骄奢淫逸的，因此相继败亡，很少有能够自己救助自己的。我如今要严格教育子弟，希望他们都能够安全。王珪是我长期任用的人，了解他刚毅正直的个性,他心存忠孝,因此选择他来担任皇子的老师。你应该告诉魏王李泰:'每次见到王珪,就如同见到我一样,应该倍加尊敬,不能懈怠。'"王珪也用为师之道来要求自己,深得当时舆论的好评。

贞观十七年,太宗谓司徒长孙无忌、司空房玄龄曰:"三师以德导人者也[①]。若师体卑,太子无所取则。"于是诏令撰太子接三师仪注[②]。太子出殿门迎,先拜,三师答拜。每门让,三师坐,太子乃坐。与三师书,前名惶恐,后名惶恐再拜。

〔注释〕

①三师:北魏以后以太师、太傅、太保为三师。

②仪注:制度,仪节。即礼仪的细则。

〔译文〕

贞观十七年(643),太宗对司徒长孙无忌、司空房玄龄说:"三师是以德行来教导太子的人。如果三师的身份卑下,太子就没有学习的榜样。"于是下诏令,让人编撰太子接待三师的礼仪制度:太子要走出殿门迎接三师,太子先礼拜,然后三师答拜。每当进门时,要让三师先行,三师坐下后,太子才能坐。写给三师的书信,前边称"惶恐",后边再写上"惶恐再拜"。

教诫太子诸王第十一

〔题解〕

本篇所述内容与《论太子诸王定分》篇基本相似,仍然是太宗君臣探讨如何教谕太子和诸王的问题。纵观整个封建时代,国君王侯能得善终者,少之又少,这是因为他们生于深宫大院,长居妇人之手,自幼娇贵无比,不知稼穑艰难,民间疾苦,只顾争权夺势,贪图享乐,以致违法乱纪,终致灭亡。太宗是有远见卓识的一代名主,耳闻目睹丧身败家者多矣,所以才总结历史教训,对子弟严加管教,力图能使他们自守分际,谨慎修身,以期富贵长久。太宗还命魏徵撰《自古诸侯王善恶录》以赐诸王,足见其用心良苦。《教诫太子诸王》篇凡6章,注译选3章。

贞观七年,太宗谓太子左庶子于志宁、杜正伦曰[①]:"卿等辅导太子,常须为说百姓间利害事。朕年十八,犹在人间,百姓艰难,无不谙练[②]。及居帝位,每商量处置,或时有乖疏[③],得人谏诤,方始觉悟。若无忠谏者为说,何由行得好事?况太子生长深宫,百姓艰难,都不闻见乎?且人主安危所系,不可辄为骄纵。朕若欲肆情骄纵,但出敕云,有谏者即斩,必知天下士庶无敢更发直言。故克己励精,容纳谏诤,卿等常须以此意共其谈说。

每见有不是事，宜极言切谏，令有所裨益也。”

〔注释〕

①于志宁（588—665）：雍州高陵（今属陕西）人。隋末为冠氏县长。入唐授银青光禄大夫，常侍从太宗征战，参赞军谋。曾先后修订格式律令、编撰《五经义疏》，任太子左庶子，对承乾屡有进谏。官至太子太傅。杜正伦（？—658）：相州洹水（今河南魏县）人。善作文，深明佛典，隋时举秀才，任羽骑尉。贞观初拜给事中，兼修起居注，并为崇贤馆学士，参典机密，甚有才干。后受太子承乾谋逆事牵连，遭流放。显庆二年（657）复知政事，三年（658），贬横州刺史后卒。

②谙（ān）练：熟练，熟悉。

③乖疏：违背礼义，出现疏漏。

〔译文〕

贞观七年（633），唐太宗对太子左庶子于志宁、杜正伦说："你们辅导太子，应该经常为他讲述百姓在民间的种种艰苦。我十八岁时还在民间，对百姓的艰难困苦非常清楚。登上帝位后，每逢商议事情如何处理的时候，有时还会出现疏漏，得到他人的谏诤后，才有所醒悟。如果没有忠心的人对我直言进谏，怎么能办好事呢？况且太子生长在深宫之中，看不见、听不到百姓的艰难困苦。而且君主是关系到天下安危的人，更不能动辄就骄奢放纵。我如果想肆意骄奢放纵，只要发个敕命，有大胆谏诤的人就杀头，那么天下官员和百姓肯定没有人敢直言了。所以要克制私欲，励精图治，容纳别人的忠言直谏。你们应该经常拿这些道理同太子谈论，每当看到他有做得不对的地方，应该勇敢直谏，使他能有所获益。”

贞观十八年，太宗谓侍臣曰：“古有胎教世子[①]，朕则不暇。但近自建立太子，遇物必有诲谕。见其临食将饭，谓曰：‘汝知饭乎？’对曰：‘不知。’曰：‘凡稼穑艰难[②]，皆出人力，不夺其时，常有此饭。’见其乘马，又谓曰：‘汝知马乎？’对曰：‘不知。’曰：‘能代人劳苦者也，以时消息，不尽其力，则可以常有马也。’见其乘舟，又谓曰：‘汝知舟乎？’对曰：‘不知。’曰：‘舟所以比人君，水所以比黎庶[③]，水能载舟，亦能覆舟。尔方为人主，可不畏惧？’见其休于曲木之下，又谓曰：‘汝知此树乎？’对曰：‘不知。’曰：‘此木虽曲，得绳则正。为人君虽无道，受谏则圣。此傅说所言[④]，可以自鉴。’”

〔注释〕

①古有胎教世子：相传周文王的母亲为人端庄，很有德操。在怀孕期间，“目不视恶色，耳不听淫声，口不起恶言”。生下文王之后，文王聪敏异常。人称文王之母为能胎教。

②稼穑（sè）：耕种和收获。泛指农业劳动。

③黎庶：黎民百姓。

④傅说：相传傅说本为胥靡（囚犯），无姓，名说，在傅岩筑城，武丁访得，举以为相，因命以傅为姓。其所言见于《尚书·说命上》：“说复于王曰：惟木从绳则正，后从谏则圣。”

〔译文〕

贞观十八年(644),太宗对他身边的侍从大臣说:“古时候有胎教世子的传说,我却没有时间考虑这事。但最近自册立太子以来,遇到事物都要对他教诲晓谕。见他面对饭菜准备吃饭时,便问他:‘你知道饭是怎样来的吗?’太子回答说:‘不知道。’我说:‘凡是播种、收获等农事都很艰辛劳苦,全靠农民出力。不要违背农时,才会常有这样的饭吃。’看到他骑马,又问他:‘你对马了解吗?’太子回答说:‘不了解。’我说:‘马能够替人做劳苦的工作,要让它按时休息,不耗尽它的气力,这样就可以常有马骑。’看到他乘船,又问他:‘你知道船是怎样运行的吗?’太子回答说:‘不知道。’我说:‘船好比君主,水好比是百姓,水能浮载船,也能掀翻船。你不久将做君主了,能不畏惧吗?’看到他在弯曲的树下休息,又问他:‘你对这弯曲的树了解吗?’太子回答说:‘不了解。’我说:‘这树虽然弯曲,打上墨线就可以加工成平正的木材。做君主的虽然有时德行不高,但是能虚心接受谏诤就可以成为明君。这是傅说讲的道理,可以对照自己作为鉴戒。’”

贞观十年,太宗谓房玄龄曰:“朕历观前代拨乱创业之主,生长人间,皆识达情伪,罕至于败亡。逮乎继世守文之君,生而富贵,不知疾苦,动至夷灭[①]。朕少小以来,经营多难,备知天下之事,犹恐有所不逮。至于荆王诸弟[②],生自深宫,识不及远,安能念此哉?朕每一食,便念稼穑之艰难；每一衣，则思纺绩之辛苦[3]，诸弟何能学朕乎？选良佐以为藩弼[4]，庶其习近善人，得免于愆过尔[5]。”

〔注释〕

①夷灭：诛杀，消灭。

②荆王：指李元景（？—653），高祖第六子。初封赵王，贞观十年（636）徙封荆王。历安、荆、鄜诸州都督、刺史，高宗即位进为司徒。因与房遗爱谋反被杀。

③纺绩：把丝麻等纤维纺成纱或线。古代纺指纺丝，绩指缉麻。

④藩弼：藩王的辅助。

⑤愆（qiān）：罪过，过失。

〔译文〕

贞观十年（636），太宗对房玄龄说：“我一一观察前代平乱创业的君主，他们生长在民间，大都能洞察民情真伪，少有败亡的。到了后来继承王位保守前人功业的君主，生下来就享受荣华富贵，不知道民间疾苦，常常遭到诛灭。我从小以来，经历了很多艰难险阻，了解天下很多的事情，但仍然害怕自己还有考虑不到的地方。至于像荆王等各位兄弟，生长在深宫，见识短浅，哪能想到这些事呢？我每次吃饭就想到耕种收获的艰难；每次穿衣就想到纺线织布的辛苦，各位兄弟怎么能做到像我这样呢？选择贤良的人作为他们的辅佐，希望他们习惯与品德高尚的人接近，这样才能使他们免除过失。”

规谏太子第十二

〔题解〕

《规谏太子》篇主要记述了太宗选择贤臣李百药、于志宁、孔颖达、张玄素等规谏教育太子李承乾的事迹。承乾是太宗嫡长子，武德二年(619)生于长安承乾殿，因而命名。始封恒山王，又徙封中山王，太宗即位立为皇太子。幼年的承乾天性敏惠，太宗十分喜爱，因而对承乾寄予了厚望，选择很多德高望重的大臣做他的老师，希望承乾能成为继承大统的合格储君。但是事与愿违，长大之后的太子承乾，好声色，漫游无度，诸位老师虽然忠于职守，屡屡直言规劝，可惜都不被太子所采纳。最终酿成政变阴谋，被废黜致死。太子居于储君之位，关乎国本，所以作者才会单独立篇以显其重。虽然承乾不得善终，但是贞观君臣对教诫太子的高度重视对后世有着巨大的鉴戒意义。是篇凡5章，注译选2章。

贞观中，太子承乾数亏礼度，侈纵日甚，太子左庶子于志宁撰《谏苑》二十卷讽之。是时，太子右庶子孔颖达每犯颜进谏[①]。承乾乳母遂安夫人谓颖达曰："太子成长，何宜屡得面折[②]？"对曰："蒙国厚恩，死无所恨。"谏诤愈切。承乾令撰《孝经义疏》，颖达又因文见意，愈广规谏之道。太宗并嘉纳之，二人各赐帛五百匹，黄金一斤，以励承乾之意。

〔注释〕

①孔颖达(574—648)：字冲远，冀州衡水(今属河北)人。精通经传、历算，善属文。隋末举明经高第，授河内郡博士。入唐为秦府文学馆学士。贞观时助修《隋史》、五礼及《五经正义》，撰《孝经义疏》。官至国子祭酒，并侍讲东宫。图像凌烟阁。

②面折：当面批评、指责。

〔译文〕

贞观年间，太子李承乾屡次违反礼仪法度，一天比一天奢侈骄纵，太子左庶子于志宁撰写了《谏苑》共二十卷对他进行劝谏。这时，太子右庶子孔颖达也经常冒犯太子的威严进行谏诤。承乾的乳母遂安夫人对孔颖达说："太子正在成长，怎好屡次当面指责他？"孔颖达回答说："我蒙受国家的厚恩，即使死也无怨恨。"于是谏诤得更加激切。承乾命孔颖达撰写《孝经义疏》，孔颖达又借注疏《孝经》来表达自己的意见，在书中进一步扩大对承乾劝谏的途径。太宗对两人的做法深为嘉许采纳，分别赏赐二人帛五百匹，黄金一斤，以勉励他们规谏承乾。

贞观十四年，太宗知玄素在东宫频有进谏，擢授银青光禄大夫[1]，行太子左庶子。时承乾尝于宫中击鼓，声闻于外，玄素叩阁请见[2]，极言切谏。承乾乃出宫内鼓，对玄素毁之。遣户奴伺玄素早朝，阴以马挝击之[3]，殆至于死。是时承乾好营造亭观，穷极奢侈，费用日广。玄素上书谏曰：

臣以愚蔽，窃位两宫。在臣有江海之润，于国无秋毫之益。是用必竭愚诚，思尽臣节者也。伏惟皇储之寄，荷戴殊重，如其积德不弘，何以嗣守成业？圣上以殿下亲则父子，事兼家国，所应用物，不为节限。恩旨未逾六旬，用物已过七万，骄奢之极，孰云过此。龙楼之下，惟聚工匠；望苑之内，不睹贤良。今言孝敬，则阙视膳问竖之礼[④]；语恭顺，则违君父慈训之方；求风声，则无爱学好道之实；观举措，则有因缘诛戮之罪。宫臣正士，未尝在侧，群邪淫巧，昵近深宫。爱好者皆游手杂色，施与者并图画雕镂。在外瞻仰，已有此失；居中隐密，宁可胜计哉！宣猷禁门[⑤]，不异阛阓[⑥]，朝入暮出，恶声渐远。右庶子赵弘智经明行修[⑦]，当今善士。臣每奏请，望数召进，与之谈论，庶广徽猷[⑧]。令旨反有猜嫌，谓臣妄相推引。从善如流，尚恐不逮；饰非拒谏，必是招损。古人云："苦药利病，苦言利行。"伏愿居安思危，日慎一日。

书入，承乾大怒，遣刺客将加屠害。俄属宫废[⑨]。

〔注释〕

①银青光禄大夫：官名。秦代光禄勋属官有中大夫，汉武帝太初元年（前104）更名光禄大夫，银章青绶，掌议论，属光禄勋。魏晋以后，左右光禄大夫、光禄大夫皆银印青绶，其重者诏加金印紫绶，原光禄大夫为银青

光禄大夫。北魏、北周皆有银青光禄大夫。唐、宋银青光禄大夫为从三品文散官，金为正二品下，元为正一品。

②阁(gé)：宫中小门。

③挝：此字其他诸本皆作"檛(zhuā)"，马檛即马鞭，语义通顺，当从。

④问竖：向内竖打听父皇身体安否。竖，指宦官。明成化本作"安"，可从。

⑤宣猷(yóu)：发布政令。

⑥阛阓(huánhuì)：街市，街道。借指店铺、商业。

⑦赵弘智(572—653)：洛州新安人。赵轨子。早丧母，事父以孝闻。通书传。隋炀帝大业中为司隶从事。唐高祖武德初授詹事府主簿，预修《六代史》，与令狐德棻等同修《艺文类聚》。太宗贞观中，累迁黄门侍郎，兼弘文馆学士。高宗初累转陈王师，令讲《孝经》，演畅微言，备陈五孝，帝甚悦。迁国子祭酒。卒谥宣。

⑧徽猷(yóu)：美善之道。猷，道。指修养、本事等。

⑨属宫：太子所属之宫，即东宫，转指太子。

〔译文〕

贞观十四年(640)，太宗得知张玄素在太子东宫频频进谏，加授他银青光禄大夫，兼任太子左庶子。当时李承乾曾经在宫中击鼓作乐，声音传至宫外，张玄素敲宫门求见太子，极力劝谏。李承乾把宫中的鼓拿出来，当着张玄素的面毁掉。承乾派封户的奴仆趁张玄素上早朝的时候，暗中用马鞭袭击他，差点将他打死。当时李承乾喜好营造亭观台阁，穷奢极侈，费用一天比一天增加。张玄素上书规劝说：

臣愚昧无知，却担当朝廷和东宫的要职。国家对我有如江海一样的深厚恩情，而我对国家却没有像秋毫那么细小的贡献。所以我一定要竭尽忠诚，尽到人臣的责任。太子的使命、责任十分重大，如果积德不深厚，又怎么能继续保守祖宗的基业？圣上与殿下论亲则是父子，论事则兼家国，所用财务没有限制。圣上的恩旨颁布不到六十天，而殿下财物用度已超过七万，挥霍浪费到了极点，还有谁能超过这种程度。太子宫殿下聚集无数工匠，内苑之中却不见贤才良臣半点踪影。如今说起孝敬，殿下有违晚辈向长辈视膳问安的礼节；要讲恭顺，殿下违背了慈父训导的道理；寻求名声，殿下没有学习古代圣贤喜欢美德的事实；观察举动行为，殿下又有凭借权势枉法杀人的罪过。东宫里正直的大臣从来没有带在身边，而奸邪淫巧的弄臣却天天在深宫中受到亲近。殿下您喜欢的人都是些杂耍艺伎，赏赐给人的东西都是些图画雕刻之类的玩物。从表面看，殿下已有如此多的过失；内中隐藏的祸患岂能数得清楚！发布政令的宫门与市井店铺没有差别，形形色色的人早晚出入其中，殿下的坏名声已渐渐散布到四面八方。右庶子赵弘智精通经术，德行高尚，是当今贤才。我常常劝告殿下，希望经常召见他，与他谈论经术，光大殿下的美德。没想到殿下反而对臣猜疑嫌弃，说臣是妄自推荐引进。一个人从善如流，尚且怕达不到至善的境界，如果掩饰过错，拒绝进谏，必然会招来损失。古人说："良药苦口利于病，忠言逆耳利于行。"希望殿下居安思危，一天比一天谨慎。

奏书呈进东宫，李承乾看后大怒，想要派刺客加害张玄素。不久李承乾的太子之位被废黜。

卷　五

论仁义第十三

〔题解〕

以孔子、孟子为代表的儒家思想，对中国传统社会影响至为深远，其所倡导的仁政思想，一直是封建时代上至君主，下至百官所共同追求的政治理想。在此篇中，太宗认为，用仁义治国，国家就会气运长久，所谓“为国之道，必须抚之以仁义，示之以威信。因人之心，去其苛刻，不作异端，自然安静”。他甚至认为，广修仁义，则灾害不生，“林深则鸟栖，水广则鱼游，仁义积则物自归之。人皆知畏避灾害，不知行仁义则灾害不生”。仁义是太宗“君道”思想的核心内容，也是他当政后具体的施政指导思想，贞观之初的宽简刑罚、轻徭薄赋则是具体的体现。《论仁义》篇凡6章，注译选4章。

贞观元年，太宗曰：“朕看古来帝王，以仁义为治者，国祚延长，任法御人者，虽救弊一时，败亡亦促。既见前王成事，足是元龟[①]，今欲专以仁义、诚信为治，望革近代之浇薄也[②]。”黄门侍郎王珪对曰：“天下凋丧日久，陛下承其余弊，弘道移风，万代之福。但非贤不理，惟在得人。”太宗曰：“朕思贤之情，岂舍梦寐！”给事中杜正伦进曰：“世必有才，随时所用，岂待梦傅说，逢吕尚[③]，然后为治乎？”太宗深纳其言。

〔**注释**〕

①元龟：大龟，古代用以占卜。比喻可资借鉴的往事。

②浇薄：指人情轻薄，社会风气虚浮。薄，不厚。

③吕尚：姜姓，吕氏，名尚，字子牙。家贫，钓于渭滨，文王遇之，与语，大悦曰：“吾太公望子久矣。”故称太公望，俗称姜太公。佐文王、武王为计灭商，有大功。武王时尊为师尚父。封于齐，都营丘，为齐之始祖。至国修政，民多归之。留周为太师。有征伐五侯九伯之权。兵书《六韬》传为所作。

〔**译文**〕

贞观元年(627)，太宗说：“我看自古以来的帝王，凡以仁义治理国家的，都国运久远。用严刑酷法统领百姓的，虽然能挽救一时的弊端，但国家败亡也会很快。既然已看到了前代帝王成败的往事，就可以把它们用作统治国家的借鉴。现在，我打算专以仁义、诚信作为治理国家的方针，希望能革除近代人情轻薄虚伪之风。”黄门侍郎王珪回答说：“天下德行仁义损伤丧亡的时间已经很长了，陛下统领国家之时也承接了遗留下来的积弊，能弘扬道德仁义，移风易俗，这是百姓万代之福。但没有贤才是治理不好国家的，关键在于得到贤良的人才。”太宗说：“我求贤若渴，即使夜晚做梦也没有忘记。”给事中杜正伦进言说：“世上必有人才，随时等候陛下的发掘任用，哪里用得着去梦傅说，遇吕尚，然后才治理天下呢？”太宗十分赞赏他的话。

贞观二年，太宗谓侍臣曰：“朕谓乱离之后[①]，风俗难移。比观百姓渐知廉耻，官人奉法，盗贼日稀，故知人无常俗，但政有治乱耳。是以为国之道，必须抚之以仁义，示之以威信。因人之心，去其苛刻，不作异端，自然安静。公等宜共行斯事也！”

〔注释〕

①乱离：遭遇祸乱而流离失所。

〔译文〕

贞观二年(628)，太宗对他身边的侍从大臣说：“我原来以为在国家离乱之后，民间的风俗习惯会很难改变。近来我发现百姓逐渐懂得了廉洁和羞耻，官员庶民都能奉公守法，盗贼一天比一天少，我才知道民间没有一成不变的风俗，关键要看施政是治还是乱。所以，治理国家的办法，必须用仁义来抚慰百姓，向他们展示威严和诚信。顺应民心，废除苛繁刻板的法令，不做背离道义的事情，那么天下自然会平定安静。你们应该共同努力来做好这件事！”

贞观四年，房玄龄奏言："今阅武库甲仗[1]，胜隋日远矣。"太宗曰："饬兵备寇虽是要事[2]，然朕惟欲卿等存心理道，务尽忠贞，使百姓安乐，便是朕之甲仗。隋炀帝岂为甲仗不足，以至灭亡？正由仁义不修，而群下怨叛故也。宜识此心，常以德意相辅。"

〔注释〕

①甲仗：一作"甲杖"，铠甲兵杖。泛指武器。

②饬(chì)兵：整顿军队。

〔译文〕

贞观四年(630)，房玄龄上奏说："最近检查武器库里的铠甲兵器，发现已远远超过隋朝了。"太宗说："整顿军队防御寇乱虽然是紧要的事情，但我只希望你们多留心治国的策略，务必竭尽忠诚，使老百姓安居乐业，这才是我真正要的铠甲兵器。隋炀帝难道是因为铠甲兵器不足，才遭到灭亡的吗？正是由于他不施行仁义，群臣百姓才会怨恨叛离他。你们应该理解我的这个心意，经常以德行仁义来辅助我。"

贞观十三年，太宗谓侍臣曰："林深则鸟栖，水广则鱼游，仁义积则物自归之。人皆知畏避灾害，不知行仁义则灾害不生。夫仁义之道，当思之在心，常令相继，若斯须懈怠，去之已远。犹如饮食资身[1]，恒令腹饱，乃可存其性命。”王珪顿首曰:“陛下能知此言,天下幸甚!”

〔注释〕

①资身:滋养自身,立身。

〔译文〕

贞观十三年(639),太宗对他身边的侍从大臣说:“树林茂密就有飞鸟栖息,水域深广就有鱼儿游弋,仁义积累深厚百姓自然会归顺。人们都知道恐惧而躲避灾害,却不知施行仁义灾害就不会产生。仁义之道,应该铭记在心,不断地将它推行下去,如有片刻懈怠,就会远离仁义了。这就好比用饮食来滋养身体,要让肚子经常吃饱,才能够维持生命。”王珪叩头说:“陛下能知道这些道理,真是天下的大幸啊!”

论忠义第十四

〔题解〕

为君以仁,导臣以忠,这是封建王朝所着力构建的帝国政治伦理架构。在本篇中,太宗极力褒扬那些尽忠于自己主公的所谓忠臣义士,赏钱赐物,加官晋爵,其真实意图无外乎通过褒扬忠臣来激励身边的大臣们对自己效忠罢了。所以在此种目的之下,不同时代、敌对阵营,甚至对战之国的所谓忠臣都成为太宗褒奖的对象。其中犹以贞观十九年(645)太宗亲征高丽,久攻辽东安市城不下,却装腔作势地"嘉安市城主坚守臣节,赐绢三百匹,以劝励事君者"最为虚伪可笑。太宗十分欣赏春秋时卫懿公的臣子弘演,感慨"今觅此人,恐不可得",而魏徵则认为忠义应是君臣双方面的事,君以国士遇臣,臣以国士报君,所以"在君礼之而已,亦何谓无人焉"。《论忠义》篇凡 13 章,注译选 6 章。

贞观元年,太宗尝从容言及隋亡之事,慨然叹曰:"姚思廉不惧兵刃①,以明大节,求诸古人,亦何以加也!"思廉时在洛阳,因寄物三百段,并遗其书曰:"想卿节义之风,故有斯赠。"初,大业末②,思廉为隋代王侑侍读③,及义旗克京城时,代王府僚多骇散,惟思廉侍王,不离其侧。兵士将升殿,思廉厉声谓曰:"唐公举义兵④,本匡王室,卿等不宜无礼于王!"众服其言,于是稍却,布列阶下。须臾,高祖至,闻而义之,许其扶侑至顺阳阁下,思廉泣拜而去。见者咸叹曰:"忠烈之士,仁者有勇,此之谓乎!"

〔**注释**〕

①姚思廉(557—637):字简之,吴兴(今浙江湖州)人。初仕陈,入隋为汉王府参军,同崔祖浚等同修《区宇图志》。贞观初,官著作郎、弘文馆学士。继承父业,撰成《梁书》五十卷、《陈书》三十卷。

②大业:隋炀帝年号,从 605 年至 618 年,凡十四年。

③代王侑:即代王杨侑(605—619)。炀帝长子杨昭之子,初封陈王,后徙封代王。李渊兵入长安,拥其称帝,改年号为"义宁",在位仅半年。

渊代隋自立,被封酅(xì)国公。不久即遇害。侍读:古代官名。为帝王、皇子讲学之官。其职务与侍读学士略同,然级别较其为低。

④唐公:指高祖李渊,仕隋为唐国公。

〔译文〕

贞观元年(627),太宗闲谈时曾经提及隋朝灭亡的事,感慨叹息说:"姚思廉不畏惧武力威胁,表现出了臣子应有的忠贞气节,考察古人当中,也没有人能超过他!"姚思廉当时正在洛阳,太宗寄给他三百段丝帛,并写信说道:"回想着你忠孝大节的风骨,因此有这些馈赠。"当初,在隋朝大业末年,姚思廉担任隋代王杨侑的侍读,到义军攻克京城时,代王府的许多幕僚都惊惧逃散了,只有姚思廉侍奉代王,不离左右。兵士们准备登上宫殿捉拿代王,思廉声音严厉地喝道:"唐公举义兵,本意在于匡复王室,你等在代王面前不得无礼!"士兵们信服他的话,于是稍稍退却,排列在殿堂的台阶下。没过多久,高祖来了,听了别人的讲述后认为思廉很忠义,允许他搀扶代王杨侑到顺阳阁下,思廉哭泣着拜辞而去。看到这个场景的人都感叹地说:"真是忠义刚烈的人啊!人们说仁义的人有勇气,说的就是姚思廉这样的人吧!"

贞观六年,授左光禄大夫陈叔达礼部尚书①,因谓曰:"武德中②,公曾进直言于太上皇,明朕有克定大功,不可黜退云。朕本性刚烈,若有抑挫,恐不胜忧愤,以致疾毙之危。今赏公忠謇③,有此迁授。"叔达对曰:"臣以隋氏父子自相诛戮,以致灭亡,岂容目睹覆车,不改前辙？臣所以竭诚进谏。”太宗曰：“朕知公非独为朕一人，实为社稷之计。”

〔注释〕

①陈叔达（573—635）：字子聪，南朝陈宣帝第十六子，以才思敏捷著称。陈宣帝太建十四年（582）封义阳王，入隋至绛郡通守。后以郡降唐，封汉东郡公。与温大雅同掌机密，政令及禅代文诰多出其手。武德中官至侍中。高祖因建成、元吉之言，将贬责太宗，叔达固谏乃止。贞观中坐事以闲职归第，卒于家。初谥缪，后改忠。

②武德：唐高祖年号，从618年至626年，凡九年。

③忠謇（jiǎn）：亦作“忠蹇（jiǎn）”，忠诚正直。

〔译文〕

贞观六年（632），任命左光禄大夫陈叔达为礼部尚书，太宗就此事对他说：“武德年间，你曾向太上皇直言进谏，申明我有打败敌人平定疆土的功劳，不可以罢免我。我本性刚烈，如碰到压抑挫折，恐怕承受不住忧郁愤懑之情，以致有生病致死的危险。今天为了表彰你的忠心正直，给予你这次提拔任命。”陈叔达回答说：“臣因隋朝文帝、炀帝父子自相残害，导致隋朝灭亡，怎能容许眼看前车倾覆，而后车不改前辙呢？这正是我极力进谏的原因。”太宗说：“我知道你并不是为我一个人，而是为了国家大计。”

贞观中，特进萧瑀与房玄龄等，尝因宴集，太宗谓房玄龄曰："武德六年已后，太上皇有废立之心。我当此日，不为兄弟所容，实有功高不赏之惧。萧瑀不可以厚利诱之，不可以刑戮惧之[①]，真社稷臣也。"乃赐瑀诗曰："疾风知劲草，板荡识诚臣[②]。"顾谓瑀曰："卿之守道耿介，古人无以过也。然则善恶太分明，亦有时而失。"瑀再拜谢曰："臣特蒙诫训，又许臣以忠谅，虽死之日，犹生之年。"

〔注释〕

①刑戮(lù)：亦作"刑僇"。受刑罚或被处死。

②板荡：《板》《荡》都是《诗经·大雅》中讥刺周厉王无道而导致国家败坏、社会动乱的诗篇。后因以指政局混乱或社会动荡。

〔译文〕

贞观中，特进萧瑀与房玄龄等人，在一次酒宴聚会上，太宗对房玄龄说："武德六年(623)以后，太上皇有废隐太子建成立我为太子的打算。当时我不能够被兄弟所容，实在有功劳大到无法赏赐的恐惧。萧瑀这个人，不能用多的财物引诱他，不能用刑罚和杀戮威胁他，真是国家的栋梁之臣啊。"于是赐诗给萧瑀云："疾风知劲草，板荡识诚臣。"他回头对萧瑀说："爱卿你坚守正道，为人正直，古贤人也没有能超过你的。然而你善恶分明，有时也有过失。"萧瑀拜谢说："臣这样特别受到陛下的训诫，赞许我的忠贞，我即使死去也如同活着一样。"

贞观八年，太宗将发诸道黜陟使[①]，畿内道未有其人[②]，太宗亲定，问于房玄龄等曰："此道事最重，谁可充使？"右仆射李靖曰[③]："畿内事大，非魏徵莫可。"太宗作色曰："朕今欲向九成宫，事亦非小，宁可遣魏徵出使？朕每行不欲与其相离者，适为其见朕是非，必无所隐。今欲从公等语遣去，朕若有是非得失，公等能正朕否？何因辄有所言，大非道理。"乃即令李靖充使。

〔注释〕

①诸道：唐初户口锐减而州县倍增，不便于中央政权的监督和领导，至太宗贞观元年(627)，一方面下令并省州县，一方面又依据山川形势，划分全国为关内、河南、河东、河北、山南、陇右、淮南、江南、剑南、岭南十道。黜陟(zhì)使：官名。太宗贞观八年(634)，以李靖等为黜陟大使，巡视各道，调查官吏行为，好的提升，不好的罢免。中宗神龙二年(706)置十道巡按使，后来改称按察使。玄宗开元二年(714)改称十道按察采访处置使。天宝末年又改称观察处置使。德宗建中元年(780)，又在各道设黜陟使，考察地方官政绩，后废。

②畿内道：即关内道，太宗贞观元年(627)置，相当今陕西秦岭以北，内蒙古阴山以南，宁夏贺兰山、甘肃六盘山以东地区。玄宗开元二十一年(733)分置京畿道，与关内道同治长安(今陕西西安)。肃宗乾元元年(758)废。但作为地理区划名称直至五代仍被沿用。

③李靖(571—649)：本名药师，雍州三原(今属陕西)人。精通兵法。隋末任马邑郡丞。高祖时以行军总管从征萧铣，平定江、岭间九十六州。又副李孝恭镇压辅公祏义军。太宗时历兵部尚书、右仆射等职，先后率军击破东突厥、吐谷浑。封卫国公，图像凌烟阁，谥景武。撰有《李卫公兵法》。

〔译文〕

贞观八年(633),太宗准备派遣各道黜陟使,关内道这个地方没有找到合适的人选,太宗亲自过问此事,就问房玄龄等人说:“这个地方的事务最为重要,谁可以担当这个重任?”右仆射李靖说:“畿内道的事务重大,非魏徵不可。”太宗脸色一变,严肃地说:“我如今要到九成宫去,这也不是小事,怎么可以派遣魏徵出任黜陟使?我每次出行都不想与其分开,实在是为了让他能看到我的是非得失,他定会无所隐瞒地匡正我。现在我要是听从你们的话派遣魏徵离开,如果我有是非得失,你们能够匡正我的错误吗?为何说出这样的话来,太没有道理了。”于是,当即命令李靖担任畿内道黜陟使。

贞观十一年,太宗行至汉太尉杨震墓①,伤其以忠非命,亲为文以祭之。房玄龄进曰:“杨震虽当年夭枉②,数百年后方遇圣明,停舆驻跸③,亲降神作,可谓虽死犹生,没而不朽,不觉助伯起幸赖欣跃于九泉之下矣。伏读天文,且感且慰,凡百君子,焉可不勖励名节④,知为善之有效!”

〔注释〕

①杨震(59—124):字伯起,东汉弘农华阴(今属陕西)人。少好学,博览群书,当时称为“关西孔子”。历任荆州刺史、涿郡太守、司徒、太尉等职。为官清廉,刚正不阿,屡遭陷害,最终被迫害致死。

②夭枉：短命早死。

③驻跸（bì）：帝王出行，途中停留暂住。

④勖（xù）励：勉励。

〔译文〕

贞观十一年（637），太宗行幸至汉朝太尉杨震的墓地，感伤他因为忠贞而死于非命，亲自撰写祭文悼念他。房玄龄进言道："杨震当年冤枉致死，数百年后才遇到英明的圣主，停车驻足，亲自撰写神思之文，可以说是虽死犹生，死而不朽，臣不禁为杨震能在九泉之下有幸蒙受天恩而欢欣雀跃。拜读陛下的祭文，既感动，又欣慰，天下的君子怎敢不勉励名节，认识到做好事一定会有好报呢！"

贞观十二年，太宗幸蒲州[①]，因诏曰："隋故鹰击郎将尧君素[②]，往在大业，受任河东，固守忠义，克终臣节。虽桀犬吠尧[③]，有乖倒戈之志，疾风劲草，实表岁寒之心。爰践兹境，追怀往事，宜锡宠命，以申劝奖。可追赠蒲州刺史，仍访其子孙以闻。"

〔注释〕

①蒲州：北周明帝二年（558）以泰州改置，治蒲坂县（今山西永济西南蒲州镇）。隋大业三年（607）改为河东郡，十三年（617）复为蒲州。治桑泉县（今临猗西南临晋镇）。唐武德三年（620）移治河东县（今蒲州镇）。辖境相当今山西永济、河津、临猗、闻喜、万荣等市县及运城西南部地区。开

元元年(713)曾升为河中府,旋仍为蒲州。乾元三年(760)又升为河中府。属河东道。

②鹰击郎将:官名。隋炀帝大业五年(609)改副鹰扬郎将置,一人,从五品,为鹰扬府次官。唐初改为折冲都尉府府副。尧君素:魏郡汤阴(今属河南)人。炀帝为晋王时府属。隋末,以军功领河东通守。据城抗唐军,数拒说降。妻至城下劝降,被其射死。民多欲降,君素御下严,无人敢言。及城内知炀帝死,又乏粮,乃杀君素出降。

③桀犬吠尧:桀相传是夏代的暴君,尧是传说中远古时代的圣君。"桀犬吠尧"谓桀的狗向着尧乱叫。比喻坏人的爪牙攻击好人。也谓各为其主。语出汉邹阳《狱中上书自明》:"今人主诚能去骄傲之心,怀可报之意,披心腹,见情素,堕肝胆,施德厚,终与之穷达,无爱于士,则桀之狗可使吠尧,而蹠之客可使刺由。"

〔译文〕

贞观十二年(638),太宗巡幸蒲州,下诏说:"隋朝已故鹰击郎将尧君素,以往在大业年间,受任于河东,恪守忠义,尽忠臣节。虽然各为其主,确实违背了反戈一击的原则,但是疾风之中方见劲草,表现了在乱世不改意志的高尚情操。如今来到这个地方,回忆往事,应该赐给崇遇,用以表示勉励。可追封他为蒲州刺史,寻访调查一下他子孙的情况报上来。"

论孝友第十五

〔题解〕

侍奉父母孝顺、对待兄弟友爱,这是封建时代家庭伦理的重要内容之一，而这种家庭伦理的最终导向仍然是政治伦理，所以忠、孝历来被视为封建道德伦理中最高的标准。在“家国同构”的传统社会里，“求忠臣必于孝子之门”，一直被历代统治者所遵照奉行。此篇中，太宗大肆嘉奖房玄龄孝事继母、虞世南友悌其兄世基、韩王李元嘉为母发丧哀毁过礼、霍王李元轨为高祖毁瘠过礼及突厥人史行昌舍肉奉母等孝顺友悌行为，其终极目的就在于维护封建秩序，巩固封建统治。《论孝友》篇凡5章，注译选4章。

司空房玄龄事继母，能以色养[1]，恭谨过人。其母病，请医人至门，必迎拜垂泣。及居丧，尤甚柴毁[2]。太宗命散骑常侍刘洎就加宽譬[3]，遗寝床、粥食、盐菜。

〔注释〕

①色养：语出《论语·为政》：“子游问孝。子曰：‘今之孝者，是谓能养。’……子夏问孝。子曰：‘色难。’”朱熹集注：“色难，谓事亲之际，惟色为难也。”后因称人子和颜悦色奉养父母或承顺父母颜色为“色养”。

②柴毁：面容憔悴、骨瘦如柴的样子。

③宽譬：宽慰劝解。

〔译文〕

司空房玄龄侍奉继母，能顺承继母的脸色，恭敬谦谨超过一般人。继母生病时，他每次请大夫上门，总会流泪迎拜大夫。等到了居丧期间，房玄龄更是悲伤过度，骨瘦如柴。太宗叫散骑常侍刘洎前往安慰劝解，并送去寝床、粥食和盐菜。

虞世南，初仕隋，历起居舍人①。宇文化及弑逆之际②，其兄世基时为内史侍郎③，将被诛，世南抱持号泣，请以身代死，化及竟不纳。世南自此哀毁骨立者数载，时人称重焉。

〔注释〕

①起居舍人：官名。隋炀帝大业三年(607)内史省始置，员二人，从六品。唐初沿置，太宗贞观二年(628)省，而于门下省置起居郎二人。高宗显庆二年(657)复于中书省置二人，与起居郎同掌起居注，记录皇帝言行以备修史，皆为从六品上。龙朔二年(662)改称右史，咸亨元年(670)复旧名。宋初为六品寄禄官，不领本职。神宗熙宁二年(1069)始命别官兼之，称修起居注，掌修注之事。元丰五年(1082)改置起居郎、起居舍人，并为从六品，掌记皇帝言行。皇帝御正殿则俟于门庑外，便殿则侍立，行幸则从，大朝会则对立于殿下螭首之侧。凡朝廷命令、赦宥，执政官以下进对，文臣御史、武臣刺史以上除拜，祭祀燕飨临幸引见之事，日月星辰风云气候之兆，郡县祥瑞之符，孝悌之行，户口增减，皆书之以授著作官。辽朝亦置，隶起居舍人院。

②宇文化及(？—619)：隋代郡武川(今属内蒙古)人，宇文述子。性奸险，不循法度。炀帝为太子时领千牛卫，累迁至太子仆。炀帝即位后，恃旧恩，贪冒特甚。授右屯卫将军。大业十四年从驾江都，以北方乱，禁卫军将司马德勘等推化及为首叛。化及杀炀帝，立秦王杨浩为帝，自为大丞相，率军向洛阳。与李密战不利，杀浩自立，国号许。北走聊城，为窦建德所败，被杀。

③世基：即虞世基（？—618），字茂世，会稽余姚（今属浙江）人。博学工书法，善作诗赋。任陈为尚书左丞。入隋，初为通直郎，家贫无产业，凄切之情，见于诗草，传咏京都。炀帝时，以文学见知，位至内史侍郎。诏敕多出其手。善奉帝意，常参朝政。知帝恶言天下乱，遂抑外情不令帝知，恃宠卖官鬻爵，大受贿赂，朝野痛恨。与炀帝同时被杀。

〔译文〕

虞世南，起初在隋朝做官，历任起居舍人。当宇文化及弑杀炀帝叛逆的时候，他的哥哥虞世基任内史侍郎，将被牵连诛杀。虞世南抱着哥哥号啕痛哭，请求让自己代替哥哥去死，宇文化及最终没有同意。虞世南从此哀伤过度骨瘦如柴好几年，当时人都称赞推崇他。

韩王元嘉①，贞观初为潞州刺史。时年十五，在州闻太妃有疾②，便涕泣不食。及至京师发丧，哀毁过礼，太宗嗟其至性，屡慰勉之。元嘉闺门修整，有类寒素士大夫。与其弟鲁王灵夔甚相友爱③，兄弟集见，如布衣之礼。其修身洁己，内外如一，当代诸王莫能及者。

〔注释〕

①元嘉：即李元嘉（618—688），高祖第十一子。初封宋王，贞观十年（636）改封韩王。聚书万卷，修身谨行。历任潞州、泽州刺史，则天临朝授太尉。后见宗室被诛惧而起兵，兵败被杀。

②太妃：指韩王李元嘉之母宇文昭仪，隋左武卫大将军宇文述之女。

③灵夔(kuí):即李灵夔(?—688),高祖第十九子。贞观五年(631)封魏王,十四年(640)改鲁王。擅长音乐书法。历幽、兖都督,绛、定等州刺史。垂拱中任邢州刺史,谋起兵事泄,流振州,自缢而死。

〔译文〕

韩王李元嘉,贞观初年任潞州刺史。当时他十五岁,在潞州听说他的母亲生病,于是痛哭流涕,不能饮食。后来到京城为母发丧,哀伤悲痛超过了丧礼的礼仪。太宗称赞他至情至性,屡次安慰劝勉他。李元嘉家里非常朴素简洁,像出身贫寒的读书人一样。他和弟弟鲁王李灵夔手足情深,每次兄弟相见,都依照百姓的礼节。他这样洁身自好,内外如一,当时诸王没有人比得上。

霍王元轨[①],武德中初封为吴王,贞观七年为寿州刺史。属高祖崩[②],去职,毁瘠过礼。自后常衣布服,示有终身之戚。太宗尝问侍臣曰:"朕子弟孰贤?"侍中魏徵对曰:"臣愚暗,不尽知其能。惟吴王数与臣言,臣未尝不自失。"太宗曰:"卿以为前代谁比?"徵曰:"经学文雅,亦汉之间、平[③],至如孝行,乃古之曾、闵也[④]。"由是宠遇弥厚,因令妻徵女焉。

〔注释〕

①元轨:即李元轨(?—688),高祖第十四子,武德六年(623)初封蜀王,八年(625)改封吴王。贞观十年(636)又改封霍王。有文武才。历寿、

绛、徐、青诸州刺史,为政清简。在定州任上以智退突厥兵,深得诸帝信任与重用。垂拱末因与越王贞连谋起兵,事发流黔州,卒于途中。

②崩:君主时代称帝王死。

③间、平:指西汉河间献王刘德和东汉东平宪王刘苍,二王皆好学有德行。刘德(? —前130),景帝第三子,母栗姬。公元前155年被立为王。好古学,从民间得珍本古书,必令人照其原本摹写与之,赐以金帛奖励,将珍本留藏于王府,因此得先秦古书甚多。《周官》《尚书》《礼记》《孟子》《老子》等古籍多献集于此。山东诸儒亦多来游学。武帝时入朝,诏策所问三十余事,其对应文约指明,皆缘以儒术。因其好学明睿,谥曰献王。刘苍(? —83),光武帝子。建武十五年(39)封东平公,十七年(41)晋爵为王。少好经书,明帝时曾参与制定南北郊冠冕车服制度。明帝、章帝时备受礼遇,常谘访政事。有《光武受命中兴颂》,文辞典雅。卒后谥宪王。

④曾、闵:指孔子弟子曾参和闵损。二人皆以孝行名世。

〔译文〕

霍王李元轨,武德年间被封为吴王,贞观七年(633)任寿州刺史。高祖驾崩后,他放弃了官职,居丧期间因为哀伤过度而身体消瘦,超过了礼法的规定。从此以后常常穿粗布衣服,以此表示终身的悲戚。唐太宗曾经问身边随侍的大臣说:"我的子弟当中,谁最贤德?"魏徵回答说:"臣愚钝,不能完全了解他们的才能。只有吴王和臣交谈过几次,臣始终自愧弗如。"太宗说:"你认为他可以同前代的哪个人相比呢?"魏徵说:"论经通礼仪,博学文雅,他可以同汉代河间献王刘德、东平宪王刘苍相比;若论孝道,他可与古代的曾参、闵子骞相媲美。"从此,太宗对霍王更加宠爱信任,并把魏徵的女儿嫁给了他。

论公平第十六

〔题解〕

君主处理政事，贵在客观公正。房玄龄曾说："理国要道，实在于公平正直"，又引《尚书》"无偏无党，王道荡荡。无党无偏，王道平平"以及孔子"举直错诸枉，则民服"之语，意在说明公平的重要性。如果君主处事不公正，奸邪之人就会有机可乘，正直之人难免蒙受冤屈；如果君主处事公正，则人心归顺统一，久而久之，社会风气就会焕然一新。太宗在多数情况下能够做到秉公无私，主持公正，不以亲疏贵贱为据，而以礼法为度，赏不避仇，罚不避亲，表现出不徇私情的平允作风。《论公平》篇凡7章，注译选3章。

贞观元年，有上封事者，请秦府旧兵并授以武职，追入宿卫。太宗谓曰："朕以天下为家，不能私于一物，惟有才行是任，岂以新旧为差？况古人云：'兵犹火也，弗戢将自焚①。'汝之此意，非益政理。"

〔注释〕

①戢(jí)：收敛，收藏。

〔译文〕

贞观元年(627)，有人上书奏事，请求把秦府旧兵一律授予武职，补充进宫中做侍卫。太宗说："我以天下为家，不能偏私于一人，只有有才能德行的人才会任用，怎能因为新旧关系而有所分别呢？况且古人说：'兵就像火一样，不收敛就会烧到自己。'你的这个意见，对治理国家没有好处。"

贞观二年，太宗谓房玄龄等曰："朕比见隋代遗老咸称高颎善为相者①，遂观其本传，可谓公平正直，尤识治体。隋室安危，系其存没。炀帝无道，枉见诛夷，何尝不想见其人，废书钦叹②！又汉、魏已来，诸葛亮为丞相③，亦甚平直。亮尝表废廖立、李严于南中④。立闻亮卒，泣曰：'吾其左衽矣！'严闻亮卒，发病而死。故陈寿称：'亮之为政⑤，开诚心，布公道。尽忠益时者，虽仇必赏；犯法怠慢者，虽亲必罚。'卿等岂可不企慕及之？朕今每慕前代帝王之善者，卿等亦可慕宰相之贤者。若如是，则荣名高位，可以长守。"玄龄对曰："臣闻理国要道，实在于公平正直，故《尚书》云：'无偏无党，王道荡荡；无党无偏，王道平平。'又孔子称：'举直错诸枉，则民服。'今圣虑所尚，诚足以极政教之源，尽至公之要，囊括区宇，化成天下。"太宗曰："此直朕之所怀，岂有与卿等言之而不行也？"

〔注释〕

①高颎(jiǒng，？—607)：字昭玄，又名敏。渤海蓨(今河北景县)人。

仕北周至开府,内史下大夫。杨坚执政,知颎懂兵法多计略,遣人致意,颎欣然入相府,为司录。参与机密。自请监军攻尉迟迥,事平,进位柱国。隋初为尚书左仆射、纳言、左卫大将军。荐苏威、杨素、韩擒虎、贺若弼等。进平陈方略,推行输籍法。为相近二十年,时人以为隋初之治,功多在颎。文帝末坐王世积事,免官爵。炀帝初,起为太常卿。大业三年,以数言炀帝过失,被杀害。

②钦叹:嗟叹。

③诸葛亮(181—234):字孔明,琅琊阳都(今山东沂南)人。幼随叔父至荆州,隐居邓县隆中,自比管仲、乐毅,人称“卧龙”。建安十二年(207),向刘备提出夺取荆、益二州,联合孙权,北抗曹操的战略方针,被采纳。后协助刘备联合孙吴取得赤壁之战的胜利,进占荆、益二州和汉中地区,建立蜀汉政权,是刘备的主要谋士。刘备称帝后,拜丞相,蜀后主时期又领益州牧,主持全部政务。当政期间,赏罚分明,推行屯田,改善和西南各族关系,并五次出兵北伐,争夺中原。建兴十二年(234),病卒于北伐军中。谥忠武侯。有《诸葛亮集》二十四篇。

④廖立:字公渊,武陵临沅(今湖南常德)人。初为刘备荆州从事,后历任长沙太守、巴郡太守、侍中、长水校尉。自以怀才不遇,议论时政,多有怨谤,被诸葛亮废为庶民,移徙汶山郡。李严:后名平,字正方,南阳(今属河南)人。初为郡吏,刘璋时任成都令。后归降刘备,任犍为太守、尚书令。备临死,与诸葛亮同受遗诏辅政。后亮出师祁山,他主掌后勤,因失职免官。

⑤陈寿(233—297):字承祚,西晋巴西安汉(今四川南充)人。少好学,师事谯周。仕蜀为观阁令史,以不附宦官黄皓被黜。蜀亡入晋,司空张华爱其才,举孝廉,除佐著作郎。出补阳平令。除著作郎,领本郡中正,官终御史治书。有良史才,撰《三国志》。夏侯湛见之,便坏已所著《魏书》。另有《古国志》《益都耆旧传》等。还编有《诸葛亮集》。

〔译文〕

贞观二年(628),太宗对房玄龄等人说:“我近来见到隋代的旧臣遗老,他们都称赞高颎是善于做宰相的人,于是我就去翻阅他的本传,他可说得上是公平正直的人,尤其懂得治理国家的道理。隋王室的安危,跟他的生死关系密切。隋炀帝昏庸无道,他无罪而被诛杀,我何尝不想见到这个人,于是放下书卷唏嘘嗟叹!又汉、魏以来,诸葛亮做丞相,也非常公平正直。他曾经上表把廖立、李严罢官放逐到南中。后来廖立听到诸葛亮逝世,哭着说:‘我们大概要亡国了!’李严听到诸葛亮逝世,哀伤竟致生病而死。所以陈寿说:‘诸葛亮执政,以诚相见,开诚布公。凡是忠心为国的,即使是仇人也一定奖赏;对违犯法纪玩忽职守的人,即使是亲近的人也必须惩罚。’你们难道不仰慕学习他们吗?我如今常仰慕前代那些贤德的帝王,你们也要仰慕那些贤德的宰相。如果能这样做,那么荣耀的名声和高贵的地位,就可以长久保持了。”房玄龄回答道:“臣听说治理国家的关键,在于公平正直,所以《尚书》说:‘不结党营私,王道就浩浩荡荡;不结党营私,王道就平平坦坦。’此外,孔子还说:‘举用正直的人而废弃邪恶的人,百姓就心服归顺。’如今圣上所考虑和倡导的,确实能够拿来穷尽政教的根本,极尽至公的要义,可以用来囊括宇内,教化天下。”太宗说:“这正是我所想的,怎能只对你们说说而不去实行呢?”

贞观初,太宗谓侍臣曰:“朕今孜孜求士[①],欲专心政道,闻有好人,则抽擢驱使[2]。而议者多称'彼者皆宰臣亲故'。但公等至公行事,勿避此言,便为形迹。古人'内举不避亲,外举不避仇',而为举得其真贤故也。但能举用得才,虽是子弟及有仇嫌,不得不举。"

〔注释〕

①孜孜(zī):急切,恳切,一再。

②抽擢:拔擢,提拔。

〔译文〕

贞观初年,太宗对他身边的侍从大臣说:"我现在勤勉不懈地寻找贤才,打算专心致力于治理国家的策略,听说哪里有贤能的人才,就提拔任用。但议论的人总是说'那些被提拔的人都是宰相重臣的亲戚、故旧'。你们只要公正地办事,不要忌讳这些议论,行事不必受拘束。古人'推举人才对内不回避亲戚,对外不回避仇人',是为了推荐那些真正的贤才的缘故。只要能举荐得到人才,即使是自己的子弟或仇人,也不能不推举。"

论诚信第十七

〔题解〕

诚信是处理人与人之间关系最重要的一个准则,无信不立,平民百姓之间要讲诚信,君臣之间更需要诚信。如果君臣互相猜忌，就难以齐心协力处理国家大事。魏徵就把“诚信”看成治理国家政务的大纲，认为“上不信则无以使下，下不信则无以事上”“不信之言，无诚之令，为上则败德，为下则危身”。太宗以史为鉴，待人以诚，任人不疑，贞观群臣竭尽忠诚，知无不言，名垂青史的“贞观盛世”其实就是建立在这份君臣互相信任的基础之上。《论诚信》篇凡 5 章，注译选 3 章。

贞观初，有上书请去佞臣者①。太宗谓曰：“朕之所任，皆以为贤，卿知佞者谁耶？”对曰：“臣居草泽②，不的知佞者③。请陛下佯怒以试群臣，若能不畏雷霆，直言进谏，则是正人，顺情阿旨，则是佞人。”太宗谓封德彝曰④：“流水清浊，在其源也。君者政源，人庶犹水，君自为诈，欲臣下行直，是犹源浊而望水清，理不可得。朕常以魏武帝多诡诈，深鄙其为人。如此，岂可堪为教令？”谓上书人曰：“朕欲使大信行于天下，不欲以诈道训俗，卿言虽善，朕所不取也。”

〔注释〕

①佞（nìng）臣：奸邪谄上之臣。

②草泽：草野，民间。

③的知：确实了解。

④封德彝（568—627）：唐观州蓨（今河北景县）人，名伦，以字行。隋文帝开皇末为杨素所赏，妻以从妹，擢内史舍人。炀帝时阴为虞世基裁画吏事。宇文化及乱，使德彝数帝罪。化及死，遂归唐。以秘策干高祖，更

拜内史舍人。封赵国公,徙密国。太宗时累拜尚书右仆射。卒谥明,改谥缪。

〔译文〕

贞观初年,有人上书请求斥退佞邪的小人。太宗对上书的人说:“我任用的人,都认为他是贤臣,你知道佞臣是谁吗?”那人回答说:“我住在民间,确实不了解谁是佞臣。请陛下假装发怒,来试一试身边的大臣们,如果不怕雷霆之怒,敢于直言进谏,那就是正直的人;如果一味依顺陛下的情绪,不分曲直地迎合皇上的旨意,那就是佞邪的人。”太宗对封德彝说:“流水的清浊,关键在于源头。君主是施政的源头,臣民就好比流水,君主自己先欺诈妄为,却要臣下行为正直,那就好比是水源浑浊而希望流水清澈,这在道理上是讲不通的。我常常认为魏武帝曹操言行多诡诈,所以很看不起他的为人。如果让我也这么做,还怎么可以去教化命令百姓?”于是,太宗对上书的人说:“我想让最广泛的诚信行于天下,不想用诈伪的方法引导风俗,你的话虽然很好,但我不能采纳。”

太宗尝谓长孙无忌等曰:“朕即位之初,有上书者非一,或言人主必须威权独运,不得委任群下;或欲耀兵振武[①],慑服四夷。惟有魏徵劝朕‘偃革兴文[②],布德施惠,中国既安,远人自服’。朕从其语,天下大宁,绝域君长,皆来朝贡,九夷重译[③],相望于道。凡此等事,皆魏徵之力也。朕之任用,岂不得人?”徵拜谢曰:“陛下圣德自天，留心政术。臣以庸短，承受不暇，岂有益于圣明？”

〔注释〕

①耀兵振武：炫耀兵威，显扬武力。

②偃革：指停止战争。

③九夷：古代称东夷有九种。《后汉书·东夷列传》：“夷有九种，曰畎夷、于夷、方夷、黄夷、白夷、赤夷、玄夷、风夷、阳夷。”此泛称四境少数民族。

〔译文〕

太宗曾对长孙无忌等大臣说：“我刚刚即位的时候，有许多人上书言事，有的说君主必须独揽大权，不要委任给臣下；有的建议炫耀兵威，显扬武力，以使四方少数民族威慑臣服。只有魏徵劝我‘停止战争，振兴文教，广施道德仁义，中国安定了，远方异族自然会臣服’。我听从了他的建议，天下赢得了太平大治，边远地区异族的首领都前来朝贡，九夷之人通过辗转翻译前来京师，络绎不绝。这一切都得力于魏徵。我对魏徵的任命使用，难道不是很得当吗？”魏徵拜谢说：“陛下天生圣德，用心治国的方法。我平庸短见，承受圣意尚且力不从心，哪里谈得上对您有这么大的帮助呢？”

贞观十七年，太宗谓侍臣曰：“《传》称‘去食存信’，孔子曰‘人无信不立’。昔项羽既入咸阳[①]，已制天下，向能力行仁信，谁夺耶？”房玄龄对曰：“仁、义、礼、智、信，谓之五常，废一不可。能勤行之，甚有裨益。殷纣狎侮五常[2]，武王伐之，项氏以无仁、信为汉高祖所夺[3]，诚如圣旨。”

〔注释〕

①项羽（前232—前202）：名籍。秦朝下相（今江苏宿迁）人。出身战国时楚国贵族。初与其叔避仇隐居吴中，前209年，从叔父项梁在吴起义，渡江西进击秦。项梁死后，继续率其起义军战斗。秦将章邯围赵，楚怀王任宋义为上将军，任他为次将率兵救赵，军至安阳，宋义观望逗留，他杀宋义，率军渡漳水北进，在钜鹿摧毁秦军主力。秦亡后，自立为西楚霸王，并分封十八诸侯王。后与刘邦争夺统治权，双方进行了长达四年的战争，最后在垓下被刘邦打败，突围至乌江自杀。

②狎（xiá）侮：轻慢侮弄。

③汉高祖：即刘邦（前256—前195），字季，沛人。秦末为泗水亭长。秦二世元年（前209）陈胜起义，邦起兵响应，称沛公。初属项梁，与项羽所部并为反秦主力。汉王元年（前206），攻占咸阳，秦王子婴降，约法三章，除秦苛法。项羽入关，大封诸侯王，邦为汉王。不久与项羽战，汉王五年（前202）战胜项羽，即皇帝位，建立汉朝。汉承秦制，中央集权。先后讨灭韩信、彭越、英布等异姓诸侯王，迁豪强于关中。重本抑末，发展农业而抑制商贾。以秦律为依据，制定汉律九章。在位八年。

〔译文〕

贞观十七年（643），太宗对他身边的侍从大臣说：“经传上讲‘宁可不要粮食，也要保持诚信’，孔子说‘没有诚信就无法安身立命’。从前，楚霸王项羽攻入咸阳，已经控制了天下，如果他能够努力推行仁信，那么谁能和他争夺天下呢？”房玄龄回答说：“仁、义、礼、智、信，称为五常，废弃任何一项都不行。如果能够认真推行这五常，对国家是大有益处的。殷纣王轻慢侮弄五常，周武王就讨伐他，项羽因为没有仁德诚信，被汉高祖夺了天下，确实像陛下所讲的那样。”

卷　六

论俭约第十八

〔题解〕

晚唐著名诗人李商隐《咏史诗》有云："历览前贤国与家，成由勤俭破由奢。"李商隐的这种认识，可以说是贞观君臣的集体认识。隋炀帝的豪奢骄纵，贞观君臣大部分人都是亲眼所见；而盛极一时的隋王朝顷刻间土崩瓦解，贞观君臣大部分人又都是亲身经历。这样惨痛的历史教训给他们留下了极其深刻的记忆。因此，太宗把奢侈纵欲视为王朝败亡的重要原因，在位期间一直厉行俭约，不务奢华，"自王公以下，第宅、车服、婚嫁、丧葬，准品秩。不合服用者，宜一切禁断"，因此国家风俗简朴，衣无锦绣，财帛富饶，无饥寒之弊。《论俭约》篇凡 4 章，译注选 3 章。

贞观元年，太宗谓侍臣曰："自古帝王凡有兴造，必须贵顺物情①。昔大禹凿九山②，通九江，用人力极广，而无怨讟者，物情所欲，共众所有故也。秦始皇营建宫室而人多谤议者，为徇其私欲，不与众共故也。朕今欲造一殿，材木已具，远想秦皇之事，遂不复作也。古人云：'不作无益害有益。''不见可欲，使人心不乱。'固知见可欲，其心必乱矣。至如雕镂器物，珠玉服玩，若恣其骄奢，则危亡之期可立待也。自王公以下，第宅、车服、婚娶、丧葬，准品秩[3]。不合服用者，宜一切禁断。"由是二十年间，风俗简朴，衣无锦绣，财帛富饶，无饥寒之弊。

〔注释〕

①物情：众情，民心。

②大禹：或作夏禹，夏代开国国君。姒姓，名文命，鲧子。鲧治水无功，舜命禹为司空继续治水。禹亲历各地疏通江、河，平洪水，理山川，别土地等级，制定贡赋。相传舜选禹为继任人。舜卒，得各部族拥戴为天子。传说曾铸象征国家神器之九鼎。又传禹年百岁，卒于会稽。今绍兴有禹陵。

③品秩：官品与俸秩。

〔译文〕

贞观元年(627)，太宗对他身边的侍从大臣说："自古以来帝王凡是有兴造土木的大事，必须重视顺应民心。当初大禹开凿九山，疏浚九江，耗费人力非常多，却没有人痛恨抱怨，是因为老百姓希望这样做，他集中了老百姓的心愿。秦始皇营建宫室，人们常常指责批评，是因为他为满足其私欲，不和民心一致的缘故。我现在想造一座宫殿,材木工具已经准备就绪,但远想秦始皇的事,就不再兴建了。古人曾说:'不做没有益处的事去侵害干扰有益的事。''不谋求满足私欲,使人心不混乱。'所以可知表现出谋求私欲的愿望,民心一定会混乱。就像精雕细刻的器物,珠宝美玉服饰珍玩,如果放纵骄奢享受它们,那么灭亡的时刻会立即到来。自王公以下,住宅、车服、婚娶、丧葬,凡是与其官品与俸秩不相称的,应一切都禁止。"从此二十年间,风俗简朴,衣服朴素,财产富饶,没有发生饥寒的祸害。

贞观二年,公卿奏曰:"依《礼》,季夏之月,可以居台榭①。今夏暑未退,秋霖方始②,宫中卑湿,请营一阁以居之。"太宗曰:"朕有气病,岂宜下湿?若遂来请,糜费良多③。昔汉文将起露台④,而惜十家之产,朕德不逮于汉帝,而所费过之,岂谓为人父母之道也?"固请至于再三,竟不许。

〔注释〕

①"依《礼》"三句:《礼记·月令》载,仲夏之月,毋用火南方,可以居高明,可以远眺望,可以升山陵,可以处台榭。季夏,夏季的最后一个月,农历六月。台榭,孔颖达疏《书》引李巡曰:"台,积土为之,所以观望也。台上有屋谓之榭。"

②秋霖:即秋雨。

③糜费:同"靡费"。耗费过度。

④露台:露天台榭。《史记·孝文本纪》:"即位二十三年,宫室苑囿狗

马服御无所增益，有不便，辄弛以利民。尝欲作露台，召匠计之，直百金。上曰：'百金，中民十家之产，吾奉先帝宫室，常恐羞之，何以台为！'"后遂以"露台"为帝王节俭之典。

〔译文〕

贞观二年(628)，公卿大臣们上奏说："按照《礼》，夏季的最后一个月，适合居住在高台上建成的楼榭中。现在夏天的暑气没有退却，秋季的连绵大雨刚刚开始，皇宫里低洼潮湿，所以请求陛下修建一座楼阁来居住。"太宗说："我有气息不顺的疾病，哪里适宜居住在低洼潮湿的地方呢？但是如果同意了你们的请求，浪费人力物力实在太多。以前汉文帝想修建露天台榭，因为怜惜相当于数十户百姓人家财产的费用而放弃，我的德行赶不上汉文帝，而耗费的财物却超过了他，难道这是为民父母的道理吗？"公卿再三上书，太宗始终没有答应。

贞观十六年，太宗谓侍臣曰："朕近读《刘聪传》①，聪将为刘后起鹍仪殿②，廷尉陈元达切谏③，聪大怒，命斩之。刘后手疏启请，辞情甚切，聪怒乃解，而甚愧之。人之读书，欲广闻见以自益耳。朕见此事，可以为深诫。比者欲造一小殿，仍构重阁，今于蓝田采木④，并已备具。远想聪事，斯作遂止。"

〔注释〕

①刘聪(？—318)：十六国时期汉国国君，310—318年在位。匈奴族，

一名载,字玄明,刘渊第四子。晋怀帝永嘉四年(310)刘渊死后,杀兄刘和夺位。在位时骄奢淫暴,杀戮无已,穷兵黩武,沉湎酒色。

②鵍(huáng):同“凰”字。

③廷尉:官名,西汉时也称大理,掌审判。属官有正和左、右二监。宣帝地节三年(前67)初置左右平。王莽改廷尉曰作士。东汉时廷尉卿俸中二千石,仍掌审判。凡郡国谳疑罪,皆处当以报。属官有正和左监各一人。又有左平一人,掌平诏狱。魏、晋、南朝沿置,属官有正、监、平、律博士各一人。南朝又置建康三官,分掌刑法审判,职权比汉小。南朝梁、陈称廷尉卿,北魏沿置而又增设少卿,为副。北齐初沿置,后改称大理。陈元达:字长宏,匈奴后部人。刘渊称汉王都离石,为黄门郎。刘聪时,为御史大夫。为官清廉忠简,屡进谏言。刘聪后期,朝政紊乱,元达忧虑而死。

④蓝田:县名。在陕西渭河平原南缘,秦岭北麓,渭河支流灞河上游。

〔译文〕

贞观十六年(642),太宗对他身边的侍从大臣说:“我近来读《刘聪传》,刘聪准备给刘皇后建造鵍仪殿,廷尉陈元达恳切劝谏,刘聪听后大怒,命令把陈元达斩首。刘皇后亲手写了奏疏请求赦免,在文辞和情理上十分恳切,刘聪的怒气这才消除,而且感到很惭愧。人们读书,都是为了增长见识使自己获得好处,我看这件事,可以作为深刻的鉴戒。近来我想营建一座小宫殿,并加造层楼,现在从蓝田采办的木料,都已齐备。但遥想起刘聪这件事,我就把这项营建工程停止了。”

论谦让第十九

〔题解〕

谦让是一种美德，是儒家修身处世伦理的重要方面，无论是历史上还是现实中，成为谦谦君子都是中国人最崇高的修身理想。为人谦逊礼让，才能提升自身的品德，得到他人的尊重。但是此篇所述，显然并不是指士庶百姓间的谦让，而是指君主及王公贵族。这些人位高权重，难免存有骄矜自傲之情，这些人仍能保持谦恭礼让，确实难能可贵。本篇所列太宗、河间郡王李孝恭、江夏王李道宗等人的言行事迹，堪为后世楷模。《论谦让》篇凡3章，注译选2章。

贞观三年，太宗问给事中孔颖达曰："《论语》云：'以能问于不能，以多问于寡，有若无，实若虚[①]。'何谓也？"颖达对曰："圣人设教，欲人谦光[②]，己虽有能，不自矜大，仍就不能之人，求访能事。己之才艺虽多，犹以为少，仍就寡少之人更求所益。己之虽有，其状若无，己之虽实，其容若虚。非惟匹庶[③]，帝王之德，亦当如此。夫帝王内蕴神明，外须玄默[④]，使深不可测，远不可知。故《易》称'以蒙养正，以明夷莅众[⑤]'，若其位居尊极，炫耀聪明，以才陵人，饰非拒谏，则上下情隔，君臣道乖。自古灭亡，莫不由此也。”太宗曰：“《易》云：‘劳谦，君子有终，吉⑥。’诚如卿所说。”诏赐物二百段。

〔注释〕

①“以能”四句：语出《论语·泰伯》。意思是有才能的人向无才能的人请教，知识丰富却向知识少的人请教，有学问却像没有学问的人一样，满腹知识却像空无所有的人一样。

②谦光：谓尊者谦虚而显示其光明美德。语本《周易·谦》卦。

③匹庶：平民百姓。

④玄默：沉静不语。

⑤“《易》称”二句：语本《周易》，前句本《蒙》卦象辞：“蒙以养正。”孔颖达疏：“能以蒙昧隐默，以养正道，乃成至圣之功。”意思是要以蒙昧自居，自己修养。后句本《明夷》卦象辞：“明入地中，明夷，君子以莅众，用晦而明。”意思是要隐藏明智去治理百姓。

⑥“劳谦”三句：语本《周易·谦》卦九三爻辞。意思是君子谦让，而且有始有终，吉利。

〔译文〕

贞观三年（629），太宗问给事中孔颖达：“《论语》里讲：‘有才能的人向无才能的人请教，知识丰富却向知识少的人请教，有学问却像没有学问的人一样，满腹知识却像空无所有的人一样。’这句话是什么意思呢？”孔颖达回答说：“圣人实行教化，希望尊者谦逊退让而更显其光明美德。自己虽然有才能，也不骄傲自大，仍旧向没才能的人请教他不知道的事情。自己虽然多才多艺，可还是害怕懂得太少，仍向才艺不如自己的人讨教，以求得更多的才艺。自己虽然有知识，但表现出来像没有知识一样；自己内心虽然已经很充实，表面上却显得虚怀若谷。不仅庶民百姓要这样，帝王的德行也应当如此。帝王内心蕴藏通神智慧，但外表仍须保持沉默，使人感到高深莫测。所以《周易》上讲‘要表现得蒙昧无知来自养正道’‘隐藏明智去治理百姓’。如果帝王身居至尊之位，炫耀自己的聪明，凭借才能欺凌别人，掩饰过错，拒绝诤谏，那么上下之间的情感就会被隔断，君臣之间的原则就会背离。自古以来国家灭亡，没有一个不是由此而造成的。”太宗说：“《周易》上讲：‘君子谦让，而且有始有终，吉利。’确实像你所说的那样。”下诏赏赐给孔颖达绢帛二百段。

河间王孝恭①，武德初封为赵郡王，累授东南道行台尚书左仆射。孝恭既讨平萧铣、辅公祏②，遂领江、淮及岭南，皆统摄之。专制一方，威名甚盛，累迁礼部尚书。孝恭性惟退让，无骄矜自伐之色。时有特进江夏王道宗③，尤以将略驰名，兼好学，敬慕贤士，动修礼让。太宗并加亲待。诸宗室中，惟孝恭、道宗，莫与为比，一代宗英云。

〔注释〕

①孝恭：即李孝恭（591—640），高祖从父兄子，襄武王李琛弟。武德初任山南道招抚大使，招降巴蜀三十余州。又率军击降萧铣，于荆州开置屯田，创立铜冶。武德六年（623）招附岭南四十九州。次年统军镇压辅公祏（shí）起义，任扬州大都督。贞观初迁礼部尚书，封河间郡王。

②萧铣(xiǎn,583—621):隋末唐初人,原籍南兰陵(今江苏常州)。萧岩孙。隋末任罗川令。大业十三年(617),岳州校尉董景珍等聚众反隋,他被推为主,以复梁室号召,五日内得数万人。乃自称梁王,年号凤鸣。次年称帝,迁都江陵。割据长江中游一带,兵至四十万。后兵败降唐,被杀于长安。辅公祏(shí,?—624):齐州临济(今山东章丘)人。隋末从杜伏威起义,转战淮南。后伏威自称总管,他任长史。伏威降唐,被夺去兵权,任淮南道行台左仆射。伏威被唐留居长安次年,他于丹阳起兵反唐,称帝置官,国号宋。武德七年(624)兵败被俘杀。

③道宗:即李道宗(600—653),字承范,唐高祖李渊的堂侄。累封至江夏王。从太宗讨刘武周、王世充,征窦建德,多立战功。后任灵州总管,屡败突厥。贞观时副李靖攻突厥,俘颉利可汗。十五年(641)送文成公主入吐蕃。从太宗为前锋攻高丽。历官晋州刺史,礼部、吏部尚书。永徽初为长孙无忌所诬,流象州途中病卒。

〔译文〕

河间王李孝恭,武德初年被封为赵郡王,一直升到东南道行台尚书左仆射。他平定了萧铣、辅公祏以后,长江、淮河以及岭南地区都在他的统领之内。他独自控制一方,威名远扬,不久迁任礼部尚书。可是李孝恭性格谦逊忍让,没有一丝一毫骄傲自大的习气。当时还有特进江夏王李道宗,以统兵打仗闻名天下,同时他又虚心好学,礼贤下士,常常修行礼让。太宗对他二人很器重。在大唐宗室中,只有李孝恭、李道宗,无人可比,是一代皇族中的英杰人物。

论仁恻第二十

〔题解〕

《论仁恻》篇记述了太宗怜恤百姓、将士的一些生动事例。仁恻意为仁爱怜悯，孟子曾对仁、恻的关系有一个经典的论述："恻隐之心，仁之端也。"孟子将同情心、怜悯心视为仁的发端，并且认为"恻隐之心，人皆有之""无恻隐之心，非人也"。在封建时代，国君掌握着臣子的生杀予夺大权，尤其需要具有仁慈的胸怀。国君宽厚仁爱，才能体恤百姓疾苦，施行仁政。太宗遣送后宫三千宫女，出资赎买大旱时被出卖的男女，不避辰日哀悼襄州都督张公谨，亲到御州城门楼抚慰兵士等等，都表现出了宽厚仁慈的恻隐之心，客观上也起到了收揽人心、巩固统治的巨大作用。凡4章，注译选3章。

贞观初，太宗谓侍臣曰："妇人幽闭深宫，情实可愍[①]。隋氏末年，求采无已，至于离宫别馆，非幸御之所，多聚宫人，此皆竭人财力，朕所不取。且洒扫之余，更何所用？今将出之，任求伉俪[②]，非独以省费，兼以息人，亦各得遂其性。"于是后宫及掖庭[③]，前后所出三千余人。

〔注释〕

①愍(mǐn)：哀怜，可怜。

②伉俪(kànglì):指夫妇、配偶。

③掖庭:亦作“掖廷”。宫中的旁舍,妃嫔居住的地方。

〔译文〕

贞观初年,太宗对他身边的侍从大臣说:“妇女幽居在深宫里,情况实在很可怜。隋朝末年,无休止地去征选宫女,以至于皇帝临时居住的离宫别馆,甚至不是皇帝驾临的处所,也聚集了许多宫女。这都是耗竭百姓财力的行为,我不采取这种做法。况且,这些妇女除了打扫宫室之外,还有什么用处呢?现在我准备放她们出去,任凭她们选择配偶,这样不仅可以节省费用,还可以平息宫女的怨恨,也使她们各自满足心愿。”于是从后宫和掖庭先后放出宫女三千多人。

贞观七年,襄州都督张公谨卒[①],太宗闻而嗟悼,出次发哀。有司奏言:“准《阴阳书》[②],‘日子在辰,不可哭泣。’此亦流俗所忌。”太宗曰:“君臣之义,同于父子,情发于衷,安避辰日?”遂哭之。

〔注释〕

①张公谨(594—632):字弘慎,魏州繁水(今山东恒台)人。初属王世充。武德元年(618)举洧州降唐。参与发动玄武门之变,以功授左武候将军。副李靖破定襄,败突厥。前后多次上书建言时政得失,均被采纳。卒于襄州都督任上。谥襄。图像凌烟阁。

②《阴阳书》:本指战国时邹衍、邹奭等所作阴阳律历之书。后多指择

日、占卜、星相等书。

〔译文〕

贞观七年(633),襄州都督张公谨去世,太宗听说后悲叹哀伤,并出宫城为他发丧。有关部门上书说:“根据《阴阳书》,‘辰日这一天,不可以哭泣。’这也是民间所避讳的。”太宗说:“君臣之间的情义,像父子一样,悲伤之情发自内心,怎么能够避讳辰日呢?”于是前往吊唁痛哭不已。

贞观十九年,太宗征高丽,次定州①。有兵士到者,帝御州城北门楼抚慰之。有从卒一人病,不能进,诏至床前,问其所苦,仍敕州县医疗之。是以将士莫不欣然愿从。及大军回次柳城②,诏集前后战亡人骸骨,设太牢致祭,亲临哭之尽哀,军人无不洒泣。兵士观祭者,归家言其父母,父母曰:“吾儿之丧,天子哭之,死无所恨。”太宗征辽东,攻白岩城③,右卫大将军李思摩为流矢所中④,帝亲为吮血,将士莫不感励。

〔注释〕

①定州:北魏天兴三年(400)改安州置,治所在卢奴县(北齐改名安喜县,今河北定州)。辖境相当今河北满城以南,安国、饶阳以西,井陉及藁城、辛集二市以北地区。其后渐小。隋大业三年(607)改为博陵郡,九年(613)又改为高阳郡。唐武德四年(621)复为定州,天宝初改为博陵郡,乾元初复为定州。

②柳城:西汉置,治今辽宁朝阳南。为辽西郡西部都尉治所。东汉废。十六国前燕复置。北魏太平真君八年(447)并入龙城县。隋开皇初改龙城县为龙山县,十八年(598)改名柳城县。治今辽宁朝阳。辽重熙十年(1041)改名兴中县。隋、唐、五代时曾为营州、辽西郡、柳城郡治所。

③白岩城:在今辽宁辽阳东北。唐贞观十九年(645)在此置岩州,次年州废。

④李思摩:唐突厥颉利族人。其父咄六设。性开敏,善占对。高祖时封和顺郡王。太宗嘉其忠,授右武卫大将军、化州都督,封怀化郡王。从伐辽,中流矢,太宗为吮血。卒赠兵部尚书。

〔译文〕

贞观十九年(645),太宗征伐高丽,驻扎在定州。只要有士兵赶到,太宗都要亲临定州北门城楼上进行安抚慰问。有一个士兵生病不能继续前进,太宗将其招呼到自己的行军胡床前,询问他的病痛,并命令当地州县医生为他治疗。所以不管将军还是士兵都愿意随驾出征。等到大军回师驻扎在柳城时,太宗下诏令收集阵亡将士的遗骨,设牛、羊、猪太牢进行隆重祭奠,他还亲自前去祭拜,哀悼痛哭,在场将士无不流泪哭泣。观看祭祀的士兵回到家乡,把这些情形告诉给死难者的父母,他们的父母说:"我的儿子战死,天子为他哭丧致哀,真是死而无憾啊。"太宗征战辽东时,攻打白岩城,右卫大将军李思摩被乱箭射中,太宗亲自为他吸血,将士们无不受到感动和激励。

慎所好第二十一

〔题解〕

《孟子·滕文公上》有曰："上有好者，下必有甚焉者矣。"居上位的人有什么爱好，必定会在社会上形成风气，影响下面的臣子、百姓。因此，做国君的人，对自己的爱好务必谨慎。太宗作为一代圣主，他对秦始皇派人入海求仙药、汉武帝为求神仙将女儿嫁给道士、梁武帝父子一心事佛崇老等虚妄荒诞行为所带来的严重后果有着清醒而深刻的认识，批判他们所行皆是虚妄，空有其名，害人害己。而太宗所好的，是尧舜之道、周孔之教，因此唐初官吏上下同心，皆尚实务，形成了励精图治的良好吏治风气。《慎所好》篇凡4章，注译选3章。

贞观二年，太宗谓侍臣曰："神仙事本是虚妄，空有其名。秦始皇非分爱好①，为方士所诈，乃遣童男童女数千人，随其入海求仙药。方士避秦苛虐，因留不归。始皇犹海侧踟蹰以待之②，还至沙丘而死。汉武帝为求神仙③，乃将女嫁道术之人，事既无验，便行诛戮。据此二事，神仙不烦妄求也。"

〔注释〕

①秦始皇：即嬴政（前259—前210），秦庄襄王子。公元前247年即

位，委国事于相国吕不韦。公元前238年亲政，镇压嫪毐叛乱，黜免吕不韦，重用李斯等人，并灭韩、赵、魏、燕、楚、齐六国。公元前221年统一全国，建立秦朝，称始皇帝。确立至高无上皇权，实行中央集权政治制度。废除分封制，建立郡县制；统一法律、货币、度量衡与文字。毁六国城郭，修驰道、直道和五尺道。北击匈奴，修筑长城，南平百越，统一岭南。下令销毁民间兵器，迁天下富豪于咸阳，焚毁民间儒家书籍。因刑罚苛酷、赋役繁重，农民痛苦不堪，死后不久即爆发农民大起义。

②踟蹰(chíchú)：亦作"踟跦""踟躇"。徘徊不前貌，缓行貌。

③汉武帝：即刘彻(前156—前87)，景帝子。公元前141年即位。继续实行打击诸侯王强化中央集权政策，颁行"推恩令"，使诸侯王分封子弟为侯，以削弱其势力。设十三部刺史，打击地方豪强势力，加强对地方的控制。接受董仲舒"独尊儒术"的建议，以其作为巩固中央集权的工具。对商人征收资产税，将冶铁、煮盐、铸钱收归官营；实行均输平准，由政府直接经营运输和贸易。又治理黄河，兴修水利，发展农业生产。曾派张骞两次出使西域，在西南地区设置郡县，并灭南越、东瓯等割据政权，多次派卫青、霍去病率兵进击匈奴贵族，加强了封建国家的统一。由于不断用兵，赋役繁重，晚年各地曾爆发农民起义，被迫再行"与民休息"政策。

〔译文〕

贞观二年(628)，太宗对他身边的侍从大臣说："神仙事本来是荒诞虚妄的，空有其名。秦始皇却分外爱好仙术，结果被方士欺诈，竟派童男童女几千人，跟随方士入海去求仙药。方士为了逃避秦的苛政暴虐，因此留居海中不再回来。始皇却还在海边徘徊等待，结果在返回的路上病死于沙丘。汉武帝为了求得神仙，竟将女儿嫁给卖弄道术的人，后来神仙之事不灵验，就把方士杀掉。从这两件事情来看，不用花费精力去追求神仙。"

贞观四年，太宗曰："隋炀帝性好猜防，专信邪道，大忌胡人，乃至谓胡床为交床，胡瓜为黄瓜，又筑长城以避胡，终被宇文化及使令狐行达杀之[1]。又诛戮李金才[2]，及诸李殆尽，卒何所益？且君天下者，惟须正身修德而已。此外虚事，不足在怀。"

〔注释〕

①令狐行达：令狐，复姓，行达为名。当时任校尉之职。奉宇文化及之命杀炀帝。

②李金才：名浑，隋将军，与宇文述有矛盾，被诬陷灭族。

〔译文〕

贞观四年(630)，太宗说："隋炀帝生性多疑，好设防范，一味听信邪门歪道，最忌讳胡人，乃至于把胡床称作交床，把胡瓜称作黄瓜，还修筑长城防备胡人，最终被大臣宇文化及派遣令狐行达杀死。另外炀帝杀死了李金才，其他姓李的人也几乎杀尽了，最终有什么用呢？统治天下的君主，只需端正自身、修养品德就行了，除此以外那些虚妄荒诞之事，不值得放在心上。"

贞观五年，有人上注解图谶[1]。太宗曰："此诚不经之事，不能爱好。朕杖德履义，救天下苍生，蒙上天睠命[2]，为四海主，安用图谶。"命焚之。

〔注释〕

①图谶(chèn):古代方士或儒生编造的关于帝王受命征验一类的书,多为隐语、预言。始于秦,盛于东汉。

②睠(juàn)命:即"眷命",垂爱并赋予重任。

〔译文〕

贞观五年(631),有人进献了注释的图谶。太宗说:"这些都是荒诞不合常理的事情,不能爱好这个东西。我依仗仁德躬行正义,拯救天下百姓苍生,蒙受上天的垂爱并赋予重任,做了天下的君主,何必用图谶作受命征验。"下令烧掉了这些图谶。

慎言语第二十二

〔题解〕

此篇可看作上篇《慎所好》的姊妹篇。行为和言语互为表里,古人讲"听其言,观其行"即是此意。行为需要谨慎,言语同样需要慎之又慎,所谓谨言慎行是也。帝王君临天下,一言九鼎,如果出言不慎,则会让臣子迷惑,误解帝王的意思,影响施政。太宗认为,"万乘之主,不可出言有所乖失",他忧心天下百姓,"欲出一言,即思此言于百姓有利益否,所以不敢多言"。太宗例举隋炀帝幸甘泉宫,随口一句"捉取萤火,于宫中照夜","所司遽遣数千人采拾,送五百舆于宫侧"。此事固然荒谬,然而属下又不敢不做，所以诚为慎言语之鉴戒。《慎言语》篇凡3章，注译选2章。

贞观二年，太宗谓侍臣曰："朕每日坐朝，欲出一言，即思此言于百姓有利益否，所以不敢多言。"给事中兼知起居事杜正伦进曰："君举必书，言存左史①。臣职当兼修起居注②，不敢不尽愚直。陛下若一言乖于道理，则千载累于圣德，非止当今损于百姓。愿陛下慎之。"太宗大悦，赐绢百段。

〔注释〕

①左史：官名。周代史官有左史、右史之分。左史记行动，右史记言语。一曰左史记言，右史记事。唐宋曾以门下省之起居郎、中书省之起居舍人为左、右史，分别主记事与记言。

②起居注：皇帝的言行录。两汉时由宫内修撰，魏晋以后设官专修，所以也就成了专有的职官名，其职责也由专门负责记载皇帝的言行扩展到侍从皇帝。

〔译文〕

贞观二年(628)，太宗对他身边的侍从大臣说："我每天坐朝理政，想要说一句话，都要思考这句话是否对百姓有好处，所以我不敢多说话。"给事中兼起居事杜正伦进言道："君主的举动一定要记录下来，左史负责记录君主言语。臣的职务是兼修起居注，所以不敢不尽自己的愚忠秉笔直书。陛下如果有一句话违背了常理，那么，即使在千年之后都会损害陛下的圣德，而不仅仅只会对当今的百姓造成损害。希望陛下说话慎重。”太宗听后非常高兴，赏赐绢帛一百段。

贞观八年，太宗谓侍臣曰：“言语者君子之枢机①，谈何容易？凡在众庶，一言不善，则人记之，成其耻累。况是万乘之主②，不可出言有所乖失。其所亏损至大，岂同匹夫哉？朕当以此为戒。隋炀帝初幸甘泉宫③，泉石称意，而怪无萤火，敕云：‘捉取萤火，于宫中照夜。’所司遽遣数千人采拾，送五百舆于宫侧。小事尚尔，况其大事乎？”魏徵对曰：“人君居四海之尊，若有亏失，古人以为如日月之蚀，人皆见之，实如陛下所戒慎。”

〔注释〕

①枢机：枢与机。比喻事物的关键部分。

②万乘：万辆兵车。古时一车四马为一乘。周制，天子地方千里，能出兵车万乘，因以“万乘”指天子。

③甘泉宫：隋筑，在今陕西户县西南。《元和郡县图志》卷二载隋甘泉宫，“在县南二十二里，对甘泉谷，因名之”。

〔译文〕

贞观八年(634)，太宗对他身边的侍从大臣说：“言语是表现君子德行的关键，因此，讲话岂是容易的事？一般百姓，一句话说得不好，就会被别人记住，成为他的耻辱和拖累。何况是万乘之主，说话决不能出现过失。那样损害是极大的，君主岂能和普通人相比？我常以此为戒。隋炀帝初次驾幸甘泉宫的时候，对那里的山水泉石很满意，却责怪没有萤火虫，便下令说：‘捕捉一些萤火虫到宫里来，以供晚上照明用。’主管官署马上派几千人去捕捉，结果送来五百车萤火虫在甘泉宫两侧。小事尚且如此，更何况大事？”魏徵回答说：“人君位居四海之尊的高位，如有失误，古人认为如同日食和月食那样，人人都能看见。确应像陛下这样警诫慎重。”

杜谗佞第二十三

〔题解〕

国有谗佞，是祸乱的根源。谗言得逞，则忠言不行；佞人当道，则忠良蒙冤，所以自古以来，国政要想不败坏，百姓要想不遭殃，为君者一定要杜绝谗言，远离佞臣。诸葛亮《出师表》曾云：“亲贤臣，远小人，此先汉所以兴隆也；亲小人，远贤臣，此后汉所以倾颓也。”治乱之由，皆在于此。此篇详细记述了贞观君臣对谗言佞臣祸国殃民的深刻认识，太宗更是身体力行远离谗言，斥退佞臣。“丛兰欲茂，秋风败之；王者欲明，谗人蔽之”，此太宗所言；魏徵数次被佞人诬陷谋反，太宗非但不疑，反而抚慰奖赏，此太宗所行。实际上，杜谗远佞可以看作是太宗任贤纳谏的外在显现。《杜谗佞》篇凡 8 章，注译选 4 章。

贞观中，太宗谓房玄龄、杜如晦曰："朕闻自古帝王上合天心，以致太平者，皆股肱之力。朕比开直言之路者，庶知冤屈，欲闻规谏。所有上封事人①，多告讦百官②，细无可采。朕历选前王，但有君疑于臣，则下情不能上达，欲求尽忠极虑，何可得哉？而无识之人，务行谗毁，交乱君臣，殊非益国。自今以后，有上书讦人小恶者，朕当以谗人之罪罪之。"

〔注释〕

①封事：密封的奏章。古时臣下上书奏事，防有泄露，用皂囊封缄，故称。

②讦（jié）：揭发别人的隐私或攻击别人的短处。

〔译文〕

贞观中，唐太宗对房玄龄、杜如晦说："我听说，自古以来的帝王，能够上合天意，使天下获得太平，都是臣子辅佐的功劳。我近来广开言路，是希望了解到百姓的冤屈，想听到臣子的规谏。现在所有上密奏的人，大都是揭发百官的隐私或攻击别人的短处，事情琐屑，不足采纳。我一一列举前世君王，只要国君怀疑臣下，那么下面的意见就不会传达到朝廷上面，想要臣子们尽忠竭虑，怎么可能得到呢？而没有见识的小人，专事诽谤诋毁，使君臣之间互相猜忌，这对国家是非常不利的。从今以后，凡有人上书揭发别人的小过失，我就用诽谤之罪论处他。"

魏徵为秘书监，有告徵谋反者，太宗曰："魏徵，昔吾之雠，只以忠于所事，吾遂拔而用之，何乃妄生谗构①？"竟不问徵，遽斩所告者。

〔注释〕

①谗构：谗害构陷。

〔译文〕

魏徵做秘书监的时候，有人告发他谋反，太宗说："魏徵过去是我的仇人，只因为他忠于自己的职责，于是我就提拔任用他，怎么能胡乱谗害构陷？"不但没追究魏徵，反而把告发者立即斩首。

贞观十一年，长安县人霍行斌告变，言尚书右丞魏徵预事①。太宗览之，谓侍臣曰："此言太无由绪②，并不须问，行斌宜付所司理罪。"徵曰："臣蒙近侍，未以善闻，而有大逆之名，罪合万死。纵陛下曲垂矜照③，臣将何以自安？"请鞫④。寻仍顿首拜谢。太宗曰："卿累仁积行，朕所悉知。愚人相谤，岂能由己，不须致谢。"

〔注释〕

①预事：参与其事。

②由绪：来历，来由。

③曲垂：敬辞。用于称君上的颁赐，犹言俯赐；俯降。矜（jīn）照：怜悯

关照。

④鞫(jū):通"鞠",审讯。

〔译文〕

贞观十一年(637),长安县有个叫霍行斌的人报告有人谋反,并说尚书右丞魏徵参与了此事。太宗看了告发的讼词,对左右的侍卫大臣说:"这些言辞没有来由根据,并不需要去查问,行斌应该交给有关部门直接定罪。"魏徵说:"我蒙受天恩得以随侍陛下,没有什么好的名声,却有了谋逆的罪名,真是罪该万死。纵使陛下垂爱怜悯,臣自己怎么能心安?"请求拘捕审讯。过了一段时间仍然磕头谢罪。太宗说:"爱卿积累仁义德行,我全都知道。愚蠢之人的诽谤诬告,岂是我们自己所能左右,不须谢罪。"

贞观十六年,太宗谓谏议大夫褚遂良曰[①]:"卿兼知起居,比来记我行事善恶否?"遂良曰:"史官之设,君举必书。善既必书,过亦无隐。"太宗曰:"朕今勤行三事,亦望史官不书吾恶。一则鉴前代败事,以为元龟;二则进用善人,共成政道;三则斥弃群小,不听谗言。吾能守之,终不转也。"

〔注释〕

①褚遂良(596—658):杭州钱塘(今浙江杭州)人。博览文史,精于书法。隋末事薛举,归唐授秦州都督府铠曹参军。贞观中任谏议大夫,前后

进谏及上便宜书数十次，多被太宗采纳。又受太宗遗诏辅佐高宗，官至尚书右仆射。因坚决反对立则天为后，由潭州都督贬至爱州刺史时卒。

〔译文〕

贞观十六年(642)，太宗对谏议大夫褚遂良说："你兼管撰写起居注的工作，近来你们记录我所做的事情是好还是坏呢？"褚遂良说："史官的设置，君主一举一动都得记录下来。好的既然必须记，过失也一定不加隐瞒。"太宗说："我现在正在努力做三件事，也是希望史官没有我的过失可写。一是审查前代政事的成败，作为鉴戒；二是任用品德良好的人，共同治理好国家的事业；三是斥退小人，不听信谗言。这三点我会坚持下去，始终不会改变。"

论悔过第二十四

〔题解〕

人非圣贤，孰能无过？即使是帝王君主，也难免会有过失，重要的是对待过失的态度。《论语·子张》篇记载子贡曾经说过："君子之过也，如日月之食焉：过也，人皆见之；更也，人皆仰之。"明智的人面对过失，会接受别人的谏言，及时改正，这样可以将损失降到最低；愚蠢的人面对过失，则会想尽各种办法掩过饰非，这样只能酿成更大的过错。此篇中记载了太宗的懊悔之言和改过之行，虽然只是些无足轻重的小事，但是对于一个受万人敬仰的封建君主来说，确实难能可贵。《论悔过》篇凡5章，注译选3章。

贞观二年，太宗谓房玄龄曰："为人大须学问。朕往为群凶未定[①]，东西征讨，躬亲戎事[②]，不暇读书。比来四海安静，身处殿堂，不能自执书卷，使人读而听之。君臣父子，政教之道，共在书内。古人云：'不学，墙面，莅事惟烦[③]。'不徒言也。却思少小时行事，大觉非也。"

〔注释〕

①群凶：指与李唐争夺天下的各路势力。

②戎事：军事，战事。

③"不学"三句：语出《尚书·周书·周官》。意思是，不学习犹如面对墙面而无所睹见，临事就会困扰。

〔译文〕

贞观二年（628），太宗对房玄龄说："做人非常需要学问。我以往因为群凶没有平定，东征西讨，亲自带兵打仗，没有时间读书。近来四海安宁，身为君主，即使不能亲自手拿书卷阅读，也要叫人读来听。君臣父子的伦常、政治教化的种种道理，都在书里。古人说：'不学习犹如面对墙面而无所睹见，临事就会困扰。'这确实不是句空话。反思小时候的所作所为，觉得很不对。"

贞观中，太子承乾多不修法度，魏王泰尤以才能为太宗所重，特诏泰移居武德殿①。魏徵上疏谏曰："此殿在内，处所宽闲，参奉往来，实为稳近。但魏王既是陛下爱子，陛下须使常保安全，每事抑其骄奢，不处嫌疑之地。今移居此殿，使在东宫之西，海陵昔居②，时人以为不可。虽时移事异，犹恐人之多言。又王之本心，亦不宁息，既能以宠为惧，伏愿成人之美。"太宗曰："朕几不思量，大是错误。"遂遣泰归于本第。

〔注释〕

①武德殿：隋初建，为唐长安城（今陕西西安）太极宫宫殿之一。其地位仅次于三大殿。

②海陵：即太宗弟李元吉，"玄武门之变"中被诛杀，后追封为海陵郡王。

〔译文〕

贞观年间，太子李承乾常常不遵守法令制度，魏王李泰因为出众的才能深得太宗器重，特意下诏让李泰搬到武德殿居住。魏徵上书劝谏说："武德殿位于皇宫大内，所在位置宽阔僻静，往来谒见陛下，确实很稳妥近便。但是魏王既然是陛下的爱子，陛下就应当长久地保证他自身的安全，每件事都应该抑制他骄傲放纵，不要让他处在嫌疑的地方。现在您让他移居武德殿，住在太子东宫的西边，海陵王过去曾住在那里，当时的人就认为不合适。虽说时代迁移，情况变化了，仍然担心人们风言风语议论。另外魏王自己的内心，也不会平静，既然他已经认识到受到宠爱应该经常保持畏惧之心，希望陛下成全他良好的愿望。”太宗说：“我几乎没仔细考虑就这么做了，差点酿成大错。”于是就让李泰回到原来的住所居住。

贞观十七年，太宗谓侍臣曰：“人情之至痛者，莫过乎丧亲也。故孔子云：‘三年之丧，天下之通丧，自天子达于庶人也。’又曰：‘何必高宗？古之人皆然①。’近代帝王，遂行不逮。汉文以日易月之制，甚乖于礼典。朕昨见徐幹《中论·复三年丧》篇②，义理甚精审，深恨不早见此书。所行大疏略，但知自咎自责，追悔何及！”因悲泣久之。

〔注释〕

①“何必”二句：语出《论语·宪问》。高宗，即武丁，商代国君。盘庚弟小乙之子。

②徐幹（170—217）：字伟长，北海（今山东昌乐）人。曹魏时期历官司空军谋祭酒掾属、五官将文学。博学广识，有文名，是建安时期著名文学家，“建安七子”之一。其所著《中论》上下两卷，共二十篇。内容属儒家思想。提出“大义为先，物名为后”命题，反对当时“鄙儒”“矜于诂训，摘其章句，而不能统其大义之所极”，开以后玄学中“微言大义”之先声。《复三年丧》是该书中的一篇。

〔译文〕

贞观十七年（643），太宗对他身边的侍从大臣说：“人情之中最让人哀痛的，莫过于失去父母双亲了。所以孔子说：‘给父母服丧三年，是天下的通理，从天子到平民百姓莫不如此。’他又说：‘岂止是商代的高宗武丁，古代的人都是这样做的。’近代帝王实行的服丧时间不及古人。汉文帝时实行以日代月的短期服丧礼仪，这与古代礼义大相违逆。我昨天看了徐幹写的《中论·复三年丧》篇，文章的义理十分精深，非常可惜没早些看到它。我当年所行的丧礼太简单了，现在只能责备自己，后悔已经来不及了！”因此悲伤地哭泣了很久。

论奢纵第二十五

〔**题解**〕

此篇与本卷首篇《论俭约》实相表里，提倡俭约，必然反对奢纵。篇中例举了隋炀帝骄奢淫逸，终致失国；郭孝恪穷奢极欲，亡身阵前。虽然失国亡身因素很多，但是奢纵确实是祸乱之由。此篇中，以侍御史马周的长篇上疏最能明此篇意旨。马周通过列举大量史实，指出在贞观中期社会上存在着一些奢侈方面的问题，希望引起太宗的注意，并提出了解决的办法。马周的奏疏，提醒太宗要吸取历史教训，俭朴节用，爱惜民力，其言辞恳切，深为太宗赏识。《论奢纵》篇凡4章，注译选2章，限于篇幅，马周长篇上疏并未录选。

贞观二年，太宗谓黄门侍郎王珪曰：“隋开皇十四年大旱，人多饥乏。是时仓库盈溢，竟不许赈给，乃令百姓逐粮[1]。隋文不怜百姓而惜仓库，比至末年，计天下储积，得供五六十年。炀帝恃此富饶，所以奢华无道，遂致灭亡。炀帝失国，亦由其父。凡理国者，务积于人，不在盈其仓库。古人云：'百姓不足，君孰与足。'但使仓库可备凶年[2]，此外何烦储蓄！后嗣若贤，自能保其天下；如其不肖，多积仓库，徒益其奢侈，危亡之本也。"

〔注释〕

①逐粮：逃荒到有粮食的地方。

②凶年：荒年。即年成不好，谷物不收。

〔译文〕

贞观二年(628)，太宗对黄门侍郎王珪说："隋文帝开皇十四年(594)关中大旱，很多百姓饥饿困乏。当时国家的仓库粮食堆得都流淌出来，但是文帝竟不许开仓放粮赈济百姓，却命令百姓逃荒到有粮食的地方去找饭吃。隋文帝不爱怜老百姓却爱惜仓库，等到文帝在位末年，核计国家储存的粮食，可以供给全国食用五六十年。隋炀帝凭恃这样的富裕，所以豪华奢侈，荒淫无道，结果导致灭亡。炀帝丧失国家，也有他父皇的一份责任。凡是治理国家的，务必积蓄于百姓，不在于装满仓库。古人说：'如果百姓的用度不足，那么国君的用度怎么能够？'只要仓库的储量能够防备荒年，此外何必劳烦储蓄！子孙后代如果贤惠，自然能够自己保住他的天下；如果是不肖之徒，仓库中储蓄多，只能增加它的奢侈,是亡国的祸根。”

贞观九年,太宗谓魏徵曰:“顷读周、齐史,末代亡国之主,为恶多相类也。齐主深好奢侈,所有府库,用之略尽,乃至关市无不税敛。朕常谓此辈犹如馋人自食其身,肉尽必死。人君赋敛不已,百姓既弊,其君亦亡,齐主即是也。然天元、齐主①,若为优劣?”徵对曰:“二主亡国虽同,其行则别。齐主懦弱,政出多门,国无纲纪,遂至灭亡。天元立性凶而强,威福在己,亡国之事,皆在其身。以此论之,齐主为劣。”

〔注释〕

①天元:指北周皇帝宇文赟(yūn,559—580),字乾伯,鲜卑族,代郡武川(今属内蒙古)人。在位期间,荒淫残暴,起洛阳宫,常役四万人,言不及治政,且饰非拒谏,自公卿以下,皆被楚挞。在位一年,传太子,自称天元皇帝。齐主:即北齐后主高纬(556—578),北齐渤海蓨(今河北景县)人。在位期间,内则宠任奸佞,残杀忠良,朝政腐败,重敛繁役,以供靡费,外则屡败于陈、北周。北齐武平七年(575),北周大破齐军,高纬逃奔邺。明年禅位太子恒,自称太上皇。南奔陈,兵败被俘,北周武帝建德七年(578),以谋反罪被杀,在位十二年。

〔译文〕

贞观九年(635),太宗对魏徵说:“近来读北周、北齐的史书,发现末代亡国的君主,所从事的坏事多数都很类似。齐主非常喜欢奢侈，所有府库的储藏，几乎都被他用尽，以至于关口市集没有哪一处不征收重税来聚敛财富。我常说这就像嘴馋的人吃自己身上的肉一样，肉吃完了自己也就死了。君主征敛赋税不止，百姓疲敝了，他们的君主也就灭亡了，齐主就是这样。那么北周天元皇帝与齐主相比较，谁优谁劣呢?”魏徵回答说:“这两个君主虽然同是亡国之君，但是他们的做法还是有区别的。齐主懦弱无能，朝廷政令不一，国家没有纲纪，以至灭亡。天元帝生性凶悍好强，作威作福独断专行，亡国的原因，都在他自身。从这些情况来看，齐后主要劣一些。”

论贪鄙第二十六

〔题解〕

在西方基督教文化中，贪婪被认为是一种人类与生俱来的原罪，而佛教中，则把“贪”奉为三毒之首。贪婪乃是一切罪恶的源泉，君主贪得无厌，就会劳役无度，信任奸臣，疏远忠良，最终灭国亡身；官员贪得无厌，就会卖官鬻爵，巧取豪夺，奔走钻营，压榨百姓，最终失官殒命。此即太宗所谓“为主贪，必丧其国；为臣贪，必亡其身”是也。本篇中，既有太宗处置庞相寿、陈万福等贪官污吏的记载，又有对清廉官员如岑文本、魏徵、温彦博、戴胄等的褒扬与奖赏。《论贪鄙》篇凡 12 章，注译选 5 章。

贞观初，太宗谓侍臣曰："人有明珠，莫不贵重，若以弹雀，岂非可惜？况人之性命甚于明珠，见金银钱帛不惧刑网，径即受纳，乃是不惜性命。明珠是身外之物，尚不可弹雀，何况性命之重，乃以博财物耶？群臣若能备尽忠直，益国利人，则官爵立至。皆不能以此道求荣，遂妄受钱物，赃贿既露[①]，其身亦殒，实为可笑。帝王亦然，恣情放逸，劳役无度，信任群小，疏远忠正，有一于此，岂不灭亡？隋炀帝奢侈自贤，身死匹夫之手，亦为可笑。"

〔注释〕

①赃贿（huì）：贪赃纳贿。

〔译文〕

贞观初年，太宗对他身边的侍从大臣说："人们拥有明珠，没有不宝贵的，如果拿去弹射鸟雀，难道不是很可惜吗？何况人的性命比明珠更可宝贵，如果见到金银钱帛就不惧怕法律的惩罚，立即就收受，这就是不爱惜性命。明珠是身外之物，尚且不能拿去弹射鸟雀，何况更加珍贵的性命，怎么能用它来换取财物呢？群臣如果能够竭尽忠诚正直，有益于国家，有利于百姓，那么官职爵位立即就可以得到。如果不能以这样的手段求取荣华富贵，随便收受财物，赃物贿赂一旦暴露，也将丧失性命，确实是可笑的。帝王也是这样，任性放纵，无限度地征用劳役，信任小人，疏远忠诚正直的人，只要犯有其中一件，怎么能不灭亡？隋炀帝奢侈而自认为贤能，自身死在一个普通人手里，也是很可笑的。”

贞观四年，太宗谓公卿曰：“朕终日孜孜①，非但忧怜百姓，亦欲使卿等长守富贵。天非不高，地非不厚，朕常兢兢业业，以畏天地。卿等若能小心奉法，常如朕畏天地，非但百姓安宁，自身常得欢乐。古人云：‘贤者多财损其志，愚者多财生其过。’此言可以为深诫。若徇私贪浊，非止坏公法、损百姓，纵事未发闻，中心岂不恒恐惧？恐惧既多，亦有因而致死。大丈夫岂得苟贪财物，以害身命，使子孙每怀愧耻耶？卿等宜深思此言。”

〔注释〕

①孜孜（zī）：勤勉，不懈怠。

〔译文〕

贞观四年（630），太宗对公卿大臣们说：“我整天都不敢懈怠，不仅是忧虑爱惜百姓，也想让你们能够长守富贵。天不是不高，地不是不厚，我长久以来小心谨慎，以敬畏天地。你们如果能小心遵守法令，总是像我敬畏天地那样，不但百姓安宁，你们自己也可常得快乐。古人说：‘贤明的人财产多了会损害他们的意志，愚蠢的人财产多了会造成他们的过错。’这话可以深以为戒。如果徇私贪污，不但破坏国法，伤害百姓，即使事情没有败露，心中怎能不常怀恐惧呢？恐惧多了，也有因此而导致死亡的。大丈夫怎么能为了贪求财物而害了自己的身家性命，使子孙后代每每感到蒙受羞耻呢？你们应当深刻地思考这些话。”

贞观六年，右卫将军陈万福自九成宫赴京[①]，违法取驿家麸数石。太宗赐其麸，令自负出以耻之。

〔注释〕

①右卫将军：将军名，三国魏时司马炎分中卫将军为左卫将军和右卫将军，西晋沿置，初属中军将军，后属领军将军，为禁卫军统帅之一。其后十六国前秦、南燕、北燕，南朝宋、齐、梁、陈，北朝北魏、北齐皆置。隋炀帝改左、右卫将军为左右翊卫将军。唐复为左右卫将军，左卫将军为右卫副长官，从三品，佐右卫大将军统领宫廷禁卫政令，总掌诸曹职事。

〔译文〕

贞观六年(632)，右卫将军陈万福从九成宫前去京城，违法从沿途的驿站取了几担麦麸。太宗赐给他麦麸，命令他自己背出去，以此来羞辱他。

贞观十年，治书侍御史权万纪上言[①]：“宣、饶二州诸山大有银坑，采之极是利益，每岁可得钱数百万贯。”太宗曰：“朕贵为天子，是事无所少之。惟须纳嘉言、进善事，有益于百姓者。且国家剩得数百万贯钱，何如得一有才行人？不见卿推贤进善之事，又不能按举不法，震肃权豪，惟道税鬻银坑以为利益②。昔尧、舜抵璧于山林，投珠于渊谷，由是崇名美号，见称千载。后汉桓、灵二帝好利贱义③，为近代庸暗之主，卿遂欲将我比桓、灵耶？”是日敕放令还第。

〔注释〕

①治书侍御史：官名。亦称治书御史，简称御史、侍御。或说西汉宣帝时令侍御史二人治书，遂有其名。东汉为御史台属官，置二员，秩六百石。职掌依据法律审理疑狱，与符节郎共平廷尉奏事，选御史考试高第、明习法律者充任。魏晋南北朝为御史中丞佐贰，御史台要职，置二至四员，分领侍御史诸曹，监察、弹劾较高级官员，亦奉命出使，收捕犯官等。西晋初曾置“黄沙狱治书侍御史”，专掌审理疑狱，旋罢。南朝不为世族所重，梁武帝始重其选。北朝则威权甚重。魏、晋、宋六品，梁六班，陈七品、六百石；北魏孝文帝太和十七年(493)定为五品上，二十三年(499)改六品上，北齐从五品。隋朝以御史大夫为御史台长官，治书侍御史为次官，员二人，实际主持台务，从五品。唐高宗时因避讳，改置御史中丞。权万纪(？—643)：唐京兆万年人。性强正，好直言。太宗贞观中，自潮州刺史擢治书侍御史。以公事劾房玄龄、王珪、温彦博等，太宗以为不避豪贵，甚礼之。进尚书左丞，再转齐王佑府长史。佑昵群小，万纪骤谏不入，即条过失以闻，竟为佑所杀。谥敬，一作敢。

②鬻(yù)：卖。

③桓、灵二帝：即汉桓帝和汉灵帝。汉桓帝刘志(132—167)，汉章帝曾孙，蠡吾侯刘翼子。初由梁太后临朝，梁冀秉政。延熹二年(159)，与宦官单超等合谋诛冀，封单超等五人为列侯，朝政又为宦官所专擅。九年(166)，世家大族与太学生联合反对宦官，逮捕李膺等二百余人，是为党锢

之祸。在位二十一年。

〔译文〕

贞观十年(636),治书侍御史权万纪上书说:“宣州、饶州的大山里有很多银坑,开采它们有很大的利润,每年可以收入银钱数百万贯。”太宗说:“我贵为天子,这样的事知道得很多,现在我需要的只是采纳对老百姓有益的忠言,推行对老百姓有益的善事。况且国家增加数百万的收益,怎比得上得到一名有才的官吏?没见你推举贤能,表彰善事,也不揭发奸邪之人,肃清豪强,只说上奏银矿这些有关实利的事情。过去,尧、舜把美玉扔进山林,把宝珠投进深渊,赢得了高尚的美名,流芳千古。后汉时,桓帝、灵帝重利轻义,是近世有名的昏聩之君。你这样做,是要把我与桓帝、灵帝相比吗?”当天即勒令他停职回家。

贞观十六年,太宗谓侍臣曰:“古人云:‘鸟栖于林,犹恐其不高,复巢于木末;鱼藏于泉,犹恐其不深,复穴于窟下。然而为人所获者,皆由贪饵故也。’今人臣受任,居高位,食厚禄,当须履忠正,蹈公清,则无灾害,长守富贵矣。古人云:‘祸福无门,惟人所召。’然陷其身者,皆为贪冒财利①,与夫鱼鸟何以异哉?卿等宜思此语,用为鉴戒。”

〔注释〕

①贪冒:贪得,贪图财利。

〔译文〕

贞观十六年(642),太宗对他身边的侍从大臣说:“古人说:‘飞鸟栖息于树林,还担心树木不高,又在树木的顶端筑巢;鱼藏于泉水中,还担心泉水不深,又在水底洞窟中作穴。然而仍能被人们所捕获到,都是因为贪食诱饵的缘故。’现在大臣接受任命,身居高位,享有厚禄,应当忠诚正直,清廉无私,这样才能没有灾祸,长久保持富贵。古人说:‘祸福不定,由人自取。’那些以身试法的,都是因为贪图财利,这与那些鱼、鸟有什么不同呢?你们应当好好想想这些话,把它们作为鉴戒。”

卷　七

崇儒学第二十七

〔题解〕

春秋战国时期，百家争鸣，儒家学派即居各家之首。自汉武帝采纳董仲舒“罢黜百家，独尊儒术”的建议以来，儒家思想成为中国历代封建王朝奉行的正统思想，备受推崇。本篇主要记述了贞观君臣有关崇儒重教的一些言行。太宗在马背上夺取天下，武功盖世，功成之后，着意文治，崇尚儒学。他接连下诏，确定孔子、颜回为先圣先师，并设置弘文馆，命令颜师古考订五经，孔颖达撰写《五经正义》，“付国学施行”。太宗认为：“为政之要，惟在得人，用非其才，必难致理。今所任用，必须以德行、学识为本。”贞观时期尊孔崇儒，兴学重教，把勤奋学习儒家思想看作是一种美德，尊儒崇儒成为当时社会的共识。《崇儒学》篇凡 6 章，注译选 4 章。

贞观二年，诏停以周公为先圣，始立孔子庙堂于国学，稽式旧典[①]，以仲尼为先圣，颜子为先师，而边豆干戚之容[②]，始备于兹矣。是岁大征天下儒士，赐帛给传[③]，令诣京师，擢以不次，布在廊庙者甚众。学生通一大经已上，咸得署吏。国学增筑学舍四百余间，国子、太学、四门、广文亦增置生员[④]，其书、算各置博士、学生[⑤]，以备众艺。自玄武门屯营飞骑，亦给博士，授以经业。有能通经者，听预贡举。太宗又数幸国学，令祭酒、司业、博士讲论，毕，各赐以束帛。四方儒生负书而至者，盖以千数。俄而吐蕃及高昌、高丽、新罗等诸夷酋长[⑥]，亦遣子弟请入于学。于是国学之内，鼓箧升讲筵者[⑦]，几至万人，儒学之兴，古昔未有也。

〔**注释**〕

①稽式：准则，法式。引申为取法。

②边豆：通常写作“笾豆”，古代祭祀及宴会时常用的两种礼器。竹制为笾，木制为豆。干戚：即盾与斧。古代的两种兵器，亦为武舞所执的舞具。

③给传：谓朝廷给予驿站车马。

④国子：即国子学，中国封建时代的教育管理机关和最高学府。国子学的教育对象是文武三品以上官员及国公的子孙。太学：我国古代设于京城的最高学府，太学的教育对象是文武五品以上的官员及郡公的子孙。四门：北魏开始创立四门小学，初设于京师四门，后与太学同在一处。唐代四门学为大学，隶国子监，传授儒家经典，性质与国子学、太学同，四门学的教育对象主要是七品以上官员及普通人家的优秀子弟。广文：即“广

文馆”的简称，官署名，领国子学中修进士业者。

⑤书、算：指书学和算学。书学是学习书法和字学，进而指学习书法和字学的学校。算学是培养天文、数学人才的学校。

⑥吐蕃（bō）：一作“吐番”。七至九世纪，我国古代藏族所建政权。据有今西藏地区全部，盛时辖有青藏高原诸部，势力达到西域、河陇地区。其赞普松赞干布、尺带珠丹先后与唐文成公主、金成公主联姻，与唐经济文化联系至为密切。高昌：西域古国名，始建于公元前一世纪的汉代，因其“地势高敞，人广昌盛”得名。460 年柔然灭沮渠氏之车师国，立阚伯周为高昌王，此后遂以高昌为国号。481 年高车灭阚氏，改立张孟明为王；后为国人所杀，改立马儒为王；497 年又为国人所杀，改立麹嘉为王。麹氏传九世十王一百四十四年，至 640 年为唐朝所灭，以其地为西州。

⑦鼓箧（qiè）：谓击鼓开箧，古时入学的一种仪式。据《礼记·学记》注，鼓箧意谓击鼓召集学士，令启箧（书箱）出书以授学。

［译文］

贞观二年（628），太宗下令停止庙祀周公为先圣，开始在国子监里建立奉祀孔子的庙堂，取法过去的制度，尊崇孔子为先圣，颜子为先师，庙堂两边陈列的笾豆、干戚等礼器和乐舞之具从此开始齐备。这一年，太宗还广泛招纳天下儒士，赏赐给他们布帛，给予驿站车马，下令他们都到京师来，不按寻常的次序授予他们大小不等的官职，在朝廷上任官的很多。太学生如果精通一大经以上的经书，就可以入仕做官。在国子监增建学舍四百多间，国子学、太学、四门学、广文馆也增加了学生的名额，书学、算学分别设置了博士和学生，使各种技艺都设置齐备了。自玄武门军营的飞骑军，也设置博士，传授经业。军士中精通经学的，听凭他们参加贡举。太宗还几次亲临国子监，叫祭酒、司业、博士讲说经术，讲完每人赐给帛一束。全国各地的儒生纷纷背着经书前往京城，人数达数千之多。不久，吐蕃和高昌、高丽、新罗等四夷的首领，也派子弟到长安求学。于是国子监之内，带着书籍求学和登上讲席讲学的，几乎达到上万人，儒学之兴盛，是自古以来不曾有过的。

贞观二年，太宗谓侍臣曰："为政之要，惟在得人，用非其才，必难致理。今所任用，必须以德行、学识为本。"谏议大夫王珪曰："人臣若无学业，不能识前言往行，岂堪大任？汉昭帝时①，有人诈称卫太子②，聚观者数万人，众皆致惑。隽不疑断以蒯聩之事③。昭帝曰：'公卿大臣，当用经术明于古义者，此则固非刀笔俗吏所可比拟④。'"太宗曰："信如卿言。"

〔注释〕

①汉昭帝：即刘弗陵（前94—前74），汉武帝少子。公元前87年即位。初即位，年仅八岁，以霍光为大司马大将军辅政。在位期间，实行"轻徭薄赋，与民休息"政策，废除律外苛税，减轻农民负担，重视吏治，平理刑狱。召开盐铁会议，讨论盐铁酒官营利弊，罢酒由官营。又移民屯田，多次派兵击败匈奴、乌桓贵族的进扰，保障了北方经济文化的发展。年二十一岁病死。

②卫太子：即刘据（前128—前91），武帝长子，母卫皇后。元狩元年（前122）被立为太子。元鼎四年（前113）娶史良娣，生男名进，号史皇孙。武帝末年，江充用事，充因事与太子有怨，惧太子即位后被诛，即借当时有

人为巫蛊诅咒武帝之事,诬陷太子为巫蛊。他怒而矫命辅斩江充,与丞相刘屈氂战于长安。后战败,逃至湖县,自杀。谥戾太子。据《汉书·昭帝纪》,始元五年(前82),张延年诈称为卫太子刘据,后以诬罔罪腰斩。

③隽不疑:西汉渤海人,字曼倩。治《春秋》,为郡文学。武帝末,征拜青州刺史。昭帝初,擢京兆尹,常以儒家经术决事。有男子冒称卫太子,丞相御史莫能决,不疑叱从吏缚送诏狱。帝闻而嘉之,由是名重朝廷。后病免。蒯聩:春秋时卫灵公世子,逃亡国外,灵公死后,孙辄继位,他要回国争夺君位,辄拒而不纳。《春秋》载此事,认为辄做得对。

④刀笔:古时用笔在竹简上写字,有差错就用书刀刮去,故"刀笔"连用。

〔译文〕

贞观二年(628),太宗对他身边的侍从大臣说:"治理国家的关键,在于使用合适的人才,如果用人不当,必然难以治理好国家。如今任用人才,必须以道德品行、学问见识为本。"谏议大夫王珪说:"臣子如果没有学问,不知道前人的言行,怎能担当大任呢?汉昭帝时,有人出来冒充卫太子刘据,围观的人达到好几万,当时在场的人都被迷惑了。京兆尹隽不疑用古代蒯聩的先例来处理。昭帝说:'公卿大臣,应当由通晓经术、懂得古义的人来担任,这本不是一般俗吏所可比拟的。'"太宗说:"确实像你所说的那样。"

贞观四年,太宗以经籍去圣久远,文字讹谬,诏前中书侍郎颜师古于秘书省考定五经[①]。及功毕,复诏尚书左仆射房玄龄集诸儒重加详议。时诸儒传习师说,舛谬已久，皆共非之，异端蜂起。师古辄引晋、宋以来古本，随方晓答，援据详明，皆出其意表，诸儒莫不叹服。太宗称善者久之，赐帛五百匹，加授通直散骑常侍，颁其所定书于天下，令学者习焉。太宗又以儒学多门，章句繁杂，诏师古与国子祭酒孔颖达等诸儒，撰定《五经疏义》，凡一百八十卷，名曰《五经正义》，付国学施行。

〔注释〕

①颜师古（581—645）：名籀（zhòu），雍州万年（今陕西西安北）人。精通训诂，擅长文章。仕隋为安养尉，罢官后，以教授为业。归唐，迁中书舍人，掌管机密，起草制诰。贞观时，奉诏厘正"五经"、擢定"五礼"。又注解《汉书》《急就章》等，著《匡谬正俗》。终位秘书监、弘文馆学士。

〔译文〕

贞观四年（630），太宗认为儒学经典距离圣人的时代太久远了，字句出现了很多文字讹误，于是下诏令前中书侍郎颜师古在秘书省考核订正"五经"。考订完毕之后，又下令尚书左仆射房玄龄召集许多儒生再次详细讨论、审定。当时，很多儒生因为接受的都是自己老师的解说，许多错乱讹误相传已久，他们都认为颜师古的考订不正确，一时之间各种异说蜂起。颜师古就引用晋、宋以来古本，对各种异说随文给予解答，引证详细明确，都出于众人的意料之外，众位儒生无不惊叹佩服。太宗称赞了很久，赏赐给他帛五百匹，加授他为通直散骑常侍，还将他校定的经书颁行天下，让读书人都来学习。唐太宗又因为儒家流派很多，解说经书的也繁杂，下令颜师古和国子祭酒孔颖达等儒士，撰写《五经疏义》，共一百八十卷，名为《五经正义》，交付国子监作为教材使用。

太宗尝谓中书令岑文本曰："夫人虽禀定性，必须博学以成其道，亦犹蜃性含水①，待月光而水垂；木性怀火，待燧动而焰发；人性含灵，待学成而为美。是以苏秦刺股②，董生垂帷③。不勤道艺，则其名不立。"文本曰："夫人性相近，情则迁移，必须以学饬情，以成其性。《礼》云：'玉不琢不成器，人不学不知道。'所以古人勤于学问，谓之懿德④。"

〔注释〕

①蜃（shèn）：大蛤蜊。传说大蛤蜊的本性含水，等到有月光时才喷出来，水气中呈现楼阁之状。

②苏秦（？—前284）：字季子。战国时东周洛阳（今属河南）人。学纵横之术游说各国，初至秦说惠王，不用。乃东至赵、燕、韩、魏、齐、楚，游说六国合纵御秦。他出任纵约长，并相六国，归居于赵，被赵封为武安君。其后秦使人诳齐、魏伐赵，六国不能合作，合纵瓦解。他入燕转入齐，为齐客卿。与齐大夫争宠，被人刺死。一说他自燕入齐从事反间活动，使燕得以破齐，后反间活动暴露，被齐车裂而死。相传苏秦读书刻苦，困倦时就用锥子刺自己的大腿。

③董生：指董仲舒（前179—前104），西汉广川（今河北枣强东）人，少治《春秋公羊传》，景帝时任博士。武帝即位，举贤良文学，他以贤良上《天

人三策》，建议非孔子之学，皆绝其道。武帝采纳其议，下令罢黜百家，独尊儒术，从此儒学成为以后两千余年的思想正宗。其学以儒家宗法思想为中心，杂以阴阳五行之说，将神权、君权、父权、夫权联结成一体，形成一种封建神学思想体系。宣扬“天人感应”说与“君权神授”论。提倡“三纲五常”的封建伦理。并主张抑制兼并，设立太学。曾任江都相和胶西王相。后病免。著有《春秋繁露》。相传他在讲学时，为专心教书，放下帷幕，弟子均不得见其面。

④懿(yì)德：美德。

〔译文〕

唐太宗曾对中书令岑文本说：“人虽然各自有一定的天性，但必须博学才能有所成就，就好比大蛤蜊的本性含有水，要见到月光才能吐水成汽幻化美景；木的本性含有火的因素，但要靠燧石钻动才能发火；人的本性含着聪明灵巧，可是要通过学习才能美好完善。所以历史上有苏秦刺股读书、董仲舒放下帷帐讲学的美谈。不在道德和技能上勤奋努力，功名是不会树立的。”岑文本回答说：“人的天赋都很相近，但情趣却随时变化，必须用学习来驾驭情感，以成就人的本性。《礼记》上说：‘玉石不经雕琢就不会成为美器，人不学习就不会懂得道理。’所以古人都注重勤奋学习，把它看作是一种美德。”

论文史第二十八

〔题解〕

《论文史》篇主要记述了太宗对史书修撰及起居注撰写的

一些看法。首先,太宗明确反对史书编写过程中大量载记辞藻虚浮华丽、不务政事的文章,认为其“文体浮华,无益劝诫”,所以,太宗要求将“词理切直,可裨于政理者”皆备载国史,即使没有被采纳的也在载记之列。其次,太宗认为前代史书对当代有巨大的鉴戒作用,所以十分重视史书的修撰,派房玄龄、魏徵等人修撰周、齐、梁、陈、隋等前代史书。太宗很关注记录自己言行的起居注的撰写,几次问侍臣,其目的也是为了鉴戒自己的言行;再次,在有关修史的态度上,太宗公正严谨,不隐恶,不溢美,即使是“玄武门之变”这样的大事件,也要求史官秉笔直书,毫不隐晦,体现了太宗非凡的胸襟气度与领导才能。《论文史》篇凡 5 章,注译选 3 章。

贞观初,太宗谓监修国史房玄龄曰:“比见前、后《汉史》载录杨雄《甘泉》《羽猎》①,司马相如《子虚》《上林》②,班固《两都》等赋③,此既文体浮华,无益劝诫,何假书之史策?其有上书论事,词理切直,可裨于政理者,朕从与不从皆须备载。”

〔注释〕

①杨雄(前 53—18):姓一作“扬”,字子云,西汉蜀郡成都(今属四川)人。成帝时,初为待诏,岁余,任为郎,给事黄门,与王莽、刘歆并列。王莽称帝,校书天禄阁,官为大夫。为人口吃,不能剧谈,善为辞赋,以文章名世。其辞赋著名者有《反离骚》《甘泉赋》《长杨赋》《校猎赋》(又称《羽猎赋》)等。形式多模仿司马相如《子虚》《上林》赋。后转而研究哲学,仿

《论语》作《法言》,仿《易经》作《太玄》。又续《仓颉》篇作《训纂》。在文学、哲学、语言文字学上都有重要成就。

②司马相如(前179—前117):字长卿,西汉蜀郡成都(今属四川)人,少好读书击剑。景帝时为武骑常侍,非其所好,病免,客游于梁。工辞赋。所作《子虚赋》为武帝赏识,被召见,又作《上林赋》,武帝称善,任以为郎。数岁后,奉命以中郎将出使略定西南夷。后为孝文园令。见武帝好神仙之术,作《大人赋》。其赋多描述帝王苑囿田猎事,文辞华丽,气势恢宏,篇末寓意讽谏。原有集已散佚,后人辑有《司马文园集》。

③班固(32—92):字孟坚,班彪子。初欲完成其父班彪所撰史书,明帝时被人告发私改国史而下狱。获释后召为兰台令史、典校秘书。奉诏继续修史,历时二十余年完成《汉书》,开创断代体史书。另又撰功臣、公孙述等列传、载记二十八篇,及《白虎通义》等,成为一代史家。又善辞赋,有《两都赋》等。所著各体文凡四十一篇。和帝时从大将军窦宪攻匈奴。窦宪被诛,受牵连,下狱而死。

〔译文〕

贞观初年,唐太宗对主管监修国史的房玄龄说:"近来阅读《汉书》《后汉书》发现记录有杨雄的《甘泉赋》《羽猎赋》(亦称《校猎赋》),司马相如的《子虚赋》《上林赋》,班固的《两都赋》等,这些文章文辞浮华,无益于对帝王的劝诫,为什么还要收录在史书上呢?今后如果有人上书议政,只要言辞直率、道理中肯、有利于国家政务的,不管我采纳与否,都必须详细记载下来。"

贞观十一年,著作佐郎邓隆表请编次太宗文章为集[①]。太宗谓曰："朕若制事出令，有益于人者，史则书之，足为不朽。若事不师古，乱政害物，虽有词藻，终贻后代笑，非所须也。只如梁武帝父子及陈后主、隋炀帝[②]，亦大有文集，而所为多不法，宗社皆须臾倾覆。凡人主惟在德行，何必要事文章耶？"竟不许。

［注释］

①著作佐郎：官名。三国魏明帝置佐著作郎，掌协助著作郎修国史和起居注等。到南朝宋，改"佐著作郎"为"著作佐郎"，位在著作郎下。其后，北魏、北齐、隋皆沿置。唐朝著作佐郎与著作郎分判局事。元朝著作佐郎则助秘书监卿掌历代图籍、阴阳禁书等。邓隆：即邓世隆（？—640），相州（今河南安阳）人。隋末为王太复书太宗，言语不逊，太败，隐伏白鹿山。贞观时官至著作郎。曾采隋代旧事，撰成《东都记》三十卷。

②梁武帝父子：指南朝的梁武帝萧衍和其子萧统。萧衍（464—549），字叔达，小字练儿，庙号高祖。南兰陵（今江苏常州西北）人。齐末为雍州刺史，时齐东昏侯荒虐无道，滥杀皇族、大臣。他拥立荆州刺史萧宝融为帝，起兵攻入建康，旋杀宝融，代齐建梁。在位尊儒崇佛，广修寺院。太清二年（548），东魏降将侯景引兵攻破都城，他困饿而死。善文学、书法、骑射，撰有《通史》《金策》诸书。萧统（501—531），字德施，梁武帝长子。天监元年（502）立为皇太子。少习儒、佛经典，博览兼通。及长，明于政事，善文章诗赋。广集才学之士，研讨古今图籍，选编历代典诰文章，诗词歌赋为《正序》十卷、《文章英华》二十卷、《文选》三十卷。又自撰有文集二十卷。中大通三年（531）病卒，谥昭明太子。陈后主：即陈叔宝（553—604），字元秀，小字黄奴，陈宣帝嫡长子。天嘉三年（562）立为安成王世子，太建元年（569）立为皇太子，十四年（582）即位。在位大造宫室，亲信

佞臣,不理政事。又恃长江天险,不设边防。祯明三年(589)隋军直入建康,被俘至长安。隋仁寿四年(604)卒于洛阳,谥号炀。

〔译文〕

贞观十一年(637),著作佐郎邓世隆上书请求将太宗的文章编成文集。太宗说:“我制定的政策和发出的命令,有益于百姓的,史书都已经记载了,足可以传于后世。如果处理的事物不遵循古训,扰乱了政务,伤害了百姓,即使文章辞藻华丽,终究会被后代耻笑,这不是我所需要的。像梁武帝父子、陈后主、隋炀帝,他们都有文集传世,可是他们的行为大都不合法度,最后,国家在短时间内就灭亡了。凡是做君主的只在于道德品行的修养,何必要从事文章的写作呢?”太宗最终没有允许编定文集。

贞观十三年,褚遂良为谏议大夫,兼知起居注。太宗问曰:“卿比知起居,书何等事?大抵于人君得观见否?朕欲见此注记者,将却观所为得失以自警戒耳!”遂良曰:“今之起居,古之左、右史①,以记人君言行,善恶必书,庶几人主不为非法,不闻帝王躬自观史。”太宗曰:“朕有不善。卿必记耶?”遂良曰:“臣闻守道不如守官,臣职当载笔②,何不书之。”黄门侍郎刘洎进曰:“人君有过失,如日月之蚀,人皆见之。设令遂良不记,天下之人皆记之矣。”

〔注释〕

①左、右史:官名。我国周代史官分左史、右史,左史记行,右史记言。

一说左史记言，右史记事。

②载笔：携带文具以记录王事。借指史官。

〔译文〕

贞观十三年(639)，褚遂良担任谏议大夫，兼管记录起居注。太宗问他说："你近来主持编撰起居注，都记录了些什么呢？可不可以让君主自己看一看？我想看看这些记载的原因，不过是想看看所作所为的成败得失，用来警惕告诫自己罢了。"褚遂良说："现在的起居注，就是古代的左史、右史，是负责记录帝王言语行为的，不论好坏都要记录下来，希望帝王不做非法的事情，可是，没听说过帝王自己要翻看起居注的。"太宗说："我有不好的言行，你们也一定会记录下来吗？"褚遂良说："我听说坚守君臣道义不如尽忠职守，我的职责是如实记录，怎么可以不把一切都记录下来呢？"黄门侍郎刘洎说："人君如有过失，就像日、月有日食、月食一样，人人都看得见。即使褚遂良不记录，天下老百姓也都会记下来的。"

论礼乐第二十九

〔题解〕

本篇着重记载了太宗君臣对礼乐制度的议论以及修订礼乐制度的各种具体措施。制礼作乐是古代帝王为巩固其统治而经常使用的手段，礼乐的根本目的是要达到尊卑有序、远近和合，所以《礼记·乐记》上说："乐也者，情之不可变者也；礼也者，理之不可易者也。乐统同，礼辨异。礼乐之说，管乎人情矣。"礼乐是纲常伦理的关键，是处理人际关系、改变道德风尚、调整君臣秩序的基本原则。太宗诏令改革礼制，不但用礼法教诫诸子大臣，且自身躬行不辍，实为天下之表率。《论礼乐》篇凡13章，注译选8章。

太宗初即位，谓侍臣曰："准《礼》，名，终将讳之①。前古帝王，亦不生讳其名，故周文王名昌，《周诗》云：'克昌厥后②。'春秋时鲁庄公名同③，十六年《经》书：'齐侯、宋公同盟于幽。'惟近代诸帝，皆妄为节制，特令生避其讳，理非通允，宜有改张。"因诏曰："依《礼》，二名义不偏讳。尼父达圣，非无前指。近世以来，曲为节制，两字兼避，废阙已多，率意而行，有违经诰。今宜依据礼典，务从简约，仰效先哲，垂法将来。其官号人名，及公私文籍，有'世'及'民'两字不连读，并不须避。"

〔注释〕

①名，终将讳之：意谓人的名字，要等他去世之后才避讳。语出《左传·桓公六年》："周人以讳事神，名，终将讳之。"古时候对帝王将相或尊长不能直呼或者直书其名，要有所避忌，叫作避讳。同音代替、同义代替或原字缺笔画是避讳的主要方法。

②克昌厥后：语出《诗经·周颂·邕》，这是一篇周王祭祀宗庙后撤去祭品祭器所唱的乐歌，中有"燕及皇天，克昌厥后"两句。

③鲁庄公(前706一前662):名同,为春秋时期鲁国第十六代君主,鲁桓公子,在位三十二年(前693—前662)。

〔译文〕

太宗即位之初,对他身边的侍从大臣说:“按照《礼》,人的名字,要等到死后才避讳。从前古代的帝王,在其生前也不避讳他的名字,因此周文王叫昌,但《诗经·周颂》上说:‘克昌厥后。’春秋时鲁庄公名叫同,庄公十六年《春秋》经上记载着:‘齐侯、宋公在幽地结为同盟。’只有近代的帝王们才都乱加限制,特别下令生前就要对帝王的名字进行避讳,这在道理上讲不通,应该改变。”因此下诏说:“按照《礼》,人名的两个字,不需要一一避讳。孔子是通达事理的圣人,以前不是没有指出过这种事。近代以来,不合理地加以限制,人名的两个字都要避讳,废除和空缺的字已经很多,这样轻率任意地做,有违经典的训示。现在应该依据礼法,务必遵循简约,效仿前代圣哲,给后世留下可行的法则。官职名号、人名及公私的文书典籍,有‘世’和‘民’两个字不连读的,就没有必要避讳。”

贞观二年,中书舍人高季辅上疏曰:“窃见密王元晓等俱是懿亲[①],陛下友爱之怀,义高古昔,分以车服,委以藩维,须依礼仪,以副瞻望。比见帝子拜诸叔,诸叔即亦答拜,王爵既同,家人有礼,岂合如此颠倒昭穆[②]?伏愿一垂训诫,永循彝则[③]。”太宗乃诏元晓等,不得答吴王恪、魏王泰兄弟拜。

〔注释〕

①元晓：即李元晓（？—676），高祖第二十一子。贞观五年（631）封密王，历虢、徐等州刺史。谥贞。懿亲：至亲。特指皇室宗亲、外戚。

②昭穆：古代宗法制度，宗庙或宗庙中神主的排列次序，始祖居中，以下父子（祖、父）递为昭穆，左为昭，右为穆。

③彝（yí）则：经常的制度，准则。

〔译文〕

贞观二年（628），中书舍人高季辅上奏疏说："我私下看到，密王李元晓等人都是宗室至亲，陛下友爱的胸怀，情谊超过古代，赐给他们车马冠服，委任给他们藩维的重任，行事必须按照礼节仪式，使他们与众人的仰望相称。近来看见皇子们向叔辈施礼下拜，叔叔们也马上回礼，王爵既然相同，那就应该遵守家族的礼节，岂能如此颠倒家族中的辈分呢？希望陛下加以训诫，作为永远遵循的准则。"太宗于是下诏李元晓等人，对吴王李恪、魏王李泰兄弟不得答拜。

贞观四年，太宗谓侍臣曰："比闻京城士庶居父母丧者，乃有信巫书之言，辰日不哭，以此辞于吊问，拘忌辍哀[1]，败俗伤风，极乖人理。宜令州县教导，齐之以礼典。"

〔注释〕

①辍（chuò）：中止，停止。

〔译文〕

贞观四年(630),太宗对他身边的侍从大臣说:“近来听说京城的官员和百姓在为父母服丧期间,有的人竟然听信巫书上的话,在辰日这天不哭,以此为理由谢绝别人的吊唁慰问,拘泥于禁忌而停止悲伤,败坏风俗,违背人情礼法。应该下令各州县长官,教化开导百姓,一律按照相关的礼仪规范去做。”

贞观五年,太宗谓侍臣曰:“佛道设教,本行善事,岂遣僧尼道士等妄自尊崇,坐受父母之拜?损害风俗,悖乱礼经[①],宜即禁断,仍令致拜于父母。”

〔注释〕

①悖(bèi)乱:违背,背乱。

〔译文〕

贞观五年(631),太宗对他身边的侍从大臣说:“佛教、道教施行教化,本应该广做善事,怎么能够让和尚、尼姑、道士等妄自尊大,坐着接受父母的跪拜?这样做损害民风民俗,违背礼法经典,应该马上禁绝,仍旧让他们跪拜自己的父母。”

礼部尚书王珪子敬直[①],尚太宗女南平公主[②]。珪曰:“《礼》有妇见舅姑之仪,自近代风俗弊薄,公主出降,此礼皆废。主上钦明,动循法制,吾受公主谒见,岂为身荣，所以成国家之美耳。”遂与其妻就位而坐，令公主亲执笲[③]，行盥馈之道[④]，礼成而退。太宗闻而称善。是后公主下降有舅姑者，皆遣备行此礼。

〔注释〕

①敬直：即王敬直，王珪子。娶公主为驸马都尉。因与太子承乾往来，被流放岭外。

②尚：仰攀婚姻，特指娶皇帝的女儿为妻。因公主尊贵，下嫁到大臣之家，故下文称之为“降”。南平公主：唐太宗第三女，贞观十一年(637)出嫁王敬直，后王敬直被流放，改嫁刘玄意。永徽元年(650)薨，陪葬昭陵。

③笲(fán)：古代一种圆形竹器，新妇向舅姑行贽礼时常用以盛干果等。

④盥(guàn)馈：谓侍奉尊者盥洗及进膳食。

〔译文〕

礼部尚书王珪的儿子王敬直，娶太宗的女儿南平公主为妻。王珪说：“《礼》上载有儿媳妇拜见公婆的礼仪，可近世以来风俗浅薄败坏，公主下嫁，这些礼节都被废弃了。当今陛下圣明，处处都遵循法令规范，我接受公主的拜见之礼，哪里只是自己的荣耀，这样做是为了成全国家的美德啊。”于是和妻子在公婆的座位上就座，让公主亲自端着圆笲，行洗手进食的礼节，仪式完成之后公主退下。太宗听说此事后非常赞成。此后凡是公主下嫁到有公婆的家庭，都要让她们施行这样的礼仪。

贞观十二年，太宗谓侍臣曰：“古者诸侯入朝，有汤沐之邑[①]，刍禾百车[②]，待以客礼。昼坐正殿，夜设庭燎[③]，思与相见，问其劳苦。又汉家京城，亦为诸郡立邸舍。顷闻考使至京师者，皆赁房以坐[④]，与商人杂居，才得容身而已。既待礼之不足，必是人多怨叹，岂肯竭情于共理哉！”乃令就京城闲坊，为诸州考使各造邸第。及成，太宗亲幸观焉。

〔注释〕

①汤沐之邑：住宿和沐浴斋戒的地方。周制，诸侯朝见天子，天子在王畿之内赐给封邑，以供住宿，斋戒沐浴，称汤沐邑。

②刍禾：指喂养牲口的草料。

③庭燎：古代庭中照明的火炬。

④赁（lìn）房：租房。

〔译文〕

贞观十二年（638），太宗对他身边的侍从大臣说：“古时候诸侯入朝觐见天子，有专门住宿和斋戒沐浴的地方，有一百车喂牲口的草料，用招待宾客的礼节招待他们。白天天子端坐在正殿里接见，晚上在庭院中点燃火炬，慰问他们的劳苦。又汉朝时京城中也为各个郡县来京的官员设立专门的馆舍。最近听说各郡每年奉命到京城来的朝集使，都租赁房子居住，他们和商人杂居在一起，仅有容身之地而已。既然待客之礼不充分，恐怕会产生怨恨，怎么还会尽职尽忠地协同办事呢！”于是命令京城有空地的坊中,分别为各地来的朝集使营造馆舍。修成之后,太宗还亲自前去视察。

贞观十七年,十二月癸丑,太宗谓侍臣曰:"今日是朕生日。俗间以生日可为喜乐,在朕情翻成感思。君临天下,富有四海,而追求侍养,永不可得。仲由怀负米之恨①,良有以也。况《诗》云:'哀哀父母,生我劬劳②。'奈何以劬劳之辰,遂为宴乐之事,甚是乖于礼度!"因而泣下久之。

〔注释〕

①仲由怀负米之恨:典出《孔子家语》,是书《致思》篇有云:"昔者由也事二亲之时,常食藜藿之实,为亲负米百里之外。亲殁之后,南游于楚,从车百乘,积粟万钟,累茵而坐,列鼎而食,愿欲食藜藿,为亲负米,不可复得也。"

②"哀哀"二句:语出《诗经·小雅·蓼莪》,意谓哀伤我父母,生我真劳苦。劬(qú)劳,劳累,劳苦。

〔译文〕

贞观十七年(643),十二月癸丑日,太宗对他身边的侍从大臣说:"今天是我的生日。民间认为生日可以高高兴兴地娱乐,但我的心情反而是感慨和思念。当了君主,统临天下,富有四海,可是想奉养父母,却永远无法做到。子路怀着不能为父母负米的遗恨,实在有道理。况且《诗经》上说:'哀伤我父母,生我真劳苦。'怎么可以在父母劳苦的日子，来举办宴会寻欢作乐呢？这实在太违背礼义法度了。"太宗因而哀伤哭泣了很长时间。

贞观七年，太常卿萧瑀奏言："今《破阵乐舞》[①]，天下之所共传。然美盛德之形容，尚有所未尽。前后之所破刘武周、薛举、窦建德、王世充等[②]，臣愿图其形状，以写战胜攻取之容。"太宗曰："朕当四方未定，因为天下救焚拯溺，故不获已，乃行战伐之事，所以人间遂有此舞，国家因兹亦制其曲。然雅乐之容，止得陈其梗概，若委曲写之，则其状易识。朕以见在将相，多有曾经受彼驱使者，既经为一日君臣，今若重见其被擒获之势，必当有所不忍。我为此等，所以不为也。"萧瑀谢曰："此事非臣思虑所及。"

〔注释〕

①《破阵乐舞》：太宗为秦王时，破刘武周，解唐之危，河东（山西永济）士庶歌舞于道，军人利用军中旧曲填唱新词，欢庆胜利，遂有"秦王破阵"之曲流传于世，后编入乐府。贞观初，唐太宗诏魏徵等增撰歌词7首，吕才协律度曲，订为《秦王破阵乐》。贞观七年（633），李世民亲制《破阵舞图》，对舞蹈进行加工：左圆、右方，先偏、后伍、鱼丽、鹅贯、箕张、翼舒，交错屈伸，首尾回互，往来刺击，以像战阵之形。舞凡三变，每变为四阵，计十二阵，与歌节相应。令吕才依图教乐工120（一说128）人，披甲持戟，执纛演习，定名为"七德之舞"。凡宴三品以上的官员及"蛮夷酋长"，于玄武

门外奏之。擂大鼓,声震百里,气壮山河。后用马军2000人,引队入场,尤为壮观。

②刘武周(?—622):隋河间景城(今河北交河)人,迁居马邑。为马邑鹰扬府校尉。炀帝大业十三年(617)与同郡张万岁等杀太守王仁恭,聚兵万余人,自称太守。依附突厥,攻占雁门、楼烦、定襄等郡,受封为定杨可汗,自称帝,年号天兴。唐高祖武德二年(619)与突厥连胜唐军,攻取太原、晋州、浍州。次年为太宗所败,逃投突厥。后拟从突厥逃归马邑,事泄被杀。薛举(?—618):隋末唐初河东汾阴(今山西万荣)人,移居兰州金城。隋末为金城府校尉,与子薛仁杲起兵,自号西秦霸王,建元秦兴。尽有陇西地,众十三万。大业十三年(617),于兰州称帝。次年,与唐军交战,败唐军,欲乘胜直趋长安,方行而病,未几卒。子仁杲立,谥举为武皇帝。未葬而仁杲灭。窦建德(573—621):隋清河漳南(今河北故城)人。少任侠。隋炀帝大业末任二百人长。因助孙安祖起事,族家,遂率部起事,投高鸡泊义军领袖高士达,任司兵,后为军司马。士达死,继为领袖,称将军,拥众十余万。大业十三年(617)于乐寿称长乐王,年号丁丑,克信都、清河诸郡县。次年称夏王,建都乐寿,改元五凤,国号夏。明年迁都洺州。唐高祖武德三年(620),太宗讨王世充,建德驰援世充。后为太宗所败,被杀于长安。王世充(?—621):隋新丰人,祖籍西域,字行满。本姓支,其父为王姓养子,因姓王。性多诡诈,尤好兵法。文帝开皇中以军功拜仪同。炀帝时任江都郡丞。帝幸江都宫,世充阿谀承旨,雕饰池台以媚帝。又屡镇压民众起事,迁江都通守。及炀帝被杀,充拥立越王杨侗于东都。与李密战,破之。次年废杨侗自立,建国号曰郑,年号开明。后为太宗所败,降,至长安为仇人所杀。

〔译文〕

贞观七年(633),太常卿萧瑀上奏说:“现在《破阵乐舞》在天下广为传颂，但此乐赞美陛下威德功业方面，还有不详尽的地方。陛下先后攻破了刘武周、薛举、窦建德、王世充等人，臣希望画出他们的形象，用来表现战胜攻取的景象。”太宗说：“我在当时因为四方还未平定，为了拯救天下苍生于水深火热之中，迫不得已进行攻打讨伐的事情，所以民间才有了这个舞蹈和音乐。然而高雅的音乐，应该只陈述历史大概情况，如果原原本本写出来，那么其中的场景就容易被人看出来。我看现在朝廷中的将相，很多都曾受敌人的驱使，既然有过短暂的君臣关系，现在又看到他们被俘虏的情景，肯定会于心不忍。我因为这个原因，所以才不让详细描写。”萧瑀拜谢说：“这件事不是我能想到的。”

卷　八

论务农第三十

〔**题解**〕

中国传统社会以农业为中心，历代王朝都把农业作为立国的根本。此篇中，太宗屡言“国以人为本，人以食为命”，其实，这种观念由来已久。《尚书·洪范》篇所列举的“八政”中，“食”即位列第一，因此“八政”又称“农用八政”。《史记·郦生陆贾列传》记载郦食其曾对高祖刘邦说过“王者以民人为天，而民人以食为天”的话，唐代司马贞为这句话作的《索隐》中，引《管子》云：“王者以民为天，民以食为天，能知天之天者，斯可矣”，虽文字稍有差异，但是文意无丝毫变化，则太宗所言之雏形当为管仲。这种思想对中国历代影响至为深远，太宗更是贯彻这种思想的典范，贞观时期轻徭薄赋的农业政策，使农业生产迅速恢复，而后人津津乐道的“贞观之治”正是建立在这个物质基础之上。《务农》篇凡5章，注译选4篇。

贞观二年，太宗谓侍臣曰："凡事皆须务本。国以人为本，人以衣食为本。凡营衣食，以不失时为本。夫不失时者，惟在人君简静乃可致耳。若兵戈屡动，土木不息，而欲不夺农时，其可得乎？"王珪曰："昔秦皇、汉武，外则穷极兵戈，内则崇侈宫室，人力既竭，祸难遂兴。彼岂不欲安人乎？失所以安人之道也。亡隋之辙，殷鉴不远①，陛下亲承其弊，知所以易之，然在初则易，终之实难。伏愿慎终如始，方尽其美。"太宗曰："公言是也。夫安人宁国，惟在于君。君无为则人乐，君多欲则人苦，朕所以抑情损欲，克己自励耳。"

〔**注释**〕

①殷鉴不远：指殷商子孙要吸取的教训并不远。后泛指前人的教训就在眼前。语出《诗经·大雅·荡》："殷鉴不远，在夏后之世。"鉴，镜子，引申为借鉴、教训。

〔**译文**〕

贞观二年(628)，太宗对他身边的侍从大臣说："任何事情都必须抓住根本。国家以人民为根本，人民以衣食为根本。凡经营衣食，以不违农时为根本。而不违农时，只有君主清静寡欲才能做到。假若连年打仗，营建不停，而又想不占用农时，怎么可能办得到呢？"王珪说："从前秦始皇、汉武帝，对外穷兵黩武，对内大建宫室，人力既已用尽，灾祸也就随即发生。他们难道就不想安定百姓吗？只是失去了使百姓安定的正确方法。隋代灭亡的教训,距今不远,陛下亲自承受了隋朝遗留下来的弊病,懂得怎样去改变,然而事情刚开始还比较容易,要坚持到底就很难。真心希望陛下自始至终都能小心谨慎,才能达到最美好的境地。”太宗说:“你讲得很对。安定百姓和国家,关键在于君主。君主能与民休息,百姓就欢乐;君主多私欲,百姓就痛苦,这就是我不敢任情纵欲,而约束勉励自己的原因。”

贞观二年,京师旱,蝗虫大起。太宗入苑视禾,见蝗虫掇数枚而咒曰[①]:“人以谷为命,而汝食之,是害于百姓。百姓有过,在予一人,尔其有灵,但当食我,无害百姓。”将吞之,左右遽谏曰:“恐成疾,不可。”太宗曰:“所冀移灾朕躬,何疾之避!”遂吞之。自是蝗不复为灾。

〔注释〕

①掇(duō):拾取,摘取。

〔译文〕

贞观二年(628),京城发生旱灾,蝗虫大量滋生。太宗亲自到禁苑中去检视禾苗,看见蝗虫,就捡起了几只并祝告道:“百姓视庄稼为生命,你却把禾苗吃了,你是在危害百姓。老百姓有罪过,责任在于我一人,如果你们真的有灵性,只应当来啃噬我,不要危害百姓。”祝告完毕就要把蝗虫吞掉,身边的臣子们连忙劝阻说:“恐怕要生病,万万不可。”太宗说:“我只希望把灾祸转移到我身上,还躲避什么疾病呢?”于是就将蝗虫吞掉。从此蝗虫不再成灾。

贞观五年,有司上言:“皇太子将行冠礼①,宜用二月为吉,请追兵以备仪注②。”太宗曰:“今东作方兴③,恐妨农事,令改用十月。”太子少保萧瑀奏言:“准阴阳家④,用二月为胜。”太宗曰:“阴阳拘忌,朕所不行,若动静必依阴阳,不顾理义,欲求福祐,其可得乎?若所行皆遵正道,自然常与吉会。且吉凶在人,岂假阴阳拘忌?农时甚要,不可暂失。”

〔注释〕

①冠礼:男子成年所举行的加冠礼,行礼年龄及具体仪式因时、因阶层而有不同。周代仅限于贵族男子于二十岁时行冠礼。天子、诸侯则十二岁即可行之。礼仪一般由父或兄主持,于春二月选定吉日,在宗庙举行。

②追兵:谓征召、调集军队。仪注:制度,仪节。

③东作:谓春耕,泛指农事。

④阴阳家:战国时期提倡阴阳五行说的一个学派。这里指专司以择日、占星、风水等迷信为业的人。

〔译文〕

贞观五年(631),主管官署上奏说:“皇太子即将举行加冠礼,应当在二月里举行才吉祥,请陛下调集士兵,以备举行各项礼仪之需。”太宗说:“现在春耕刚开始,这样做恐怕要妨碍农事，下令将礼仪改在十月举行。”太子少保萧瑀上奏说：“按照阴阳家的推算，在二月里举行最好。”太宗说：“阴阳讲究禁忌，我不信奉，如果人的一举一动都必须依照阴阳禁忌去办，不顾道德和礼义，而想求得福祐，怎么可能得到呢？如果所做的都遵照正道，自然能常常得到吉祥。并且，吉凶取决于人，怎能听信阴阳禁忌呢？农时很重要，不能耽误片刻。”

贞观十六年，太宗以天下粟价率计斗值五钱，其尤贱处计斗值三钱，因谓侍臣曰：“国以民为本，人以食为命。若禾黍不登[1]，则兆庶非国家所有[2]。既属丰稔若斯[3]，朕为亿兆人父母，安得不喜。惟欲躬务俭约，必不辄为奢侈。朕常欲赐天下之人，皆使富贵。今省徭薄赋，不夺其时，使比屋之人，恣其耕稼，此则富矣。敦行礼让，使乡闾之间，少敬长，妻敬夫，此则贵矣。但令天下皆然，朕不听管弦，不从畋猎[4]，乐在其中矣！”

〔注释〕

①不登：歉收。

②兆庶：犹言兆民。

③丰稔（rěn）：犹丰熟。

④畋（tián）猎：打猎。

〔译文〕

贞观十六年（642），太宗因为全国米价大都一斗值五钱，特别便宜的地方，一斗只值三钱，于是对身边的侍从大臣说："国家以百姓为根本，百姓又以粮食为生命。如果粮食歉收，百姓就不再为国家所有了。既然粮食这样丰足，我作为亿兆百姓的父母怎能不心欢喜。我只想亲身厉行节约，不随意奢侈浪费。我常常想赏赐天下百姓，使他们都富裕尊贵。现在我减少赋役，不占用他们农耕的时间，使百姓能够顺应天时把庄稼种好，这就富裕了。督促他们推行礼义谦让，让乡间的百姓，年轻的尊敬年长的，妻子尊敬丈夫，这样百姓就能尊贵了。只要天下都能这样，我即使不听音乐，不去打猎，也乐在其中啊！"

论刑法第三十一

〔**题解**〕

先王制礼作乐以教先民的同时，又制定了刑法来惩治那些不受教化的人。刑法本意在于导人行善、惩治罪恶，因此，刑法的作用不在于惩罚，重要的是能够起到教化大众的目的。所以《论语》有言："道之以政，齐之以刑，民免而无耻；道之以德，齐之以礼，有耻且格。"太宗深刻理解了先王作刑的真谛，三令五申司法部门要谨慎使用刑法，做到公正无私，尤其对待死刑判决要慎之又慎，"凡有死刑，虽令即决，皆须五覆奏"。贞观年间，用刑宽大公平，"断死刑，天下二十九人，几致刑措"，监狱几乎都快要闲置下来，确为亘古未有之事。《论刑法》篇凡9章，注译选5章。

贞观元年,诏以犯大辟罪者[①],令断其右趾。因谓侍臣曰:“前代不行肉刑久矣[②],今断人右趾,意不忍为。”谏议王珪对曰:“古行肉刑以为轻罪,今陛下矜死之多,故设断趾之法,损一足以全其大命,于犯者甚益矣。且见之足为惩诫。”侍中陈叔达又曰:“古之肉刑,在死刑之外。陛下于死刑之内降从断趾,便是以生易死,足为宽法。”

〔注释〕

①大辟:古代五刑之一,谓死刑。《释诂》云:“辟,罪也。死是罪之大者,故谓死刑为大辟。”

②肉刑:残害肉体的刑罚,古指墨、劓(yì)、剕(fèi)、宫、大辟等。今泛指对受审者肉体上的处罚。

〔译文〕

贞观元年(627),太宗颁下诏令,以斩断右脚趾的处罚代替触犯大辟罪的人。因为这件事对随侍的大臣说:“以前的朝代不实行肉刑已经很久了,现在下令斩断罪人的右脚趾,本意上并不忍心这样做。”谏议王珪对答说:“古代的时候实行肉刑的都是比较轻的罪,现在陛下怜悯判死刑的人太多,所以设立了斩断右脚趾以代大辟之刑的法令,损害一只脚的脚趾却可以保全整个性命,对于犯罪的人来说是天大的好处,并且见到罪犯被斩断脚趾足可以起到惩罚警诫的作用。”侍中陈叔达又说:“古代的肉刑,是在死刑之外的刑罚。陛下在死刑之内将其降为斩断脚趾,便是用活命替换死亡,可以称得上是宽松的刑罚。”

贞观元年,太宗谓侍臣曰:“死者不可再生,用法须务存宽简。古人云,鬻棺者,欲岁之疫,非疾于人,利于棺售故耳。今法司核理一狱,必求深劾,欲成其考课。今作何法,得使平允?”谏议大夫王珪进曰:“但选公直良善人,断狱允当者,增秩赐金,即奸伪自息。”诏从之。

太宗又曰:“古者断狱,必讯于三槐、九棘之官[①]。今三公、九卿,即其职也。自今以后,大辟罪皆令中书、门下四品已上及尚书九卿议之,如此,庶免冤滥。”由是至四年,断死刑,天下二十九人,几致刑措[②]。

〔注释〕

①三槐:相传周代宫廷外种有三棵槐树,三公朝天子时,面向三槐而立。后因以三槐喻三公。九棘:古代群臣外朝之位,树九棘为标识,以区分等级职位。后因以九棘为九卿的代称。

②刑措:亦作“刑错”“刑厝”,置刑法而不用。

〔译文〕

贞观元年(627),太宗对他身边的侍从大臣说:“人死了不能复生,所以执法务必要宽大简约。古人说,卖棺材的人希望年年发生灾疫,并不是对人仇恨,只是利于棺木出售的缘故罢了。现在掌管刑狱的人审理每一件狱案,总是力求苛严,以此获得好的考核政绩。现在该用什么办法，才可以使案件公平恰当呢？”谏议大夫王珪说：“只要选拔正直善良的人，他们裁断狱案公允准确，就增加他们的俸禄，赏赐金帛，那么奸伪邪恶自然会止息。”太宗于是下令按这个办法实行。

太宗又说：“古时候判断狱案，一定要向三槐、九棘之官询问，当今的三公、九卿就相当于这样的职务。从今以后，遇有死刑，都叫中书、门下两省四品以上高官以及尚书、九卿来共同裁决，这样做，才有可能避免冤狱滥刑。”由于这样，到贞观四年(630)，全国被判处死刑的人只有二十九个，几乎使刑法搁置不用。

贞观二年，太宗谓侍臣曰：“比有奴告主谋逆，此极弊法，特须禁断。假令有谋反者，必不独成，终将与人计之。众计之事，必有他人论之，岂藉奴告也①。自今奴告主者，皆不须受，尽令斩决。”

〔注释〕

①藉：凭借，依靠。

〔译文〕

贞观二年(628)，太宗对他身边的侍从大臣说：“近来有奴仆告发主人谋反作乱的，这种做法危害非常大，需要特别禁止断绝。假如有谋反的人，绝不会单独策划，总要和别人商量。许多人合谋的事情，肯定会有其他人讲出来，哪里用得着依靠奴仆来告发。从今以后,凡是有奴仆告发主人的案子,都不要受理,将告发的奴仆一概处死。"

贞观九年,盐泽道行军总管、岷州都督高甑生坐违李靖节度①,减死徙边。时有上言者曰:"甑生旧秦府功臣,请宽其过。"太宗曰:"甑生违李靖节度,又诬告靖谋逆。虽是藩邸旧劳,诚不可忘。然理国守法,事须画一。今若赦之,便开侥幸之路。且国家建义太原,元从及征战有功者甚众,若甑生获免,谁不觊觎?有功之人,皆须犯法。我所以必不赦者,正为此也。"

〔注释〕

①盐泽:即蒲昌海,今新疆罗布泊。《汉书·西域传》:"蒲昌海,一名盐泽者也。去玉门、阳关三百余里,广袤三百里。"岷州:西魏大统十年(544)置,治所在同和郡(今甘肃岷县)。《元和郡县图志》卷三十九:"南有岷山,因以为称。"辖境相当今甘肃岷县地。隋大业初废,义宁二年(618)复置。唐天宝元年(742)改名和政郡,乾元元年(758)复为岷州。高甑生:唐初武将。武德年间为秦王府裨将。其人作战勇猛,曾与尉迟敬德一起在洛阳城外生擒王琬。后因功封为利州刺史。贞观九年(635),任盐泽道行军总管,随李靖讨伐吐谷浑。他率部首先进入青海,攻破了当地的羌族部落。后来由于违反了李靖的节度,受到惩罚,于是他怀恨在心,回师后诬告李靖谋反,未遂,以诬告罪被流放。

〔译文〕

贞观九年(635),盐泽道行军总管、岷州都督高甑生由于违抗李靖的节制调度，被判死罪后，减免行罚至流放到边远地方。当时有人上书给太宗说：“高甑生过去是秦王府的功臣，请求陛下宽免他的过错。”太宗说：“甑生违抗李靖的节制调度，又诬告李靖谋反叛逆。虽然他过去在秦王府的功劳，确实不应该忘记，但是治理国家应遵守法律，处理事情必须统一。今天如果赦免他，便开了侥幸之路。况且国家当初起兵太原，一开始就响应参战的人很多，如果高甑生得以免罪，那么谁会不存侥幸之想呢？这样有功劳的人，都会犯法作乱。我之所以决不赦免他，正是为了这个缘故。”

贞观十六年，太宗谓大理卿孙伏伽曰①：“夫作甲者欲其坚，恐人之伤；作箭者欲其锐，恐人不伤。何则？各有司存②，利在称职故也。朕常问法官刑罚轻重，每称法网宽于往代。仍恐主狱之司利在杀人，危人自达，以钓声价③。今之所忧，正在此耳！深宜禁止，务在宽平。”

〔注释〕

①孙伏伽（？—658）：贝州武城（今属山东）人。隋末为万年县法曹。仕唐后，数次进言勿流放王世充、窦建德之部属，要求纳谏、去散妓、慎太子诸王之僚属、禁马射，多被高祖、太宗采纳。贞观时官至大理卿、陕州刺史。

②司存：执掌，职掌。

③声价：名誉身价。

〔译文〕

贞观十六年(642),太宗对大理卿孙伏伽说:“制作铠甲的希望铠甲坚固,唯恐人受伤;制作羽箭的人希望箭头锋利,唯恐人不受伤。为什么呢? 因为各司其职,有利于胜任所担当的职责。我常常询问法官判处刑罚轻重的情况,往往都说刑罚比前代宽大。我仍然担心主管断案的官员以杀人为功,危害别人以抬高自己,沽名钓誉。现在我所担心的,就在于此! 应严加禁止,刑罚务必宽大公平。”

论赦令第三十二

〔题解〕

此篇中“赦令”乃皇帝颁布的减免罪刑或赋役的诏令。旧时封建君主常常以施恩为名,以求福为实,在新帝登基、敕封皇后、册立太子、更换年号,或者天有异象、地有大灾、王室成员有重疾时,颁发赦令,赦免一批罪犯或者减免部分赋役。这在封建时代是皇帝恩德仁恻的一种表现。即使在今天,在国家重大节庆活动之前,也常会颁布这种赦令,减免罪犯的服刑期限或者民众应缴纳的相应税款。但是,赦令的颁布和使用,不能过于频繁随意,否则就会使犯罪之人心存侥幸,达不到惩恶扬善的目的。太宗力图维持法制的稳定,故很少使用赦免令。太宗的这种执政意识,也影响到了部分皇室成员,长孙皇后病重,虽有太子之请，仍然没有请求颁布赦令。《论赦令》篇凡7章，注译选4章。

贞观七年，太宗谓侍臣曰："天下愚人者多，智人者少。智者不肯为恶，愚人好犯宪章。凡赦宥之恩[①]，惟及不轨之辈。古语云：'小人之幸，君子之不幸。''一岁再赦，善人喑哑[②]。'凡养稂莠者伤禾稼[③]，惠奸宄者贼良人[④]。昔'文王作罚，刑兹无赦。'又蜀先主尝谓诸葛亮曰[⑤]：'吾周旋陈元方、郑康成之间[⑥]，每见启告理乱之道备矣，曾不语赦。'故诸葛亮理蜀十年不赦，而蜀大化。梁武帝每年数赦，卒至倾败。夫谋小仁者，大仁之贼，故我有天下已来，绝不放赦。今四海安宁，礼义兴行，非常之恩，弥不可数。将恐愚人常冀侥幸，惟欲犯法，不能改过。"

〔注释〕

①赦宥（shèyòu）：宽恕，赦免。

②喑（yīn）哑：哑巴，口不能言。这里谓沉默不语。

③稂莠（lángyǒu）：稂和莠，都是形状像禾苗而妨害禾苗生长的杂草。常比喻害群之人。

④奸宄（guǐ）：亦作"奸轨"，指违法作乱的人。

⑤蜀先主：即刘备（161—223），字玄德，三国蜀皇帝，涿郡涿县（今河北涿州）人。东汉远支皇族。少孤，贩履织席为生。东汉末起兵镇压黄巾军。先后依公孙瓒、陶谦、曹操、袁绍、刘表等。赤壁之战中，联合孙权，大破曹操，据荆州。旋取益州、汉中。汉献帝建安二十四年（219），自立为汉

中王。曹丕代汉之次年称帝,国号汉,建都成都。章武初,率师伐吴,在夷陵之战中大败,卒于白帝城。在位三年。谥昭烈。

⑥陈元方:名纪,字元方,陈寔子。东汉名士。遭党锢之祸,发愤著书数万言,名为《陈子》。董卓专权,历任五官中郎将、尚书令。献帝时为大鸿胪。郑康成(127—200):名玄,字康成,北海高密(今属山东)人。曾入太学受业今文《易》和公羊学,又从张恭祖学《古文尚书》《周礼》《左传》等,并从马融学古文经。聚徒讲学,弟子多至千人。因遭党锢之祸,遂潜心著述,注《周易》《尚书》《毛诗》《仪礼》《论语》等,著有《天文七政论》《鲁礼禘祫义》《六艺论》等书。是当时著名经学大家。

〔译文〕

贞观七年(633),太宗对他身边的侍从大臣说:“天下愚昧的人多,聪明的人少。聪明人不会作恶,无知的人却屡屡触犯法律。国家宽恕赦免的恩典,涉及的只是那些图谋不轨的愚昧之人。古语说:‘小人的幸运,就是君子的不幸。’‘一年发布几次赦免,好人就会沉默不语。’凡是保养稂莠之类的杂草,就会伤害禾苗的生长,将恩惠施予奸邪的人就会伤害好人。从前,‘周文王制定刑罚,对有罪的人轻易不予赦宥’。还有蜀汉先主刘备曾对诸葛亮说:‘我曾和陈元方、郑康成交际应酬,常听到他们讲说治乱的道理,听的够多了,但从未讲到要实行赦令。’所以诸葛亮治理蜀国,十年之中不曾有一次大赦,而蜀国大治。梁武帝每年几次大赦,最终导致倾覆败亡。这种谋求小仁的做法,实际上是对大仁的损害,所以我取得天下以来,绝不发布赦免令。现在天下太平,礼义盛行,特殊的恩典,数不胜数。我担心无知的人常存侥幸之心,只想犯法遇赦,却不去改正过错。”

贞观十年，太宗谓侍臣曰："国家法令，惟须简约，不可一罪作数种条格。格式既多[①]，官人不能尽记，更生奸诈。若欲出罪即引轻条，若欲入罪即引重条。数变法者，实不益道理。宜令审细，毋使互文[②]。"

〔注释〕

①格式：官吏处事的规则法度。

②互文：指互有歧义的条文。

〔译文〕

贞观十年(636)，太宗对他身边的侍从大臣说："国家的法令，必须制定得简明扼要，不可以一种罪有几种处罚条令。条款太烦琐，官员不能够完全记清楚，更容易发生奸诈。如果想开脱罪责，就援引较轻的条款，如果想加重罪责就援引重判的条款。多次改变法令，实在对国家的治安非常不利。现在，我们应该仔细审定法令，不要使各法律条款之间互相有歧义。"

长孙皇后遇疾，渐危笃[①]。皇太子启后曰："医药备尽，今尊体不瘳[②]，请奏赦囚徒并度人入道，冀蒙福助。"后曰："死生有命，非人力所加。若修福可延，吾素非为恶；若行善无效，何福可求？赦者，国之大事。佛道者，上每示存异方之教耳。常恐为理体之弊，岂以吾一妇人而乱天下法，不能依汝言。”

〔注释〕

①危笃：谓病势危急。

②瘳（chōu）：病愈。

〔译文〕

长孙皇后生了病，病势日渐危重。太子向皇后请求说：“医药都用遍了，现在母后的尊体仍不能痊愈，请奏知父皇赦免罪犯，并度一些人出家奉佛，以求上天保佑赐福。”皇后说：“生死都是命里注定，不是人力所能改变的。如果做善事能延长寿命，那我向来没做过什么坏事；如果平素行善都无效，那又有什么福可求呢？赦免罪犯是国家的大事，而佛教，皇上经常表示只不过是有意识保留的一种异域传来的宗教罢了。他时常顾虑这会成为国家治国大道的弊病，怎能因为我一个妇人而乱了国家的法度呢？不能按你说的办。”

贞观十五年，诏曰：“朕听朝之暇，颇观前史，每览名贤佐时，忠臣徇国，何尝不想见其人，废书钦叹！至于近代以来，年载非远，然其胤绪或当见存[①]，纵未能显加旌擢[②]，无容弃之遐裔[③]。其周、隋二代名臣及忠节子孙，有贞观已来犯罪配流者，宜令所司具录奏闻。”于是多从矜宥[④]。

〔注释〕

①胤(yìn)绪:后代,后嗣。

②旌擢:表彰提拔。

③遐裔:远方,边远之地。

④矜宥(jīnyòu):矜怜宽宥。

〔译文〕

贞观十五年(641),太宗下诏说:"我在处理朝政的空闲时间,还真是阅读了一些前朝的史书,每每看到古代的贤臣辅佐国家,忠义的臣子以死为国效命,我何尝不想见一见其人,放下书本我常常感叹不已!至于近代以来,时间距离现在还不算久远,这些贤人的后代有的可能还在世,即使不能大规模对他们进行表彰,也不应该把他们抛弃在边远荒凉的地方。北周、隋两代名臣和以忠尽节的臣子的后代,如果在贞观以后犯了罪被流放发配的,应让各主管部门详细登记上报。"于是对这些人大多宽大处理,从轻发落。

论贡献第三十三

〔题解〕

《论贡献》篇主要记述了太宗君臣对纳受贡献的看法和讨论。贞观时期,大唐国势日渐强盛,对内休养生息,对外休兵止戈，所以全国各地及周围边境的各少数民族政权纷纷派遣使者入京纳贡。但是，太宗作为一代名主，头脑表现得相当清醒，他并没有对珍奇异玩表现出搜奇之心，也没有对异域美色表现出猎艳之欲。他不仅不许地方官去自己辖区以外的地方寻求贡献，还下令将外国进贡的美女遣返故土，珍禽放归山林。这对于一个封建君主来说实属难能可贵。凡此种种，都体现了太宗的仁爱怜悯之心。是篇凡5章，注译选4章。

贞观二年，太宗谓朝集使曰①："任土作贡，布在前典，当州所产，则充庭实。比闻都督、刺史邀射声名，厥土所赋，或嫌其不善，逾境外求，更相仿效，遂以成俗。极为劳扰，宜改此弊，不得更然。"

〔注释〕

①朝集使：唐代采用汉代上计使者之制，诸道每年派遣使者至京师，朝觐皇帝并谒见宰相报告政务及岁计出入，称为朝集使。朝集使在参加朝会时可向皇帝提建议。

〔译文〕

贞观二年(628)，太宗对朝集使说："根据土地物产确定贡赋，已记载在从前的典章制度上，本州的特产，就充当为朝堂的贡品。近来我听说有些都督、刺史追求声名，嫌本地的贡赋不好，就越境到外地寻求，各地相互仿效，竟成为习俗。这样做会劳民伤财，应该改掉这种弊病，以后不允许再这么做。"

贞观十二年，疏勒、朱俱波、甘棠遣使贡方物[1]。太宗谓群臣曰："向使中国不安，日南、西域朝贡使亦何缘而至[2]？朕何德以堪之！睹此翻怀危惧。近代平一天下，拓定边方者，惟秦皇、汉武。始皇暴虐，至子而亡；汉武骄奢，国祚几绝。朕提三尺剑以定四海，远夷率服，亿兆乂安，自谓不减二主也。然念二主末途，皆不能自保，由是每自惧危亡，必不敢懈怠。惟藉公等直言正谏，以相匡弼。若惟扬美隐恶，共进谀言，则国之危亡可立而待也。"

〔注释〕

①疏勒：又作疎勒、竭叉、沙勒、佉沙、室利讫栗多底、伽师祇离、乞思合儿、可失哈耳、可失哈里、合失合儿、乞失哈里、哈实哈儿、哈失哈等，西域古国名。汉时王治疏勒城（今新疆喀什一带），属西域都护。唐贞观初，建疏勒镇，与龟兹、于阗、碎叶同为"安西四镇"。高宗上元中，置疏勒都督府，属安西都护府。后迁都伽师城（今新疆伽师东南黑太沁尔古城）。北宋时为回鹘黑韩王所并。朱俱波：又作朱驹波、朱俱槃、朱居半，西域古国名。在今新疆叶城西南棋盘乡。甘棠：西域古国名，在西海之南。

②日南：古县名。隋开皇十年（590 年）置，治今越南清化省清化东北，属九真郡。唐属爱州。五代晋废。

〔译文〕

贞观十二年（638），疏勒、朱俱波、甘棠国派使者进献特产。

太宗对群臣说:“如果中国不安定,日南、西域的朝贡使者怎么会来呢?我有什么德行能担当得起这种盛事啊!看到这些我反而心怀忧虑恐惧。近代以来能够统一天下,拓宽疆域,安定边关的,只有秦始皇和汉武帝。但秦始皇残酷暴虐,传到儿子那一代就灭亡了;汉武帝骄傲奢侈,帝业差点断绝。我手执三尺宝剑平定天下,远方异族纷纷臣服,亿万百姓平安无事,自认为功业不逊于这两位帝王。可是想到这两个帝王晚年都不能保全自己,因此我常常担忧国家的危亡,不敢有丝毫懈怠。只有依靠你们各位大臣直言进谏,来辅佐我治理好国家。如果只是一味地赞美功绩,隐瞒过失,满朝都说奉承话,那么国家的危亡,很快就会到来。”

贞观十九年,高丽王高藏及莫离支盖苏文遣使献二美女①,太宗谓其使曰:“朕悯此女离其父母兄弟于本国,若爱其色而伤其心,我不取也。”并却还之本国。

〔注释〕

①高藏:唐时高丽国王,高建武侄。太宗贞观十六年(642),盖苏文杀建武立藏为王,专国政。高宗乾封初盖苏文死,子泉男生代为莫离支,与其弟泉男建争权。男生求助于唐,唐命李勣、薛仁贵破高丽兵,败男建,执藏,分其地为九都督府,置安东都护府于平壤,以仁贵为都护。仪凤二年(677)封藏为朝鲜王,使还故土。藏至辽东,与靺鞨谋反,召还,徙邛州。永淳初卒。莫离支:高丽官名,相当于唐时的兵部尚书兼中书令之职。盖苏文(603—666):即渊盖苏文,渊氏家族出于早期高丽五部中的顺奴部。

渊盖苏文父亲渊太祚为高丽东部大人、大对卢(相当于宰相)。盖苏文继承父职为大对卢,仍掌高丽军政大权。执政时击退太宗亲征,又在高宗时多次击败唐军。

〔译文〕

贞观十九年(645),高丽国王高藏和莫离支盖苏文派使者向太宗进献了两个美女,太宗对高丽的使臣说:“我可怜这两个女子离开了她们在本国的父母兄弟,如果因为爱她们的美色而使她们伤心,我是不会接受的。”于是拒绝接受,把二人送还故土。

辨兴亡第三十四

〔题解〕

钞本并无此《辨兴亡》篇,明本此篇凡 2 章,为钞本卷五《论仁义》篇第二章、第五章。戈本 5 章,有卷二《纳谏》篇《直谏》附移入 1 章,重出卷六《论奢纵》篇 2 章。谢保成集校本依明本编次,并同时保留戈本卷六《奢纵》篇重出 2 章的原文,总计 4 章,注译于此篇选 2 章。国家兴亡是贞观君臣讨论的重点,太宗深刻认识到前朝覆亡的原因,能够及时从历史中总结经验教训,励精图治,目的在于维护国家的长治久安,避免覆亡,这也可以说是全书的要旨所在。

贞观初，太宗从容谓侍臣曰："周武平纣之乱，以有天下，秦皇因周之衰，遂吞六国。其得天下不殊，祚运长短若此之相悬也？"尚书右仆射萧瑀进曰："纣为无道，天下苦之，故八百诸侯不期而会①。周室微，六国无罪，秦氏专任智力，蚕食诸侯。平定虽同，人情则异。"太宗曰："不然，周既克殷，务弘仁义；秦既得志，专行诈力。非但取之有异，抑亦守之不同。祚之修短，意在兹乎！"

〔注释〕

①八百诸侯不期而会：据《史记·周本纪》记载，商纣王暴虐无道，天下诸侯众叛亲离，大都归顺西伯姬昌（周文王）。姬昌卒后，其子姬发（武王）即位，以太公望、周公旦等人为辅佐，师修文王之业。武王二年，观兵于孟津（今河南洛阳孟津东北，时为黄河重要渡口），"诸侯不期而会盟津（孟津）者八百"，诸侯都说可以伐纣，武王则认为灭商时机还不成熟，于是退兵。

〔译文〕

贞观初年，唐太宗从容地对身边的侍从大臣说："周武王平定了商纣王时的混乱，取得了天下；秦始皇乘周王室衰微，就吞并了六国。他们取得天下没有什么不同，为什么国运长短如此悬殊呢？"尚书右仆射萧瑀回答说："商纣王暴虐无道，天下的人都痛恨他，所以八百诸侯不约而同地来与周武王会师。周朝虽然衰微，六国无罪，秦国完全是倚仗计谋和武力，像蚕吃桑叶一样逐渐吞并诸侯。虽然同是平定天下，人们对待他们的态度却不一样。”太宗说：“这样的说法不对，周灭殷以后，努力推行仁义；秦国达到目的以后，却一味地施行欺诈和暴力。它们不仅在取得天下的方式上有差别，而且守护天下的方式也不相同。国运之所以有长有短，道理大概就在这里吧！”

贞观五年，太宗谓侍臣曰：“天道福善祸淫，事犹影响。昔启人亡国来奔①，隋文帝不吝粟帛，大兴士众，营卫安置，乃得存立。既而强富，子孙不思念报德。才至失脱②，即起兵围炀帝于雁门。及隋国乱，又恃强深入，遂使昔安立其国家者，身及子孙，并为颉利破亡③。岂非背恩忘义所至也！”群臣咸曰：“诚如圣旨。”

〔注释〕

①启人：即启民可汗（？—609），隋时东突厥首领，名染干，沙钵略可汗子，都蓝可汗堂弟。初号突利可汗，居突厥之北，以尚隋宗女安义公主，南迁。都蓝屡攻之，乃入隋，拜意利珍豆启民可汗，迁置河南夏、胜二州间。及都蓝死，西突厥达头可汗又数为隋军所败，遂并有突厥之众，成为东突厥大可汗。

②失脱：即始毕可汗（？—619），隋时东突厥首领，姓阿史那，名咄吉，亦作咄吉世，启民可汗子。炀帝大业十一年（615）尝扰边，围帝于雁门，援兵至，引去。逆绝朝贡。隋末世乱，中原之起事者多与之联系归依。李渊起兵太原，遣刘文静往聘，始毕助以军，从渊进军长安。后以兵威逼唐，与梁师都、刘武周袭太原，行至夏州，病卒。

③颉利：即颉利可汗（？—634），唐时东突厥首领，姓阿史那，名咄苾，处罗可汗弟。高祖武德三年（620），嗣立为可汗。时兵马强盛，有凭陵中

国之志。高祖以中原初定,不遑外略,常优容之,赐与不可胜计。武德九年(626),尝发兵数十万进逼渭水桥北。太宗贞观三年(629),唐北联薛延陀,发李靖等六大总管十余万师讨之。次年,俘至长安,授右卫大将军。卒谥荒。

〔译文〕

贞观五年(631),太宗对他身边的侍从大臣说:“天道是给善人降福、给坏人降祸,有些事还是有应验的。从前突厥启民可汗失国来投奔隋朝,隋文帝不惜粟帛钱财,动员了大批兵士民众守卫安置,使他们能够生存下来。不久突厥富强起来,启民可汗的子孙却不想报答恩德。到始毕可汗时,就起兵把隋炀帝围困在雁门关。等到隋朝大乱,又仗恃强大,深入隋朝境内,致使当年帮助启民可汗安家立国的人自身和他们的子孙,都遭到颉利可汗兄弟的屠杀。这难道不是忘恩负义吗?”大臣们都说:“确实像陛下所说的那样。”

卷　九

议征伐第三十五

〔题解〕

《议征伐》篇主要记述了贞观时期太宗君臣关于征伐的讨论,其中讨伐高丽是争论的焦点。贞观初年,太宗爱惜民力,对征伐战阵之事十分谨慎,在自己的言论中一再强调"夫兵甲者,国家凶器也。土地虽广,好战则人凋;邦境虽安,忘战则人殆"。正是因为有这样清醒的认识,所以边境的各少数民族政权虽然屡相侵扰,但太宗大多采取恩威并施、以德怀人的民族怀柔政策。但是到了贞观后期,在讨伐高丽的问题上,太宗却重蹈隋炀帝的覆辙,刚愎自用,好大喜功,一意孤行。虽有房玄龄、褚遂良、尉迟敬德等人的一再劝谏,但他几乎都没有采纳,最终惨败,劳民伤财,得不偿失。是篇凡13章,注译选6章。

武德九年冬,突厥颉利、突利二可汗①,以其众二十万,至渭水便桥之北,遣酋帅执失思力入朝为觇②,自张形势云："二可汗总兵百万，今已至矣。"乃请返命。太宗谓曰："我与突厥面自和亲，汝则背之，我无所愧。何辄将兵入我畿县③，自夸强盛，我当先戮尔矣！"思力惧而请命。萧瑀、封德彝请礼而遣之。太宗曰："不然。今若放还，必谓我惧。"乃遣囚之。太宗曰："颉利闻我国家新有内难，朕又初即位，所以率其兵众，直至于此，谓我不敢拒之。朕若闭门自守，虏必纵兵大掠。强弱之势，在今一策。朕将独出，以示轻之，且耀军容，使知必战。事出不意，乖其本图，制伏匈奴，在兹举矣。"遂单马而进，隔津与语，颉利莫能测。俄而六军继至，颉利见军容大盛，又知思力就拘，由是大惧，请盟而退。

〔注释〕

①突利：即突利可汗，唐初突厥首领，名什钵苾。始毕可汗嫡子，颉利可汗侄。隋炀帝大业中，受父命领东牙之兵，号泥步设，隋妻以淮南公主。颉利可汗嗣位，以其为突利可汗。唐高祖武德中，与太宗结为兄弟，与盟而去。太宗贞观三年(629)，突利为颉利所攻，遂率部归唐。四年(630)，授右卫大将军，封北平郡王，都督顺、祐等州。次年征入朝，道卒。

②执失思力：突厥人，原为东突厥执失部酋长，东突厥灭亡后，归降唐朝，担任左领军将军。后来奉命招降浑、斛萨等部族。并娶唐高祖之女、唐太宗之妹九江公主为妻，官拜驸马都尉，封安国公。此后多次随军征战，先后大败吐谷浑、吐蕃、薛延陀。永徽四年(653)，因受房遗爱谋反案牵连，被流放巂州，九江公主求削封邑，与夫同行。龙朔年间，复任归州刺史，不久病逝。麟德元年(664)，追赠胜州都督，谥号景。觇(chān)：偷偷

地察看。

③畿(jī)县:旧称京都近旁的县份。

〔译文〕

武德九年(626)冬天,突厥的颉利、突利二位可汗率领二十万军队到达渭河便桥以北,派统帅执失思力入朝窥探虚实。执失思力虚张声势地说:“二位可汗率领百万大军,现在已经到来了。”请求回去复命。太宗对他说:“我与突厥曾当面议定和亲,如今你们却违背了协议,我没有什么愧疚的。你们为什么率军侵入京郊地区,还自夸强盛?我要先杀了你。”思力害怕,请求保全性命。萧瑀、封德彝等大臣请求按礼节将思力放回去。太宗说:“不能这样做。现在如果放回思力,他们一定认为我害怕了。”于是下令把思力囚禁起来。太宗对大臣们说:“颉利听说我国最近有内乱,又欺我刚刚继位,所以率军直接来到这里,以为我不敢抵抗。我如果关闭城门自守,他们必定放纵士兵大肆掳掠。强弱形势的变化,就在于今日的决策。我决定单独出城,以示对他们的轻视之意,并且显示我们的军容,让他们知道我们一定应战。事情出乎他们的意料,就会打乱他们原来的计划,制伏匈奴,在此一举。”于是太宗单人独马前进,隔着渭水渡口向颉利喊话,颉利摸不清太宗的意图。不久大唐六军相继到达,颉利看到大唐军容强盛,又得知执失思力被囚禁,因而异常惊恐,请求签订和约后率兵退去。

贞观四年,有司上言:“林邑国蛮①,表疏不顺,请发兵讨击之。”太宗曰：“兵者，凶器，不得已而用之。故汉光武云[②]：‘每一发兵，不觉头须为白。’自古以来，穷兵极武，未有不亡者也。苻坚自恃兵强[③]，欲必吞晋室，兴兵百万，一举而亡。隋主亦必欲取高丽，频年劳役，人不胜怨，遂死于匹夫之手。至如颉利，往岁数来侵我国家，部落疲于征役，遂至灭亡。朕今见此，岂得辄即发兵？经历山险，土多瘴疠[④]，若我兵士疾疫，虽克剪此蛮，亦何所补？言语之间，何足介意！”竟不讨之。

〔注释〕

①林邑：南海古国名，故地在今越南中南部。中国史籍初称之为林邑，唐至德以后改称环王，九世纪后期改称占城。自五代以后，中国正史和《诸蕃志》《岛夷志略》《瀛涯胜览》等书均有记述。十七世纪末亡于广南阮氏。

②光武：即光武帝刘秀（前6—57），字文叔，南阳蔡阳人，汉高祖九世孙。王莽末年与兄起兵春陵，加入绿林军，大破莽兵于昆阳，镇压并收编铜马等农民军。建武元年（25）称帝，定都洛阳。镇压赤眉军，讨平公孙述、隗嚣等，统一全国。屡诏释放奴婢，免罪徒为庶民，减轻租税徭役，兴修水利，裁并四百余县，精简官吏，朝廷中加重尚书职权，地方上废除掌军权之都尉，加强了中央集权。在位三十三年。

③苻坚（338—385）：十六国时前秦国君。略阳临渭人，氐族，一名文玉，字永固。苻雄子。博学多才，有经世志。东晋穆帝升平元年（357），杀苻生自立，去帝号，称大秦天王，改元永兴。重用王猛等人掌机要，参国事，抑制豪酋，强化王权，劝课农桑，兴修水利，提倡儒学，整饬军政。先后攻灭前燕、前凉、代国，威服诸邻国，统一北方大部，并夺东晋之益州。建

元十九年(383)征调步骑九十万南攻东晋,于淝水为东晋军所败。各族首领乘机叛而自立。建元二十一年(385)为后秦姚苌擒杀。前秦由是瓦解。在位二十七年。

④瘴疠(zhànglì):亦作"瘴厉"。感受瘴气而生的疾病。亦泛指恶性疟疾等病。

〔译文〕

贞观四年(630),有官员报告说:"林邑蛮夷之国,上疏的言辞不恭顺,请陛下发兵讨伐他们。"太宗说:"兵器是大凶之器,不到万不得已不要动用。所以汉光武帝说:'每一次发兵作战,不知不觉间头发胡须就变白了。'自古以来凡用尽兵力极端好战的人,没有不自取灭亡的。苻坚倚仗自己兵力强大,一心想要吞并晋朝,出兵百万之众,一次战争就自取灭亡。隋炀帝也一心要攻破高丽,连年征发劳役,老百姓十分怨恨,最后死于普通人之手。至于像颉利,往年多次进犯中原,他的部落被战事弄得疲惫不堪,终于遭到灭亡。我现在看到这些,怎能轻易出战呢?况且要翻越崇山峻岭,那里瘴气弥漫,疫病流行,如果士兵们被传染上,即使消灭了南蛮,又有什么补益呢?言语之间的不恭敬,又何必太在意!"最终没有讨伐林邑国。

贞观十八年,太宗以高丽莫离支贼杀其主①,残虐其下,议将讨之。谏议大夫褚遂良进曰:"陛下兵机神算,人莫能知。昔隋末乱离,克平寇难。及北狄侵边,西蕃失礼,陛下欲命将击之,群臣莫不苦谏,惟陛下明略独断，卒并诛夷。今闻陛下将伐高丽，意皆荧惑[2]。然陛下神武英声，不比周、隋之主，兵若渡辽，事须克捷，万一不获，无以威示远方，必更发怒，再动兵众，若至于此，安危难测。”太宗然之。

〔注释〕

①莫离支贼杀其主：指贞观十六年(642)渊盖苏文弑高丽国王高建武一事。

②荧惑：古指火星。因隐现不定，令人迷惑，故名。此处指使人迷惑。

〔译文〕

贞观十八年(644)，太宗因为高丽国的莫离支弑杀君主，残暴地对待大臣百姓，和众大臣商议讨伐他。谏议大夫褚遂良进谏说：“陛下用兵神机妙算，平常的人不能了解。过去在隋末天下大乱之时，陛下平定了贼寇。等到北方异族侵犯边境，西方少数民族违背礼节时，陛下打算派遣将领出兵讨伐，臣子们没有不苦苦劝阻的，由于陛下英明果断，一一诛灭了这些异族。现在听说陛下要讨伐高丽，大臣们都感到很疑惑。然而陛下英明神勇，周、隋二代的君主无法相比。如果士兵们一旦渡过辽河，军事上一定要大获全胜，万一不能获胜，无法以兵威显示远方，陛下必定更加生气，再次兴师动众。如果到了这种地步，国家的安危就难以预料了。”太宗认为他说的话很有道理。

贞观十九年，太宗亲征高丽，开府仪同三司尉迟敬德奏言①:"车驾若自往辽左,皇太子又监国定州,东西二京,府库所在,虽有镇守,终是空虚,辽东路遥,恐有玄感之变②。且边隅小国,不足亲劳万乘。若克胜,不足为武;傥不胜,翻为所笑。伏请委之良将,自可应时摧灭。"太宗虽不从其谏,而识者是之。

〔注释〕

①尉迟敬德(585—658):名恭,朔州善阳(今山西朔县)人。隋末从刘武周为将。后降唐,随太宗破击王世充、窦建德、刘黑闼等。力劝太宗诛杀其兄建成,参与发动玄武门之变。因功拜右武侯大将军,封吴国公,图像凌烟阁。辞官后专心仙术,厚自奉养,不交外人。谥忠武。

②玄感:即杨玄感(?—613),隋弘农华阴(今属陕西)人。司徒杨素子。以父军功位至柱国。父死袭爵,迁礼部尚书。爱重文学,四方知名士多趋其门。在朝文武又多系其父故将旧吏,名重于世,帝甚忌之。炀帝大业九年(613)二次征辽之役,奉命督粮黎阳。时朝政日非,百姓苦于役,天下紊乱,乃于黎阳起兵谋废帝立秦王杨浩,从之者十余万。南下围攻东都,月余不克。转向西图关中,至阌乡,追兵至,战败被杀。

〔译文〕

贞观十九年(645),太宗将要亲自带兵征伐高丽,开府仪同三司尉迟敬德上奏说:"陛下如果亲自前往辽东,皇太子又在定州监国,洛阳、长安二京是国库重地,虽然都有军队镇守,但终归还是很空虚。辽东路途遥远,恐怕会发生当年隋炀帝亲征高丽时杨玄感作乱的事变。况且,高丽乃边远的小国,不值得陛下亲自征讨。如果取胜,不足以称为武功;倘若失败,恐怕反而被他们嘲笑。我请求陛下委派能征善战的将领去征讨，自然会按时将其摧毁消灭。”唐太宗虽然没有听从他的劝谏，但是他的建议赢得了有识之士的赞许。

礼部尚书江夏王道宗从太宗征高丽，诏道宗与李勣为前锋[①]。及济辽水克盖牟城[②]，逢贼兵大至，军中佥欲深沟保险[③]，待太宗至徐进。道宗议曰：“不可。贼赴急远来，兵实疲顿，恃众轻我，一战可摧。昔耿弇不以贼遗君父[④]，我既职在前军，当须清道以待舆驾。”李勣大然其议。乃率骁勇数百骑直冲贼阵，左右出入。勣因合击，大破之。太宗至，深加赏劳。道宗在阵损足，帝亲为其针，赐以御膳。

〔注释〕

①李勣（594—669）：原名徐世勣，曹州离狐（今山东东明）人。隋末参加翟让义军，后投奔李渊，任右武侯大将军。赐姓李，讳改单名。从太宗平王世充，败窦建德、刘黑闼等。又随李孝恭破辅公祏，与李靖败突厥。总章元年（668）率军攻高丽，下平壤。寻卒。图像凌烟阁，谥贞武。

②盖牟城：高丽置，在今辽宁抚顺劳动公园内古城。

③佥（qiān）：全，都。

④耿弇（3—58）：东汉扶风茂陵（今陕西兴平）人，字伯昭。耿况子。少好将帅之事。初为刘秀门下吏，后拜大将军，发幽州十郡兵，乘胜南下，镇压铜马、高湖等部，常率精骑为军前锋。光武即位，拜建威大将军，封好畤侯。击破彭宠、张步，又西击隗嚣。十年之间凡所平郡四十六，屠城三

百，未尝挫折。建武十三年（37），封还大将军印绶，以列侯奉朝请。卒谥愍。

〔译文〕

礼部尚书江夏王李道宗跟随太宗征伐高丽，太宗命道宗和李勣为先锋。等到渡过辽水，攻克盖牟城时，遇到敌军大举进攻，军中将士全都想挖深壕沟，据守险要，等太宗到来后再慢慢前进。道宗说："不能这样做。敌军远道而来救急，士兵已经劳累困顿，他们倚仗人马众多轻视我们，只要一次战斗就可以摧毁他们。从前，东汉的耿弇从不把敌军留给君王处置，我们既然是先锋，就应当清理道路等待皇上的到来。"李勣非常赞同他的意见。于是道宗率领几百名骁勇善战的骑兵直接向敌人的阵地冲去，横冲直撞。李勣趁势率兵配合接应，左右夹击大败敌军。太宗到了之后，对他们大加赞赏犒劳。道宗在战斗中伤了脚，太宗亲自替他针灸治疗，赐给他御膳。

太宗《帝范》曰[①]："夫兵甲者，国家凶器也。土地虽广，好战则人凋；邦国虽安，忘战则人殆。凋非保全之术，殆非拟寇之方，不可以全除，不可以常用。故农隙讲武，习威仪也；三年治兵，辨等列也。是以勾践轼蛙[②]，卒成霸业；徐偃弃武[③]，终以丧邦。何也？越习其威，徐忘其备也。孔子曰：'以不教人战，是谓弃之。'故知弧矢之威，以利天下，此用兵之机也。"

〔注释〕

①《帝范》:书名,太宗李世民亲撰,书成于贞观二十二年(649),为诫子政论之作。全书四卷十二篇,计有《君体》《建亲》《求贤》《审官》《纳谏》《去谗》《诫盈》《崇俭》《赏罚》《务农》《阅武》《崇文》。

②勾践:春秋末越国国君。其父允常为吴王阖闾所败。勾践元年(前496)与吴战,败吴师于槜李,吴王阖闾受伤,旋死。吴王夫差报仇,败越于夫椒。勾践以余部五千屯会稽,使文种因吴太宰伯嚭求和。后二年,使文种守国,与范蠡入臣于吴。返国后,苦身焦思,卧薪尝胆,用范蠡、文种等策,十年生聚,十年教训,转弱为强。勾践十五年(前482),乘吴王夫差北上黄池与晋争霸,攻入吴都,迫吴求和。后终灭吴。继又北渡淮,会诸侯于徐州,贡于周,受方伯之命,成霸主。在位三十二年。轼:古代车厢前面用作扶手的横木,古人立乘,扶轼表示敬意。相传越王勾践为报仇雪耻,将出兵伐吴,途中见怒蛙,即凭轼为敬。从者问他为什么,勾践说:"蛙见敌而有怒气,故为之轼。"意在借以激励士卒的锐气。

③徐偃:西周时徐国国君。周穆王巡狩,乐而忘归。偃王行仁义,诸侯朝者三十六国,强大,遂率九夷攻周。穆王令楚出兵攻徐,偃王爱其民不与斗,遂为所灭。

〔译文〕

太宗在《帝范》这本书里说:"武器、铠甲是国家的大凶之器。土地虽然辽阔,要是喜欢发动战争就会使民生凋敝;国家虽然安宁,要是忘记战备百姓就会懈怠。民生凋敝不是保全国家的办法,百姓懈怠更不是御敌的策略,武装既不可完全解除,又不可经常使用。因此百姓农闲时,就讲习武艺,是为了熟悉威仪;三年练兵,是为了辨别等级位次。因此,越王勾践在车上凭轼敬礼怒蛙,激励士气,终于成其霸业;徐偃王废弃武备,依赖文德,终致国家灭亡。这是为什么呢?就是因为越国经常练习其威仪,而徐偃王却忘记了武备。孔子说:'用不习武的人民去作战,这等于是抛弃他们。'因此懂得弓箭的威力,是为了安定天下,这就是用兵者的职责。"

议安边第三十六

〔题解〕

《议安边》篇主要记述了贞观年间太宗君臣有关如何安置边远地区少数民族归降军民问题的议论。唐初国力强盛,太宗又比较注意实行民族团结政策,所以四方外族纷纷前来归顺纳贡。其中,最为突出的是游牧在中国北方草原的突厥部落。唐太宗召集群臣商讨如何安置,群臣纷呈"安边之策",并针对内迁还是外徙、设置郡县还是自立为王等问题展开了激烈的争论,互有得失。是篇凡3章,注译选2章。

贞观四年,李靖击突厥颉利,败之,其部落多归降者。诏议安边之术,中书令温彦博议:"请于河南处之[①]。准汉建武时[②],置降匈奴于五原塞下[③],全其部落,得为捍蔽[④],又不离其土俗,因而抚之,一则实空虚之地,二则示无猜之心,故是含育之道也。"太宗从之。秘书监魏徵曰："匈奴自古至今，未有如斯之破败，此是上天剿绝，宗庙神武。且其世寇中国，百姓冤仇，陛下以其为降，不能诛灭，即宜遣还河北[5]，居其旧土。匈奴人面兽心，非我族类，强必寇盗，弱则卑服，不顾恩义，其天性也。秦、汉患之若是，故发猛将以击之，收其河南以为郡县，陛下奈何以内地居之？且今降者几至十万，数年之间，滋息过倍，居我肘腋[6]，甫迩王畿，心腹之疾，将为后患，尤不可处以河南也。"温彦博曰："天子之于物也，天覆地载，有归我者则必养之。今突厥破灭，余落归附，陛下不加怜愍，弃而不纳，非天地之道。阻四夷之意，臣愚甚谓不可。处之河南，所谓死而生之，亡而存之，怀我厚恩，终无叛逆。"魏徵又曰："晋代有魏时，胡落分居近郡，郭钦、江统劝逐出塞外[7]，武帝不用其言，数年之后，遂倾瀍洛[8]。前代覆车，殷鉴不远。陛下必用彦博言，遣居河南，所谓养兽自遗患也。"彦博又曰："臣闻圣人之道，无所不通。突厥余魂，以命归我，收居内地，教以礼法，选其酋首，遣居宿卫，畏威怀德，何患之有？且光武居南单于于内郡，以为汉藩翰，终于一代，不有叛逆。"太宗竟从其议，自幽州至灵州，置顺、祐、化、长四州都督府以处之，其人居长安者近且万家。

十三年，太宗幸九成宫，突利可汗弟中郎将阿史那结社率阴结所部[9]，并拥突利子贺罗鹘夜犯御营，事败，皆捕斩之。太宗自是不直突厥,悔处其部众于中国,还其旧部于河北,建牙于故定襄城,立李思摩为乙弥泥熟俟利苾可汗以主之。因谓侍臣曰:“中国百姓,天下根本;四夷之人,乃同枝叶。扰其根本以厚枝附,用求久安,未之有也。初不纳魏徵之言,遂觉劳费日甚,几失久安之道。”

〔注释〕

①河南:指黄河以南河套地区。

②建武:为东汉光武帝刘秀的年号,从25年至公元56年,凡三十二年。

③五原塞:两汉五原郡边塞的统称,大致相当今内蒙古大青山西端、乌拉山南麓及阴山南坡的秦汉长城障塞。

④捍蔽:捍卫屏蔽。

⑤河北:指河套以北地区。

⑥肘腋:比喻切近的地方。

⑦郭钦:西晋西河人,晋武帝太康时为侍御史。曾劝武帝将外族逐出塞外,武帝不从。江统(?—310):西晋陈留人,字应元。袭父爵,除山阴令。时关陇屡为氐羌所扰。惠帝元康九年(299),孟观擒氐帅齐万年。统作《徙戎论》。帝不能用。累迁太子洗马。贾后废太子通,徙之于许昌。统冒禁送别,收付下狱。寻免。后为博士、尚书郎,官至散骑常侍。为齐王司马冏、成都王司马颖、东海王司马越等僚属,多所箴谏。永嘉之乱,避难成皋,病卒。

⑧瀍(chán)洛:瀍水和洛水的并称。洛阳为东周、东汉、魏、晋等朝都城(今河南洛阳,地处瀍水两岸、洛水之北)。故多以二水连称谓其地。

⑨阿史那结社率:又作“阿史那结社尔”,亦单称“结社率”“结射率”。

始毕可汗子，突利可汗什钵苾弟。唐贞观三年(629)十二月，随突利可汗附唐，任中郎将。因诬告突利谋反，为太宗所轻，久不进秩。十三年(639)四月，乘唐太宗赴九成宫，率党羽四十余人夜袭，欲拥突利可汗子贺罗鹘北还自立。为唐折冲将军孙武开率部击退，北渡渭水，被捕斩。贺罗鹘赦死，流放岭南。

〔译文〕

贞观四年(630)，李靖进击突厥颉利可汗，打败了他，突厥有很多部落前来归顺。太宗下诏讨论安定边境的政策，中书令温彦博建议说："请陛下在黄河以南河套地区安置他们。仿照东汉建武年间的先例，把归降的匈奴安置在五原郡边塞附近，保留原有的部落，成为中原坚实的屏障，又不改变他们的习俗，以此安抚他们。一来充实空虚的边塞，二来体现对他们没有猜疑之心，所以这是包容养育他们的正当办法。"太宗听从了他的建议。秘书监魏徵说："匈奴自古至今，从未这样衰败过，这是上天要剿灭他们，也是陛下祖宗显示了神武的威力。况且他们世代侵扰中原，与无数老百姓结下了数不清的仇怨，陛下因为他们前来归降，不能诛杀他们，应当立即把他们遣返回河套以北地区，让他们居住在原有的土地上。匈奴是人面兽心，不是我们的同族，强大时必定会入侵劫掠，衰弱时就俯首归顺，不会顾及恩德信义，这是他们的天性。秦、汉两朝就是这样受他们的祸害，所以不时派猛将去攻打他们，收归河套以南的土地，在那里设置郡县。陛下怎么能让他们在中原内地居住呢？况且现在降兵几乎达到十万之众，几年以后，滋生繁育，人口还会成倍增长，让他们居住在我们身边，离京城如此之近，是心腹之疾，今后必将会成为祸患，所以千万不可把他们安置在河套以南地区。”温彦博说：“天子对于万事万物，就像上天覆盖、大地承载一样，归顺我们的必然要收养他们。如今突厥兵败，余部前来归附，如果陛下对他们不加以怜悯，抛弃他们而不予接纳，这不是天地间的正道。阻绝了外族的诚意，我虽愚钝，也认为万万不可。应该在河套以南地区安置他们。这就是所谓的将要死去的让他们能生活下去，将要失去的让他们存在下去，他们感激我们的大恩，永远不会叛乱。”魏徵又说：“晋朝取代魏国的时候，胡人部落分散居住在都城附近的州郡，郭钦、江统劝说晋武帝把他们逐出塞外，晋武帝没有采用他们的建议，几年之后，胡人就攻陷了洛阳、长安。前代有翻覆的车子，亡国的鉴戒并不远。陛下如果一定要采纳温彦博的建议，派遣他们居住在河套以南地区，这就是所谓的蓄养野兽却给自己留下了后患。”温彦博又说：“我听说圣人的主张，没有什么事不通达。突厥的残余部落，把性命交给了我们，收容他们居住在中原内地，用礼教法令教化他们，选拔他们的首领，派他们在宫禁中担任警卫，他们畏惧皇家的威严，感激皇上的恩德，这有什么祸患呢？而且汉光武帝让突厥南单于的部众定居在内地州郡，成为汉朝的屏障辅翼，历经整个汉朝时期，并没有叛乱。”太宗最终采纳了温彦博的策略，从幽州至灵州，设置了顺、祐、化、长四州都督府用来安置归顺的突厥部落，突厥人居住在长安的将近万余家。

十三年(639)，太宗驾临九成宫，突利可汗的弟弟中郎将阿史那结社率暗地里纠结部众，支持突利可汗的儿子贺罗鹘乘夜偷袭太宗的御营，事情败露后，他们都被捕获并斩首。太宗从此不再信任突厥，并后悔把他们的部众安置在内地，于是遣送突厥旧部回河套以北地区，让他们在原来的定襄城建立官署，册立李思摩为乙弥泥熟俟利苾可汗以统率他们。太宗借这件事对他身边的侍从大臣说："中原的百姓，实在是天下的根本，外族民众就如同枝叶一样。损伤了根本来使枝叶繁茂，希望国家长治久安，是从来不曾有过的事情。当初我没有采纳魏徵的建议，因而感到劳费一天比一天严重，差点失去了长治久安的好方法。"

贞观四年[①]，太宗与侍臣议安置突厥之事。中书令温彦博对曰："隋文帝劳兵马，费仓库，树立可汗，令复其国，后遂孤恩失信，围炀帝于雁门。今陛下仁厚，从其所欲，河南、河北，任情居住，各有酋长，不相统属，力散势分，安能为害？"给事中杜楚客进曰[②]："北狄人面兽心，难以德怀，易以威服。今令其部落散处河南，逼近中华，久必为患。至如雁门之役，虽是突厥背恩，自由隋主无道，中国以之丧乱，岂得云兴复亡国以致此祸？夷不乱华，前哲明训；存亡继绝，列圣通规。臣恐事不师古，难以长久。"太宗嘉其言，方务怀柔，未之从也。

自突厥颉利破后，诸部落首领来降者，皆拜将军中郎将，布列朝廷，五品以上百余人，殆与朝士相半。惟拓跋不至[③]，又遣招慰之，使者相望于道。凉州都督李大亮[④]，以为于事无益，徒费中国，上疏曰："臣闻欲绥远者，必先安近。中国百姓，天下根本；四夷之人，犹于枝叶。扰其根本以厚枝附，而求久安，未之有也。自古明王，化中国以信，驭夷狄以权。故《春秋》云：‘戎狄豺狼，不可厌也；诸夏亲昵，不可弃也。’自陛下君临区宇，深根固本，人逸兵强，九州殷盛，四夷自服。今者招致突厥，虽入提封[5]，臣愚稍觉劳费，未悟其有益也。然河西民庶，镇御藩夷，州县萧条，户口鲜少，加因隋乱，减耗尤多。突厥未平之前，尚不安业；匈奴微弱以来，始就农亩。若即劳役，恐致妨损。以臣愚惑，请停招慰。且谓之荒服者[6]，故臣而不内。是以周室爱民攘狄，竟延七百之龄；秦王轻战事胡，四十载而绝灭。汉文养兵静守，天下安丰；孝武扬威远略，海内虚耗，虽悔轮台[7]，追已不及。至于隋室，早得伊吾[8]，兼统鄯善、且末[9]。既得之后，劳费日甚，虚内致外，竟损无益。远寻秦、汉，近观隋室，动静安危，昭然备矣。伊吾虽已臣附，远在藩碛[11]，民非夏人，地多沙卤[10]。其自竖立称藩附庸者，请羁縻受之[12]，使居塞外，必畏威怀德，永为藩臣，盖行虚惠而收实福矣。近日突厥倾国入朝，既不能俘之江淮，以变其俗，乃置于内地，去京不远，虽则宽仁之义，亦非久安之计也。每见一人初降，赐物五匹、袍一领，酋帅悉授大官，禄厚位尊，理多糜费。以中国之租赋，供积恶之凶虏，其众益多，非中国之利也。”太宗不纳。

〔注释〕

①四年：此处"四年"谢保成先生《贞观政要集校》作"十四年"，谢先生注曰："'十四年'，当作'四年'。温彦博，贞观四年迁中书令，十年迁尚书仆射，十一年卒。"此处正文径改为"四年"。

②杜楚客：唐初京兆杜陵(今陕西长安)人，杜如晦弟。初隐于嵩山，太宗贞观四年(630)，召拜给事中，出为蒲州刺史。有能名，徙瀛州。后为魏王府长史，迁工部尚书，摄府事，以威肃闻。知帝意薄太子承乾，乃为魏王谐媚用事臣，数言王聪睿可为嗣，人或以闻，帝隐而不言。及王贬爵，楚客废于家。寻授虔化令，卒。

③拓跋：指拓跋赤辞，党项羌首领之一。隋唐时期，党项各部开始大批归附，陆续达30万之众。但是，当时拓跋部大首领拓跋赤辞仍然坚持臣属于吐谷浑，并与吐谷浑王慕容伏允结为姻亲。贞观八年(634)，唐朝大将李靖攻讨吐谷浑，赤辞仍然出兵帮助伏允抗唐，战败后才不得不归附。唐廷拜拓跋赤辞西戎州都督，赐姓李。

④李大亮(586—644)：唐雍州泾阳(今属陕西)人。有文武才略，仕隋为韩国公庞玉行军兵曹。高祖入关，归唐，授土门令。历金州总管府司马、越州都督。太宗贞观初徙交州，封武阳县男，为凉州都督、西北道安抚大使、剑南道巡省大使。因讨吐谷浑有功，追爵为公，拜右卫大将军兼右卫率、工部尚书。性忠谨，敢讽谏。及卒，家无余财，太宗哭之甚恸，谥懿。

⑤提封：犹版图，疆域。

⑥荒服：古代王畿外围，以五百里为一区划，由近及远分为侯服、甸服、绥服、要服、荒服，合称五服。服，服侍天子之意。荒服距离京师二千五百里，最为边远。泛指边远地区。

⑦轮台：古城邑名，在今新疆维吾尔自治区轮台东南。原为轮台国(一作仑头国)，西汉武帝时为李广利攻灭，置使者校尉于此屯田。汉武帝

晚年悔征战,因轮台屯田事而下罪己诏。

⑧伊吾:即伊吾卢,西域古地名。隋大业六年(610)置郡,治所在今新疆哈密西北四堡。隋末,其地并入西突厥,贞观四年(630),伊吾内属唐,唐以其地置伊州。

⑨鄯善:汉西域三十六国之一,本名楼兰。昭帝元凤四年(前77)改名鄯善,属西域都护府。都城在扜泥城(今新疆若羌东北罗布泊西岸)。北周时为吐谷浑所灭。且末:西域古国名。又作左末国、沮末国。汉时王治且末城,在今新疆维吾尔自治区且末西南。属西域都护府。东汉、三国时,并于鄯善。后复立。北魏时属吐谷浑。隋大业五年(609)置且末郡于此。唐时名播仙镇。

⑩蕃碛(qì):沙漠。

⑪沙卤:指含沙多和碱性重的土质。

⑫羁縻:亦作"羁靡"。笼络,怀柔。

〔译文〕

贞观四年(630),太宗同侍臣们商议安置突厥归降部落之事。中书令温彦博对答说:"隋文帝兴师动众,浪费府库财物,为突厥树立可汗,让他们恢复自己的国家。后来突厥却不顾恩义失信于隋,在雁门围困隋炀帝。现在陛下仁德宽厚,听从突厥自己的意愿,河南、河北两地任随他们居住,各部落都有酋长,相互之间不相统属,势力分散,怎么能成为祸害呢?"给事中杜楚客进言说:"北方异族人面兽心,难以用仁德安抚,却容易用威力降服。现在让他们的部落分散安置在河南地方,逼近中原地区,时间久了必然成为祸患。至于像炀帝雁门被围那场战役,虽说是突厥背弃恩义,但也由于隋炀帝昏暴所致,中国因此大乱,哪能说是恢复了灭亡的国家而招致这场灾祸呢？异族不能扰乱中华，这是前代圣贤哲人的明白训示，恢复灭亡的延续断绝的，是各位圣明君主的一般准则。臣担心做事不效法古代，很难得以长久。”太宗嘉奖他的进言，当时正在致力于怀柔政策，并没有听从他的建议。

自从突厥颉利可汗被打败后，突厥各部落首领前来归降的，都被封为将军、中郎将的官职，在朝堂上，突厥五品以上的官员就有一百多人，几乎占朝中官员的一半。只有拓跋氏没有归顺，太宗派遣使者前去招抚，前后派遣的招抚使者来来往往，不绝于道。凉州都督李大亮认为这样做没有什么好处，只会白白地消耗朝廷的财物，上奏疏说：“我听说要安抚边远，首先应当安定近处。中原的百姓，是天下的根本；四方边境的外族，犹如树上的枝叶。破坏树根来使枝繁叶茂，而求长治久安，这是没有的事。自古以来，贤明的君主用信义教化华夏百姓，用威权驾驭外族百姓，所以《春秋》说：‘戎、狄这些少数民族犹如豺狼，不可满足他们的欲望；华夏诸国相互亲近，不可将他们遗弃。’自从陛下君临天下以来，国家的根本得到巩固，百姓安乐，兵力加强，全国殷实富足，四方外族自然归服。现在招抚突厥，虽然让他们进入版图之内，以我的愚见总觉得有些劳民伤财，而没有什么实际的好处。然而河西地区的百姓，一直防御镇守属国外邦，各州县都很凋敝萧条，人口稀少，加之隋末的战乱，消耗过多。在突厥没有平定之前，根本无法安心从事生产；匈奴被削弱之后，才开始进行农业生产。如果现在就役使他们，恐怕造成妨碍损伤。依我的愚钝浅见，请求陛下停止招抚。况且，古人称为荒服的外邦，即使称臣降服也不要接纳。所以周王室爱抚百姓，排斥外族，竟延续了七百年的帝业；秦始皇轻率发动战争抗击胡人，四十年宗绝国灭了。汉文帝畜养兵士，安静防守，天下安宁富庶；汉武帝炫耀武力经略远方，致使国内空虚，虽然有轮台之悔，但已追悔莫及了。到了隋代，很早就夺取了西域的伊吾，又兼统治鄯善、且末。取得这些地方之后，辛劳耗费一天比一天厉害，虚耗国内财务运往外地，终究只有损害没有好处。远的追溯秦、汉，近的观察隋代，动静安危的情况，都很清楚具体。伊吾虽已称臣归附，但它远在荒漠之外，百姓不是我华夏民族，土地也多砂石盐碱地。那些起来自称属国内附的人，请陛下笼络他们，收容他们，让他们居住在塞外，这样他们必定会心怀畏惧又感恩戴德，永远做大唐的藩臣属国，这是施行虚的恩惠而收取实在的利益。近来突厥人大量涌入我朝，既然不能让他们在江淮水乡一带居住，以改变他们的风俗，就在内地安置他们，距离京城不远，虽然是宽大仁慈的义举，但也不是长治久安的计策。我常见一有外族人初次来降，朝廷就赏赐给他们五匹布帛和一件袍子，酋长们全都授予大官，享受极高的俸禄，地位尊贵，这必然会造成很多耗费。用中原百姓的租税贡赋供养这些凶恶顽固的俘虏，他们人数越来越多，这对中原不是好事啊。”唐太宗没有采纳他的建议。

卷　十

论行幸第三十七

〔**题解**〕

《论行幸》篇记述了太宗君臣间对帝王出游行幸的反思与探讨，主要批判和检讨的对象是隋炀帝不顾百姓，行幸无期，最终身死国灭的教训。帝王巡幸天下，仪仗豪华，一切所需全靠所过之地的百姓供应。百姓们自顾往往都不暇，哪还有多余财物供给，许多人因此倾家荡产。太宗虽然经历了隋末的农民大起义，深知隋炀帝三次巡游江都，最终命丧该地的下场，但是也有头脑不清醒、胡作非为的时候，所以太宗常常以隋炀帝自警，尽量减少巡游之举。大臣们也纷纷劝诫太宗节制奢侈行为，避免惊扰百姓，君臣一心，与民休息。是篇凡3章，注译选2章。

贞观初，太宗谓侍臣曰："隋炀帝广造宫室，以肆行幸，自西京至东都，离宫别馆，相望道次，乃至并州、涿郡①，无不悉然。驰道皆广数百步②，种树以饰其傍。人力不堪，相聚为贼。逮至末年，尺土一人，非复己有。以此观之，广宫室，好行幸，竟有何益？此皆朕耳所闻，目所见，深以自诫。故不敢轻用人力，惟令百姓安静，无有怨叛而已。”

〔注释〕

①并州：古州名。其地约当今河北保定和山西太原、大同一带地区。涿郡：隋大业初改幽州置，治蓟县（即今北京西南隅）。辖境相当今北京及河北霸州和天津海河以北，蓟运河以西，赤城、涿鹿等县以东地区。炀帝时开永济渠，南达于河，北通至此。唐武德初复名幽州。

②驰道：古代供君王行驶车马的道路。泛指供车马驰行的大道。

〔译文〕

贞观初年，太宗对他身边的侍从大臣说："隋炀帝大肆营建宫室，以供他纵情游乐，从西京长安到东都洛阳，离宫别馆，顺着道路依次排列，以至于并州、涿郡，也无不如此。驰道都有几百步宽，道路两边种上树作为装饰。百姓的人力、物力都不能承受，共同聚集起来反抗。到了隋朝末年，一尺土地、一个百姓，都不再属于炀帝所有了。由此看来，多修宫室，喜爱游乐行幸，有什么好处呢？这些都是我亲耳所听，亲眼看见，我深深地以此为鉴戒。所以我不敢随便动用人力，只想让百姓得到安宁，不要发生怨恨和叛乱而已。"

贞观十三年，太宗谓魏徵等曰："隋炀帝承文帝余业，海内殷阜[1]，若能常据关中，岂有倾败？遂不顾百姓，行幸无期，径往江都[2]，不纳董纯、崔象等谏诤[3]，身戮国灭，为天下笑。虽复帝祚长短，委以玄天；而福善祸淫，亦由人事。朕每思之，若欲君臣长久，国无危败，君有违失，臣须极言。朕闻卿等规谏，纵不能当时即从，再三思审，必择善而用之。”

〔注释〕

①殷阜：富足。

②江都：即江都宫，隋炀帝建，在今江苏扬州西北蜀冈上。

③董纯：隋陇西成纪（今甘肃静宁）人，字德厚。少有膂力，擅弓马，在北周为典驭下大夫。入隋以军功累迁左骁卫将军，进上开府，拜柱国，晋爵郡公。出为汶山太守，转榆林太守，备边。炀帝征辽东，纯留守彭城，多次镇压起事农民。时天下纷乱，虽频战克捷，然起事者日众，有人谮纯怯懦，镇压不力，被诛。崔象：即崔民象，隋朝大臣，任信奉使。大业十二年（616），隋炀帝再次巡游江都，临出发时，崔民象上表谏阻，被杀。

〔译文〕

贞观十三年（639），太宗对魏徵等大臣说：“隋炀帝继承隋文帝遗留下来的基业，国内富足，如果他能长期守住关中，怎么可能倾覆灭亡呢？他不顾惜百姓疾苦，行幸巡游没有限度，径直前往江都，不听从董纯、崔象等大臣的直言劝谏，最终不仅自己死于叛臣之手，也断送了江山社稷，为天下人所耻笑。虽然帝位的长短是天意决定的，但是祸福善恶也是全由人的行为所决定的。我经常思考这些问题，要想君臣长久相安，国家不危亡破败，君主一旦有了过失，臣子必须直言不讳地指出来。我对于你们的规谏，即使不能当时就听从，但在我反复思考之后，必定会选择好的意见加以采纳。”

论畋猎第三十八

〔题解〕

《论畋猎》主要记述了虞世南、魏徵等大臣对太宗过度畋猎的诤言与谏疏。太宗十八岁随父起兵反隋，东征西讨，弓马娴熟。天下平定后，野外打猎成了他的一大爱好，即使即位为皇帝之后，也没有收敛。出于对太宗自身安全的考量以及耗费民财的担忧，群臣极力规劝，要太宗“割私情之愉，罢格兽之乐，上为宗庙社稷，下慰群僚兆庶”。太宗能够听从大臣的劝谏，适当加以节制，实属难能可贵。是篇凡4章，译注选3章。

秘书监虞世南以太宗颇好畋猎，上疏谏曰：“臣闻秋狝冬狩[①]，盖惟恒典；射隼从禽[②]，备乎前诰。伏惟陛下，因听览之余辰，顺天道以杀伐，将欲摧班碎掌[③]，亲御皮轩[④]，穷猛兽之窟穴，尽逸材之林薮[⑤]。夷凶剪暴，以卫黎元[⑥]，收革擢羽，用充军器，举旗效获，式遵前古。然黄屋之尊[⑦]，金舆之贵，八方之所仰德，万国之所系心，清道而行，犹戒衔橛[⑧]，斯盖重慎防微，为社稷也。

是以马卿直谏于前[9]，张昭变色于后[10]。臣诚细微，敢忘斯义？且天弧星罕[11]，所殪已多[12]，颁禽赐获，皇恩亦溥[13]。伏愿时息猎车，且韬长戟，不拒刍荛之请，降纳涓浍之流[14]，袒裼徒搏[15]，任之群下，则贻范百王，永光万代。"太宗深嘉其言。

〔注释〕

①秋狝(xiǎn)：国君秋季狩猎之称。冬狩：指古代天子或王侯在冬季围猎。

②隼(sǔn)：鸟类的一科，翅膀窄而尖，上嘴呈钩曲状，背青黑色，尾尖白色，腹部黄色。饲养驯熟后，可以帮助打猎。亦称"鹘"。从：追逐。

③摧班碎掌：意为击毙虎豹，砍杀熊罴。班，通"斑"，斑纹，这里指代虎豹。掌，熊掌，这里指代熊罴。

④皮轩：古代用虎皮装饰的车子。

⑤林薮(sǒu)：山林与泽薮。

⑥黎元：即黎民，百姓。

⑦黄屋：古代帝王专用的黄缯车盖。借指帝王所乘之车、所居宫室。

⑧衔橛：张揖注《汉书》于此处释为："衔，马勒衔也。橛，騑马口长衔也。"也就是我们今天所说的马嚼子。这里引申为纵马驰骋游猎。

⑨马卿直谏：马卿指司马相如。相如曾跟随武帝出去打猎，他见武帝总是喜欢亲自追逐击杀猛兽，于是上疏规谏，被武帝采纳。

⑩张昭变色：张昭(156—236)，字子布，彭城(今江苏徐州)人。少好学，博览群书，知名当地。东汉末避乱江东，孙策任为长史、抚军中郎将，深受信任。策卒，辅立孙权，协助稳定内部，建立政权。赤壁战前，因主张投降曹操，为孙权不满。后官至辅吴将军。著有《春秋左氏传解》及《论语

注》。卒后谥文侯。张昭见孙权亲自驰马射虎,吓得面目变色,极言规谏。

⑪天弧星罼(bì):整个天空都像布满了弓箭,罗网像繁星一样密布。形容打猎次数频繁,盛况空前。弧,弓。罼,捕捉禽兽的长柄网。

⑫殪(yì):杀死。

⑬溥(pǔ):广大,普遍。

⑭涓浍(kuaì):小水流,小河。亦以喻低微的地位。

⑮袒裼(xī)徒搏:脱衣露体,徒手搏斗。裼,袒。

〔译文〕

秘书监虞世南因为太宗喜欢打猎,上奏疏规谏说:"我听说国君在秋冬两季打猎,是国家的一项通常制度;射杀猛兽,追逐飞禽,前人已有详备的训诫。希望陛下在临朝听政、批阅奏章之余,顺应时令进行狩猎,想要猎杀虎豹熊罴,就亲自驾着用虎皮装饰的车子,穷追到猛兽的窟穴,搜尽山林中特别凶猛的野兽。铲除凶恶,消灭残暴,以保卫黎民百姓;收集兽皮,拔取羽毛,用来制作充实兵器;举起旌旗向宗庙献上猎物,遵循古代先王们传下来的规矩。但是坐在黄轩金舆之中的天下最为尊贵的天子,全国百姓仰慕他的圣德,他的行动为万国臣民所牵挂,要清理道路才出行,还要仔细检查马嚼子,这样谨小慎微的措施,都是为了江山社稷。因此,前有司马相如上疏直言劝阻汉武帝,后有张昭严肃规劝吴主孙权。我实在人微言轻,但怎么敢忘了这个道理?况且弓箭罗网四处密布,射杀死的禽兽已经够多了,赏赐猎物,陛下的恩惠也很大了。希望陛下能适时停止打猎,暂且收起长戟,不拒绝鄙陋之人的请求,俯身接纳如涓涓细流般的建议,让脱衣露体、徒手搏斗的事,任由一般人去做,这就给百代帝王遗留下典范，永远光照万代。”太宗很赞许他的意见。

谷那律为谏议大夫[1]，尝从太宗出猎，在途遇雨。太宗问曰：“油衣若为得不漏？”对曰：“能以瓦为之，必不漏矣！”意欲太宗弗数游猎。大被嘉纳，赐帛二百段，加以金带。

〔注释〕

①谷那律：唐魏州昌乐（今河南南乐）人，太宗贞观中累迁国子博士。博览群书，褚遂良称为“九经库”。迁谏议大夫，兼弘文馆学士。高宗永徽初卒官。

〔译文〕

谷那律担任谏议大夫的时候，曾跟随太宗外出打猎，在途中遇上下雨。太宗问他说：“油衣要怎么做才不会漏雨？”他回答说：“如果用瓦来做，肯定不会漏雨。”意思是希望太宗不要频繁游猎。太宗大为赞赏并采纳他的意见，赏给他帛二百段，并加赏用黄金作装饰的带子。

贞观十四年，太宗幸同州沙苑[1]，亲格猛兽，复晨出夜还。特进魏徵奏曰：“臣闻《书》美文王不敢盘于游田[2]，《传》述《虞箴》称夷羿以为戒[3]。昔汉文临峻坂欲驰下，袁盎揽辔曰[4]：‘圣主不乘危，不侥幸，今陛下骋六飞，驰不测之山，如有马惊车覆，陛下纵欲自轻，奈高庙何？’孝武好格猛兽，相如进谏：‘力称乌获[5]，捷言庆忌[6]，人诚有之，兽亦宜然。猝遇逸材之兽，骇不存之地，虽乌获、逄蒙之伎不得用[7]，而枯木朽株尽为难矣。虽万全而无患，然本非天子所宜近。’孝元郊泰畤[8]，因留射猎，薛广德奏称[9]：‘窃见关东困极，百姓离灾，今日撞亡秦之钟，歌郑、卫之乐，士卒暴露，从官劳倦，欲安宗庙社稷何，凭河暴虎[10]，未之戒也。’臣窃思此数帝，心岂木石，独不好驰骋之乐？而割情屈己，从臣下之言者，志存为国，不为身也。臣伏闻车驾近出，亲格猛兽，晨往夜还，以万乘之尊，暗行荒野，践深林，涉丰草，甚非万全之计。愿陛下割私情之娱，罢格兽之乐，上为宗庙社稷，下慰群僚兆庶。”太宗曰：“昨日之事，偶属尘昏[11]，非故然也，自今深用为诫。”

〔注释〕

①同州：西魏废帝三年（554）改华州置，治所在武乡县（今陕西大荔）。隋大业三年（607）废。唐武德元年（618）复置，治所在冯翊县（今陕西大荔）。辖境相当今陕西大荔、合阳、韩城、澄城、白水等县市地。

②“臣闻”句：赞美周文王不敢在打猎中玩乐。语出《尚书·无逸》。

③“《传》述”句：《左传》引述《虞箴》，谓将喜好打猎的后羿作为鉴戒，语出《左传·襄公四年》。《虞箴》，虞人之箴，古代虞人为戒田猎而作的箴谏之辞。夷羿，或作有穷后羿。夏代人。有穷氏之首领。传善射。夏后太康不理民事，淫于狩猎。羿逐之而代为君。亦喜田猎，信用寒浞，为寒浞利用家众所杀。

④袁盎(？—前148):姓或作爰,字丝。西汉楚人,后徙安陵。文帝时为郎中,以数直谏,名重朝廷。历任齐相、吴相。吴王厚遇盎。素与晁错交恶。及景帝即位,错为御史大夫,使吏案盎受吴王财物事,废为庶人。吴楚反,借此向景帝建议诛错以谢吴。及吴楚破,为楚相,不见用,病免家居。后因谏止立梁孝王为帝嗣,为王刺客所杀。

⑤乌获:战国秦武王时勇士。武王有力好戏,乌获与力士任鄙、孟说因之皆为大官。

⑥庆忌:春秋末吴王僚子,以勇闻。公子光刺杀吴王僚,庆忌在卫,公子光忧之,乃使要离刺杀之。

⑦逄蒙:又称"逄门",夏代著名的神箭手。

⑧孝元:指汉元帝刘奭(前76—前33),宣帝长子。柔仁好儒,曾以宣帝持刑太深,建议用儒生。及即位,任用萧望之、贡禹、薛广德等儒生为丞相。又用外戚许、史及宦官弘恭、石显等,开宦官外戚迭相为政之局面。统治期间,赋役繁重,边境不安,百姓流离,政治日趋腐败。多才艺,晓史书,善音律。在位十六年。郊:这里指郊祀。古代帝王于冬至日祭天于南郊称为"郊"。泰畤(zhì):古代天子祭天神之处。

⑨薛广德:西汉沛郡相(今江苏沛县)人,字长卿。治《鲁诗》,授楚龚胜、龚舍等人。宣帝时,萧望之荐为博士。曾参与石渠阁议,历任谏大夫、长信少府、御史大夫等职。为人温雅有蕴藉,及为三公,直言谏争。后辞官归乡里。

⑩凭河暴虎:通常写作"暴虎冯河"。暴虎,空手搏虎。冯河,涉水过河。比喻有勇无谋,鲁莽冒险。

⑪尘昏:尘积昏暗。这里借指一时糊涂。

〔译文〕

贞观十四年(640),太宗驾临同州的沙苑,他亲自射猎猛兽,又经常清晨出去深夜方回。特进魏徵上书说："我听说《周书》上赞美周文王不沉溺于出游打猎，《左传》记述《虞箴》中的话，把喜好打猎的后羿作为鉴戒。过去汉文帝面临陡坡，想驱车飞驰而下，大臣袁盎抓住马缰绳说：'圣明的君主不乘坐危险的车子、不心存侥幸，现在陛下驱驰六马所驾之车，奔跑在危险的山上，如果马受惊吓，车子翻倒，陛下纵然不看重自己的生命，又怎么对得起列祖列宗呢？'汉武帝喜好格杀猛兽，司马相如进谏说：'力气大如乌获，快捷如庆忌，确实有这样的人，野兽之中也必然会有这样凶猛异常的。倘若仓促中遇到异常凶猛的野兽，陷入死亡危险的境地，即使有乌获、逢蒙的本领也无法施展，而那些衰朽微弱的东西都能让人为难。即使万无一失而又没有祸患，也本来不是天子所应该做的事情。'汉元帝到南郊去祭祀天神，借机想留下来打猎，薛广德上奏说：'臣见到关东一带非常贫困，那里的百姓正遭受着灾难，而现在每天撞着使秦国覆没的乐钟，歌唱着郑国、卫国的靡靡之音，士兵暴露在旷野当中，随行的官员劳顿不堪，是想如何安定宗庙社稷呢？涉水过河徒手斗虎，没成为鉴戒。'臣私下考虑这几位帝王，难道心如木石，唯独不喜欢驰骋打猎的乐趣吗？而他们能割舍自己的喜好，控制自己，听从臣下劝阻的原因，是在于心中存有保全国家的志愿，而不是为了自身。我听说陛下最近驾车出去，亲自与猛兽格斗，早出晚归，以尊贵之躯，黑夜中在荒野里行动，穿行于深密的森林，出没于茂草之中，恐怕不是万全之策。希望陛下舍弃个人喜爱的娱乐，停止与猛兽格斗的乐趣，上为宗庙国家着想，下以安慰臣子和百姓。"太宗说："昨天的事纯属偶然，一时糊涂，不是历来就这样，从今后我要牢记此事并以此为诫。"

论灾祥第三十九

〔题解〕

中国人很早就认为人与自然之间有某种神秘的联系，这一观念发展到西汉时期，董仲舒总结创立了天人感应理论。这种理论认为，政治清明，上天就会示以吉兆；灾害不断，就说明政治统治出现了问题，如不警醒，就会有改朝换代的危险。所以，在中国两千年的帝制历史中，关于祥瑞的记述，不但堂而皇之地出现在正史之中，其他杂史、笔记的记录更是数不胜数。皇帝需要它锦上添花，野心家需要它制造声势，官员百姓更是需要它升官发财。与隋文帝、王劭君臣间盛装焚香读荒诞无稽的祥瑞经形成鲜明对比的是贞观君臣间对祥瑞保持着清醒和冷静。《论灾祥》篇记述了太宗君臣间有关灾祥的议论，体现了太宗君臣重人事、修德政的特点，是篇凡 4 章，注译选 3 章。

贞观六年，太宗谓侍臣曰："朕比见众议以祥瑞为美事[①]，频有表贺庆。如朕本心，但使天下太平，家给人足，虽无祥瑞，亦可比德于尧、舜。若百姓不足，夷狄内侵，纵有芝草遍街衢[②]，凤凰巢苑囿，亦何异于桀、纣？尝闻后魏时有郡吏燃连理木[③]，煮白雉肉吃，岂得称为明主耶？又隋文帝深爱祥瑞，遣秘书监王劭著衣冠[④]，在朝堂对考使焚香以读《皇隋感瑞经》[⑤]。旧尝见传说此事,实以为可笑。夫为人君,当须至公理天下,以得万姓之欢心。昔尧、舜在上,百姓敬之如天地,爱之如父母。动作兴事,人皆乐之;发号施令,人皆悦之,此是大祥瑞也。自此后诸州所有祥瑞,并不用申奏。”

〔注释〕

①祥瑞:吉祥的征兆。

②芝草:灵芝。菌属。古以为瑞草,服之能成仙。

③后魏时:一作“石勒时”。连理木:枝条连生一起的两棵树。古以为祥瑞。

④王劭:字君懋,太原晋阳(今山西太原南)人,博学强记,仕北齐为中书舍人。入周,不得升调。隋初,任著作郎,守母丧去职,违禁私著《齐书》。被人告发,文帝遣使收其书,览后悦其文,起用为员外散骑常侍、修起居注。劭依图谶、佛经、卦算颂文帝,大得帝宠信,迁著作郎。炀帝初,卒于秘书少监任。

⑤《皇隋感瑞经》:书名一称《皇隋灵感志》,王劭编撰。隋文帝好祥瑞,王劭乘势谄谀,采民间歌谣、图书谶纬、佛经文字等曲加诬饰而成。文帝下诏宣示天下。

〔译文〕

贞观六年(632),太宗对他身边的侍从大臣说:“我近来见众人议论,认为祥瑞的出现是美好的事情,频频有表庆贺此事。如依照我的本心,只要天下太平,家家户户富足美满,即使没有什么吉祥之兆,也可和尧、舜比德了。如果老百姓衣食不足,夷狄外族又侵犯中原,纵然满街都长着芝草,凤凰在苑囿中筑巢,这又和桀、纣有什么差别呢？我听说后魏的时候，有个郡县的官员点燃连理木，煮白雉肉吃，难道后魏的君主称得上是英明的君主吗？还有隋文帝特别喜欢祥瑞，派秘书监王劭穿着礼服，在朝堂上对着各州朝集使焚香朗读《皇隋感瑞经》。过去曾见到有人传说这件事，觉得实在可笑至极。身为国君，应当至公无私地治理好天下，以此来赢得百姓的欢心。从前尧、舜在位时，百姓像敬重天地那样敬重他们，像爱戴父母那样爱戴他们。他们兴办事情，百姓都乐意参加；他们发号施令，百姓都乐意遵行，这才是真正的祥瑞啊！从今以后，各州府如果发现有祥瑞之兆，一律不用上报朝廷了。”

贞观八年，陇右山崩[①]，大蛇屡见，山东及江、淮多大水[②]。太宗以问侍臣，秘书监虞世南对曰：“春秋时，梁山崩[③]，晋侯召伯宗而问焉[④]，对曰：‘国主山川，故山崩川竭，君为之不举，降服乘缦[⑤]，祝币以礼焉。’梁山，晋所主也。晋侯从之，故得无害。汉文帝元年，齐、楚地二十九山同日崩，水大出，令郡国无来献，施惠于天下，远近欢洽，亦不为灾。后汉灵帝时[⑥]，青蛇见御座。晋惠帝时[⑦]，大蛇长三百步，见齐地，经市入朝。按蛇宜在草野，而入市朝，所以可为怪耳。今蛇见山泽，盖深山大泽必有龙蛇，亦不足怪。又山东足雨，虽则其常，然阴潜过久，恐有冤狱，宜断省系囚[⑧]，庶几或当天意。且妖不胜德，惟修德可以销变。”太宗以为然，因遣使者赈恤饥馁⑨，申理狱讼，多所原宥。

〔注释〕

①陇右：古地区名。泛指陇山以西地区。古代以西为右，故名。约当今甘肃六盘山以西，黄河以东一带。

②山东：这里指华山以东地区，又称关东。

③梁山：传统文献典籍中，以梁山为名者有多处。文中所述梁山，应在晋地，所以一般认为即是吕梁山，位于今山西离石东北。当然，还有另外一种观点，认为当是处于今陕西韩城西，接合阳界的梁山。

④晋侯：即晋景公，名据，晋成公子，公元前600年即位，在位十九年。伯宗：春秋时晋国大夫，字尊。贤而好直言，每朝，其妻常戒之，后终以直谏被谗杀。

⑤降服乘缦：身穿素服，乘坐无彩饰的车子。

⑥灵帝：即汉灵帝刘弘（156—189），汉章帝玄孙，父刘苌袭封解渎亭侯。永康元年（167）桓帝死后，被窦太后和窦武迎立为帝。不久窦武被杀，宦官专权，发生第二次党锢之祸，李膺等一百多人被逮捕下狱处死。他大兴土木，公开卖官，政治黑暗，中平元年（184）爆发了黄巾起义。死后谥灵帝。

⑦晋惠帝：即司马衷（259—306），字正度。武帝子，性痴呆。即位初，杨骏辅政，寻由贾后专权。诸王相争，演成八王之乱，纲纪大坏，货赂公行。惠帝先被成都王司马颖劫至邺，复被河间王司马颙挟持入长安，后被东海王司马越迎还洛阳。在位十七年。

⑧系囚：在押的囚犯。

⑨饥馁（něi）：饥饿。

〔译文〕

贞观八年（634），陇右一带山陵崩塌，大蛇多次出现，华山以东及江淮地区多次发大水。太宗向随侍的大臣们询问此事，秘书监虞世南回答说："春秋的时候，梁山崩塌，晋景公召集大臣伯宗询问，伯宗回答说：'山川是国家的主脉，如今山陵崩塌，河水断流，君主要为这些事不再奏乐，身着素服，乘坐无彩饰的马车，陈列祭品，敬献神灵。'梁山，是晋国主祭的名山。晋景公听从了伯宗的建议，所以没有发生灾害。汉文帝元年，齐、楚之地有二十九座山在同一天崩塌，洪水泛滥，文帝下令各地不要来贡献物品，对天下老百姓广施恩惠，远近之地的百姓无不欢欣鼓舞，也没有发生灾害。后汉灵帝时，青蛇出现在皇帝的御座旁；晋惠帝时，在齐地出现了一条长三百步的大蛇，这条蛇经过集市进入朝堂。按常理蛇应当生活在杂草丛生的荒野，而进入了集市、朝堂，所以大家都认为是怪事。现在蛇出现在大山、大河边，深山大河必潜藏着龙蛇，实在不足为怪。又华山以东地区的雨水虽是寻常之事，但时间持续过长，恐怕民间有冤情，应当重新审理在押的囚犯，或许可以符合天意。况且邪不压正，只要修养德行就可以使灾害自然消失。"太宗认为他说的很对，因此就派使者到灾区赈济抚恤灾民，重新审理冤案，赦免了很多人。

贞观八年，有彗星见于南方[①]，长六丈，经百余日乃灭。太宗谓侍臣曰："天见彗星，由朕之不德，政有亏失，是何妖也？"虞世南对曰："昔齐景公时有彗星见，公问晏子。晏子对曰：'公穿池沼畏不深，起台榭畏不高，行刑罚畏不重，是以天见彗星为公戒耳！'景公惧而修德,后十六日而星没。陛下若德政不修,虽麟凤数见,终是无益。但使朝无阙政[②],百姓安乐,虽有灾变,何损于时?愿陛下勿以功高古人而自矜大,勿以太平渐久而自骄逸,若能慎终如始,彗星见未足为忧。"太宗曰:"吾之理国,良无景公之过。但朕年十八便为经纶王业[③],北剪刘武周,西平薛举,东擒窦建德、王世充,二十四而天下定,二十九而居大位,四夷降伏,海内乂安。自谓古来英雄拨乱之主无见及者,颇有自矜之意,此吾之过也。上天见变,良为是乎?秦始皇平六国,隋炀帝富有四海,既骄且逸,一朝而败,吾亦何得自骄也?言念于此,不觉惕焉震惧!"魏徵进曰:"臣闻自古帝王未有无灾变者,但能修德,灾变自销。陛下因有天变,遂能戒惧,反复思量,深自克责,虽有此变,必不为灾也。"

〔注释〕

①彗星:绕太阳运行的一种星体,后曳长尾,呈云雾状,俗称扫帚星,古代被认作妖星。旧谓彗星主除旧布新,其出现又为重大灾难的预兆。

②阙政:有缺陷或弊病的政治措施。

③经纶:整理丝缕、理出丝绪和编丝成绳,统称经纶。引申为筹划治理国家大事。

〔译文〕

贞观八年(634),有彗星出现在南方,光芒长六丈,过了一百多天才消失。太宗对他身边的侍从大臣说:“天上出现了彗星,是因为我德行有亏缺,处理政事有过失,这是什么凶兆呢?”虞世南回答说:“过去齐景公时有彗星出现,景公问询晏子。晏子回答说:‘主公您挖掘池沼唯恐不深,修筑台榭唯恐不高,实施刑罚唯恐不严,所以上天出现彗星作为对主公您的警告呀!’景公非常畏惧,于是修养仁德,十六天之后彗星就消失了。陛下如果不施行仁政,即使是麒麟凤凰屡次出现,终究还是没有益处的。只要朝廷处理政事没有过失,百姓安乐,即使有凶兆异象,对陛下的圣德又有什么损害呢?希望陛下不要因为自己功业高过古人就骄傲自大,也不要因为天下太平已久就放纵逸乐。如果能始终如一保持谨慎,即使天上出现了彗星也不必忧虑。”太宗说:“我治理国家,确实没有犯过齐景公那样的过失。但是我十八岁就开始筹划治理国家大事,向北灭掉了刘武周,向西铲平了薛举,向东擒获了窦建德、王世充,二十四岁平定了全国,二十九岁登上帝位,四方外族臣服归顺,国内平安无事。自认为从古以来那些治理乱世的君主没有能赶得上我的,所以产生了骄傲自得的思想,这是我的过失。如今上天显示了异兆,确实是因为这个吗?秦始皇平定六国,隋炀帝富有四海,但他们骄奢淫逸,很快就败亡了,我又有什么值得骄傲自满的呢?说到想到这些,不觉非常担心而惊恐惧怕。”魏徵进言说:“我听说自古以来的帝王没有不遭遇灾祸变异的,只要能施行仁政,灾祸变异会自然消除。陛下因为上天出现变异,便能有所警觉,反复思考自省,深切自责,虽然有此凶兆,必定不会成为灾祸。”

论慎终第四十

〔题解〕

《诗经·大雅·荡》有云:“靡不有初,鲜克有终。”这句诗,是中华民族几千年来不忘初心、善始善终的民族精神之精华所在。任何事情,开头做好并不难,难的是坚持不懈,一如既往。贞观年间,君臣之间关于治国理政不厌其烦的讨论,其最终的落脚点都可以用“慎终”这两个字概括。创业艰辛,守业更难,纵观中国封建社会数千年的历史,无数王朝重复着创业初期励精图治、承平日久开始骄奢放纵、最终败亡的历史轮回。所以作者吴兢将全书最后一篇命名为《慎终》,寄予了作者对当朝和后世帝王的期望。同时,这样的命名,也隐含着作者对本书撰述终篇之际的一种希冀。《论慎终》篇凡7章,注译选4章。

贞观五年,太宗谓侍臣曰:“自古帝王亦不能常化[①],假令内安,必有外扰。当今远夷率服,百谷丰稔,盗贼不作,内外宁静。此非朕一人之力,实由公等共相匡辅。然安不忘危,理不忘乱,虽知今日无事,亦须思其终始。常得如此,始是可贵也。”魏徵对曰:“自古已来,元首股肱不能备具,或时君称圣,臣即不贤;或遇贤臣,即无圣主。今陛下圣明,所以致理。向若直有贤臣[①],

而君不思化，亦无所益。天下今虽太平，臣等犹未以为喜，惟愿陛下居安思危，孜孜不怠耳！”

〔注释〕

①常化：经常教化天下。

〔译文〕

贞观五年（631），太宗对他身边的侍从大臣说：“自古以来的帝王也不能经常教化天下，假使国家内部安定，外部必定会有侵扰。如今远方外族都来归顺，天下五谷丰登，没有盗贼出现，国家内外宁静。这不是我个人的力量，实在是有赖于你们共同帮助辅佐的结果。然而安定时不能忘记危亡，治平时不能忘记战乱，虽然知道今天没有出事，也得考虑如何才能有始有终。经常能够这样，才是难能可贵。”魏徵回答说：“自古以来，君主和大臣往往不能两全其美，有时君主圣明，臣下却不贤良；有时臣下贤良，却没有圣明的君主。如今陛下圣明，所以天下太平。假如只有贤臣，而君主不想广施教化，也不会有什么益处。现在虽然天下升平，但是臣等还不敢以此为喜，只希望陛下处在安定的时候能想到祸乱，勤奋努力，不要懈怠！”

贞观六年，太宗谓侍臣曰：“自古人君为善者，多不能坚守其事。汉高祖，泗上一亭长耳①，初能拯危诛暴，以成帝业，然更延十数年，纵逸之败，亦不可保。何以知之？孝惠为嫡嗣之重②，温恭仁孝，而高帝惑于爱姬之子，欲行废立。萧何、韩信，功业甚高，萧既妄系[③]，韩亦滥黜[④]。自余功臣，黥布之辈[⑤]，惧而不安，以至反逆。君臣父子之间悖谬若此，岂非难保之明验也？朕所以不敢恃天下之安，每思危亡以自戒惧，用保其终。”

〔注释〕

①泗上：泛指泗水北岸的地区。亭长：官名。春秋战国时，吴国在城中设亭，以亭长主亭事。两国接壤处也设亭，用以防御敌人，亭长主其事。秦汉时城乡都置亭，为基层行政单位。在乡，称乡亭，又称野亭，十里一亭，亭设亭长，下有亭佐、求盗等吏卒，掌治安、诉讼和捕盗贼等事。城市里也置亭，称都亭，其职与乡亭同。官府置门亭，也置亭长，掌治安捕盗等。郡县的城门也有门亭长，掌开闭守护城门。其后，晋、南朝宋、隋、唐也置，但不复为一级行政单位。隋唐官府多置门亭长，掌传达及守护开闭门户。

②孝惠：即汉惠帝刘盈（前213—前188），高祖长子。始为太子，高祖以其仁弱，欲废之而立戚夫人子赵王如意，赖大臣争及张良策得不废。既即位，吕太后杀赵王及断戚夫人手足，帝视而惊病，岁余不能起。遂日为饮乐，不听政。在位七年。

③萧既妄系：萧指汉相萧何，曾因为百姓请将上林苑（长安附近的皇家苑囿）空地改作民田，惹怒汉高祖，交廷尉械系数日，始得赦免。

④韩亦滥黜：韩指韩信，因有人诬告韩信图谋欲反，高祖将其由楚王贬为淮阴侯。高祖十一年（前196），吕后设计诱杀韩信。

⑤黥（qíng）布（？—前195）：即英布，西汉六安六县（今属安徽）人。坐法黥面，亦称黥布。秦末率众附番君，后依项梁。梁死，复属项羽。每战，常以少胜多。从羽入关，封九江王。曾奉项羽命与衡山王吴芮击杀义

帝。楚汉战争中，汉遣随何说布归汉，封淮南王。从刘邦击灭项羽于垓下。后以韩信、彭越见诛，惧，举兵反。高祖讨破之。兵败逃江南，为长沙王诱杀。

〔译文〕

贞观六年(632)，太宗对他身边的侍从大臣说："自古以来做好事的君主，大都不能坚持到底。汉高祖本是泗水亭的一个亭长罢了，起初他能够救危难诛暴秦，因此成就了帝王大业，然而如果他在位的时间再延长十几年，就会因放纵逸乐而败亡，也不能保住他当初创下的基业。凭什么知道这些呢？惠帝刘盈有嫡长子继承人的重要地位，且为人温和、恭敬、仁德、孝顺，然而高祖却因为爱姬的儿子而心意迷乱，想废黜皇储而另立太子。萧何、韩信的功勋业绩很高，然而萧何曾被乱加拘囚，韩信也被乱加贬黜。其余功臣像黥布等人，恐惧不安，终于谋反叛逆。君臣父子之间的关系悖逆荒谬到这种地步，难道不是难以保全功业的明证吗？我所以不敢倚仗天下的安定，经常思考危险败亡的事情而使自己警诫惧怕，是为了以此来保持到最终。"

贞观十二年，太宗谓侍臣曰："朕读书见前王善事，皆力行而不怠，其所任用公辈数人，诚以为贤。然致理比于三、五之代[①]，犹为不逮，何也？"魏徵对曰："今四夷宾服[②]，天下无事，诚旷古所未有。然自古帝王初即位者，皆欲励精为政，比迹于尧、舜。及其安乐也，则骄奢放逸，莫能终其善。人臣初见任用者，皆欲匡主济时，追踪于稷、契[3];及其富贵也,则思苟全官爵,莫能尽其忠节。若使君臣常无懈怠,各保其终,则天下无忧不理,自可超迈前古也。"太宗曰:"诚如卿言。"

〔注释〕

①三、五之代:三皇五帝的时代。

②宾服:归顺,服从。古代指诸侯按时入贡,表示服从。

③稷:远古时人,名弃。为周族始祖。传说有邰氏女姜嫄踏巨人足迹怀孕而生,以为不祥,一度被弃,因名弃。善于种植各种谷物。舜时封于邰,号曰后稷,别姓姬氏。十五传至周武王,遂有天下。契:名或作偰、离。传说中远古商代始祖,其母简狄吞玄鸟卵怀孕而生。佐禹治水有功,舜乃命契为司徒,掌教化。赐姓子,封于商。

〔译文〕

贞观十二年(638),太宗对他身边的侍从大臣说:"我在读书时发现以前的君王做过的好事,都尽力照着去做而不厌倦。我任用你们几位,确实认为你们是贤良的大臣。然而国家治理的程度比起三皇五帝时代,还是无法企及,这是什么原因呢?"魏徵回答说:"现在四方异族顺从入贡,天下太平无事,的确是从古至今都没有过的盛事。然而自古以来,凡是刚即位的帝王,都想振奋精神治理好国家,与尧、舜的功绩相媲美;等到太平安乐时,就开始骄奢淫逸,放纵自己,不能把善政坚持到底。凡是刚刚得到任用的臣子都想辅佐君王挽救时局,追慕古代良臣稷、契的风范;等到他们荣华富贵了,就想苟且保住自己的官职爵位，不能把忠诚节操保持到底。如果君臣双方都能不懈怠，各人都能坚持到底，那么天下就不用担心治理不好，自然可以超越前代古人。”太宗说：“确实如你所说。”

贞观十四年，太宗谓侍臣曰：“平定天下，朕虽有其事，若守之失图[1]，功业亦复难保。秦始皇初亦平六国，据有四海，及末年不能善守，实可为诫。公等宜念公忘私，则荣名高位，可以克终其美。”魏徵对曰：“臣闻之，战胜易，守胜难。陛下深思远虑，安不忘危，功业既彰，德教复洽，恒以此为政，宗社无由倾败矣。”

〔注释〕

①失图：政策失误。

〔译文〕

贞观十四年(640)，太宗对他身边的侍从大臣说：“平定天下，我虽然有这样的事功，如果守天下政策失误，功业仍然难以保住。秦始皇当初也曾平定六国，据有了天下，到他晚年却不能很好地守住江山，实可作为鉴戒。你们应该想着国家而忘掉私利，那么荣耀的声名和崇高的爵位，就能完美地保持到最后。”魏徵回答说：“臣听说，取得胜利容易，保持胜利困难。陛下深思远虑，安不忘危，功业既已显赫，德行教化又和谐融洽，长期这样来治理天下，国家就没有理由倾覆败亡了。”

贞观十六年，太宗问魏徵曰："观近古帝王，有传位十代者，有一代两代者，亦有身得身失者[①]。朕所以常怀忧惧，或恐抚养生民不得其所，或恐心生骄逸，喜怒过度，然不能自知。卿可为朕言之，当以为楷则。"徵对曰："嗜欲喜怒之情，贤愚皆同。贤者能节之，不使过度。愚者纵之，多至失所。陛下圣德玄远，居安思危，岂同常情。伏愿陛下常能自制，以保克终之美，则万代永赖。"

〔注释〕

①身得身失：自己取得，自己又把它失去。

〔译文〕

贞观十六年(642)，太宗问魏徵说："我看近古以来的帝王，有传承帝位十代的，有传承一代两代的，也有自己取得天下又自己失去的。我因此常常感到忧虑恐惧，有时害怕抚养百姓而百姓未能得到妥善安置；有时怕自己心里产生骄傲放纵的念头，喜怒过度，而自己又不能觉察到。你可以给我指出来，我将把它们当作准则。"魏徵回答说："嗜欲喜怒的情感，贤者、愚者都是一样的。贤者能够有所控制，不让它超过限度。愚者却恣意放纵，以致达到不可收拾的地步。陛下圣德微妙高远，能够居安思危，岂能同一般的情理一样。希望陛下能够经常自我克制，以保全善始善终的美名，那么千秋万代的基业就有了依靠。"